Lanzarote

Verónica Reisenegger

Gratis-Download: Updates & aktuelle Extratipps der Autorin

Unsere Autoren recherchieren auch nach Redaktionsschluss für Sie weiter. Auf unserer Homepage finden Sie Updates und persönliche Zusatztipps zu diesem Reiseführer.

Zum Ausdrucken und Mitnehmen oder als kostenloser Download für Smartphone, Tablet und E-Reader.
Besuchen Sie uns jetzt!
www.dumontreise.de/lanzarote

short.travel/4ebs4

DUMONT
Reise-Taschenbuch

Unterwegs auf Lanzarote

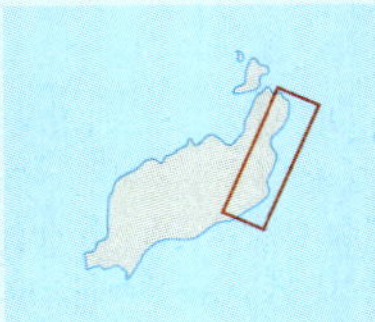

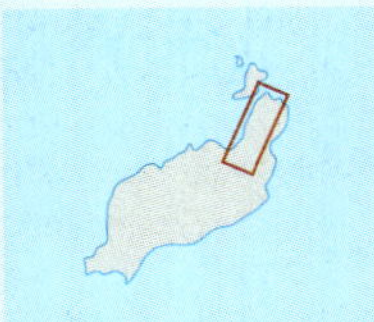

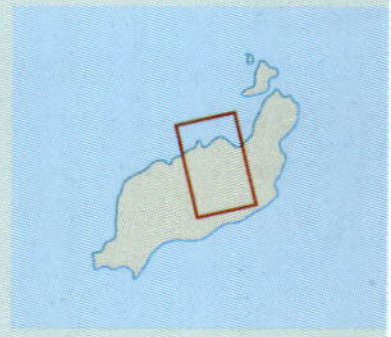

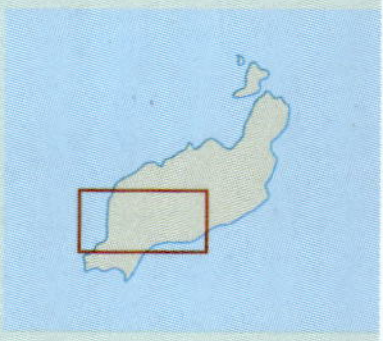

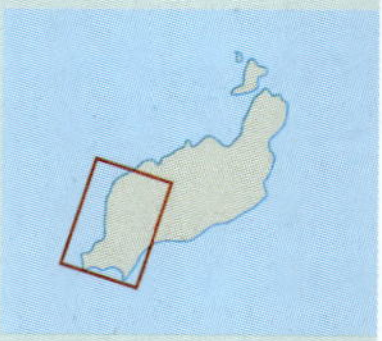

Auf Entdeckungstour

Karten und Pläne

s. hintere Umschlagklappe

▶ Dieses Symbol im Buch verweist auf die Extra-Reisekarte Lanzarote

Liebe Leserin, lieber Leser,

entschleunigen, runterkommen – auf Lanzarote kann ich das! Aber warum gelingt das ›Abschalten‹ gerade auf dieser Vulkaninsel so gut? Ganz sicher trägt dazu der gemächliche Lauf der Dinge bei: morgens beim Joggen begrüßt von Don Pedro, der seinen Hund ausführt; danach der erste Cafecito, der – dank des milden Klimas – fast ganzjährig auf der Terrasse serviert wird. Mittags überbrückt man bei Fisch und einem Glas Wein die Zeit bis zur Siesta. Oft setzt sich der Wirt zum letzten Espresso mit an den Tisch. Und nach Sonnenuntergang kann man den passionierten Boulespielern des Ortes dabei zuschauen, wie sie gekonnt die Kugeln stoßen – begleitet von rauchigen Kommentaren und kehligen Lachern. Alles so schön gelassen.

Aber das ist noch nicht alles: 1993 wurde Lanzarote von der UNESCO zum Biosphärenreservat erklärt. Mit Sicherheit wäre der 1992 verstorbene Künstler César Manrique, der stets um die Bewahrung der Schönheit seiner Insel bemüht war, stolz auf diese Auszeichnung gewesen. Andererseits wäre er bestürzt darüber, wie die Ausweitung des Tourismus das Ökosystem in eine gefährliche Schieflage bringt. Trotz alledem erfolgt die Erschließung für touristische Anlagen auf Lanzarote im Großen und Ganzen gesehen maßvoller als andernorts.

Wer Lanzarote das erste Mal besucht, wird von der Vielfalt überrascht sein: die einzigartige Mondlandschaft der Feuerberge, die beeindruckenden Höhlensysteme oder die vielen Attraktionen, z. B. der Mirador del Río oder die Fundación Manrique, deren außergewöhliche Gestaltung die Handschrift von César Manrique verraten. Und wer nur baden möchte, findet Strände für jeden Geschmack: flach oder steil, einsam oder belebt, weiß oder schwarz, mit schattigen Palmen oder unter freiem Himmel, in geschützter Lage für Kinder oder windig genug für Wellenreiter. Ausflüge zu traumhaften Aussichtsplätzen oder zur Nachbarinsel La Graciosa garantieren eine abwechslungsreiche Zeit. Außerdem locken die Fiestas und der Karneval.

»Tja«, sagen die Lanzaroteños halb ironisch, halb ernst, »wir sind kein Land, kein Kontinent – wir sind eine Welt!« Ich möchte Sie einladen, einen Teil dieser Welt mit diesem Buch zu entdecken. Schönen Urlaub!

Ihre

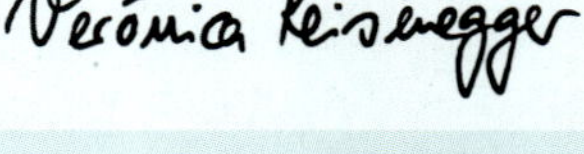

Dunkles Lavagestein wird vom Meer umspült, Lanzarote vereint die Elemente

Leser fragen, Autoren antworten

Lanzarote persönlich – meine Tipps

Nur wenig Zeit? – Was man gesehen haben muss

Wer sich einen Mietwagen leiht und früh aufbricht, kann in zwei Tagen einen Großteil der Highlights auf Lanzarote besichtigen.

Für den ersten Tag bietet sich eine **Südroute** an, die von **Puerto del Carmen** über die Weinregion **La Geria** und den **Nationalpark Timanfaya** in die **Feuerberge** führt. Danach geht es zum Mittagessen nach **Las Casas de El Golfo.** Hier hat man sich auf einen großen Besucherstrom eingestellt: Sterneküche darf man hier also nicht erwarten, eine tolle Aussicht aber schon. Wer danach noch ein wenig Sandpiste fahren will, fährt von **El Golfo** an der Küste entlang Richtung **Playa Blanca** und von dort am frühen Nachmittag zu den wunderbar abseits gelegenen **Playas del Papagayo,** lässt dort die Siesta verstreichen und genießt zum Ausklang des Tages bei **Femés** einen der schönsten Sonnenuntergänge der Insel.

Die **Nordroute** führt über die **Fundación César Manrique** nach **Arrieta** und danach zu einer der beiden Höhlen **Cueva de los Verdes** oder **Jameos del Agua.** Im an der Nordspitze gelegenen **Órzola** kann man – wie auch in **Arrieta** – den frischen Fisch und die Aussicht genießen (oder, mit mehr Zeit, nach **La Graciosa** übersetzen).

Südroute

Nordroute

Noch spektakulärer als dort ist allerdings der Blick vom **Mirador del Río** am nördlichsten Punkt der Insel. Dieser grandiose Entwurf entstammt der Feder des Künstlers César Manrique, der das Bild der Vulkaninsel maßgeblich geprägt hat. Der Mirador gilt vielen als sein Meisterwerk. Der Rückweg erfolgt über das Tal der 10 000 Palmen bei **Haría.** Wer noch nicht genug über Maestro Manrique erfahren hat, besucht hier sein letztes, inzwischen zur Casa Museo umgebautes Domizil. Über Haarnadelkurven und schmale Straßen gelangt man zur Inselmitte und damit zur ehemaligen Hauptstadt **Teguise:** ein schmuckes Kleinod mit viel Charme und einer großen Auswahl an Tapas-Bars.

Wo ist der beste Standort?

Die drei touristischen Zentren **Puerto del Carmen, Playa Blanca** und **Costa Teguise** haben die meisten Gäste. Wer über einen Reiseveranstalter bucht, wird meistens in einem der drei Orte einquartiert und findet dort eine gute Infrastrukur vor: einen oder gar mehrere Strände, Wasser- und andere Sportangebote, Einkaufsgelegenheiten vom kleinen Kuriositätenladen über große Supermärkte bis zur Boutique und Shopping-Passage, Bars, Restaurants und Cafeterías sowie genügend (deutschsprachige) Allgemein- und Zahnmediziner. Diese Rundumversorgung hat natürlich ihren Preis: Der Charme der ehemaligen Fischerdörfer ist verloren gegangen, historische Ecken findet man nur noch in Fragmenten. Gut zu wissen: Kaum 5 bis 10 km weiter im Hinterland ist vom Gewusel der Touristenorte nur noch wenig zu spüren.

Entspannt wohnen außerhalb der Touristenzentren

Wer am Meer und/oder Strand Urlaub machen möchte, für den kommen **Playa Honda, Arrieta** oder **Órzola** im Nordosten der Insel in Frage. **Playa Honda** hat den Vorteil, zwischen der Hauptstadt Arrecife und Puerto del Carmen zu liegen und selbst ein unaufgeregter Ort zu sein, in dem Einheimische und Zuwanderer ein freundliches Nebeneinander und einen gemächlichen Rhythmus pflegen. Übrigens: Obwohl nur 5 km vom Flughafen entfernt, ist in Playa Honda nur sehr selten Fluglärm zu hören.

Arrieta oder **Órzola** eignen sich gut zum ›Abschalten‹. **Arrieta** verfügt über einen hübschen kleinen Strand, an dem man auch angeln und surfen kann. Nur etwa 1 km entfernt liegt **Punta de Mujeres,** ein wunderbar ruhiges und unaufgeregtes Fischerdorf mit handtuchbreiten Stränden. **Órzola** bietet Meer, aber keine Strände und trotz Fährbetrieb nach Graciosa Ruhe. In allen drei Orten kann man mit herrlichem Blick auf den Atlantik vorzüglichen Fisch essen und die beliebten Papas arrugadas probieren.

Wer sein Domizil im Landesinneren wählen möchte, findet in **Teguise, Tías, Yaiza** oder **Uga** private Unterkünfte, die meist auch über einen Swimmingpool verfügen.

Wo buche ich?

Die oben genannten abgeschiedenen Orte sind nur in Ausnahmefällen über Reisebüros oder Veranstalter buchbar. Daher finden sich in diesem Reiseführer zahlreiche Tipps zu privaten Unterkünften. Viele der Vermieter sprechen Deutsch oder haben einen deutschsprachigen Vermittler an der Hand.

Gibt es auch Campingplätze?

›Echte‹ Campingplätze gibt es auf Lanzarote nur zwei: einen offiziellen im Süden bei den **Papagayo-Stränden** und einen gerade so geduldeten im Norden bei **Sóo,** der jedoch keinerlei Komfort aufweist und letztlich nur ein Stellplatz ist – also nur was für Hartgesottene.

Lohnt sich der Abstecher zur Nachbarinsel La Graciosa?

›Die Anmutige‹ ist mindestens einen Tagesausflug wert und lockt mit vielen schönen Stränden. Wer in Arrieta oder Órzola wohnt, hat es sogar ganz nah: Die Fähre legt von Órzola ab und braucht ca. 30 Minuten bis Caleta de Sebo, dem (fast) einzigen Ort der Schwesterinsel.

Satte Farben auf der Schwesterinsel La Graciosa

Wo und wie kann ich aktiv sein?

Wer **surfen, tauchen** oder **Stand-up-paddeln** möchte, findet in **Puerto del Carmen** und **Costa Teguise** passende Strandverhältnisse und genügend Schulen, die für Anfänger bis Fortgeschrittene Kurse und Ausrüstung anbieten. Fortgeschrittene Wassersportler trifft man in **La Caleta de Famara.** Hier werden nicht nur Kurse in verschiedenen Schwierigkeitsgraden angeboten, auch der Wellengang ist hier fast ganzjährig eine Herausfor-

Gute Standorte und Aktivurlaub

derung. Für Schwimmer ist der Ort hingegen definitiv nicht geeignet – es weht meist die rote Flagge, nach der man sich ohne Wenn und Aber richten sollte. Wer will, kann in Caleta Wohnen und Wassersport aus einer Hand bekommen.

Für **Radler** bieten sich als Ausgangspunkt die Touristenzentren **Puerto del Carmen, Playa Blanca** und **Costa Teguise** an, weil bei den dortigen Verleihern vom Mountainbike über das Rennrad bis zum Cityrad mit Kindersitz alle Modelle zu haben sind. Die Straßen der Insel sind gut asphaltiert, allerdings haben sie oft keine eigene Spur für Fahrradfahrer. Mountainbikern steht ein 385 km umfassendes Wegenetz zur Verfügung.

Dank ihrer besonderen Thermik sind zwei Regionen für **Drachen- und Gleitschirmflieger** sehr gut geeignet: zum einen die Region bei **La Asomada** (nördlich von Puerto del Carmen) und zum anderen die mit etwas mehr Nervenkitzel bei der Steilküste **Risco de Famara.** In **Caleta de Famara** kann man an manchen Tagen sowohl wellenreiten als auch in die Luft gehen.

Spaziergänger und **Wanderer** werden die kilometerlangen und sehr gepflegten **Uferpromenaden** schätzen. Sie ziehen sich durch alle drei Touristenzentren und verbinden diese bisweilen miteinander, so z. B. **Playa Honda** mit **Puerto del Carmen** oder **Puerto del Carmen** mit **Puerto Calero.** Diese 6 bis 8 km langen Wege führen über weite Strecken am Ufer entlang und bieten immer wieder schöne und überraschende Aussichten aufs Meer. Sie sind meist leicht zu bewältigen, wenngleich nicht immer mit Kinderwagen oder Rollstuhl, da es auch über Treppen und kleine Schluchten geht. Einsamer ist es auf Wanderungen in den **Feuerbergen** oder zu den **Playas del Papagayo,** wunderschön gelegenen Stränden, die man über einen leichten Fußmarsch durch eine geschützte Naturlandschaft erreicht.

Was bringe ich bloß mit?

Souvenirshops oder Märkte, auf denen die immer gleichen ›inseltypischen‹ Waren feilgeboten werden, gibt es mehr als genug. Und das Feilschen um den einen oder anderen Euro kann

Wandern mit Ausblicken – an der Playa de Mujeres

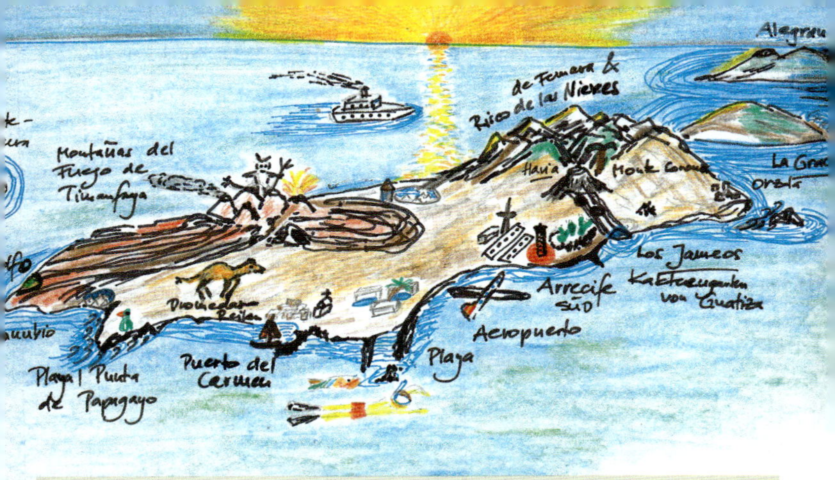

Hommage eines Lesers an Lanzarote: Das alles hat die Insel zu bieten

sehr vergnüglich sein. Qualitätsware hat aber auch auf Lanzarote einen festen Preis. Das gilt für einen guten, trockenen El-Grifo-Wein und den süßen Malvasía (Dessertwein) ebenso wie für Feigenmarmelade oder die kanarische Kleingitarre El Timple, die nur noch in einer Werkstatt in Teguise zu bekommen ist.

Wer Sportswear, Jeans oder Parfüm mitbringen möchte, findet – dank der Freihandelszone – bekannte Marken für weniger Geld als bei uns und stößt auch auf Modelle, die es in unseren Geschäften nicht gibt.

Individuelle Kleidung aus Baumwolle in vielen reizvollen Varianten und zu äußerst moderaten Preisen gibt es im Mundo Natural in Teguise (s. S. 172). Reinschauen und Stöbern lohnt sich!

Zwei ganz persönliche Tipps zum Schluss

Wer aktiv sein und gleichzeitig mehr über die ›schwarze Perle‹ erfahren möchte, dem empfehle ich eine geführte Wandertour in Kleingruppen. Die Trekking-Guides Stephan und Liz (s. S. 34, 245) leben schon seit vielen Jahren auf der Insel, kennen also die Innen- und die Außensicht und werden nicht müde, ihren Gästen aufzuzeigen, wie vielfältig und im besten Sinne eigenartig diese Kanareninsel ist.

Wie schön, dass selbst in Puerto del Carmen, das sich am meisten von seinen Ursprüngen entfernt hat, am Ortsrand eine kleine Oase der Ruhe zu finden ist: Im Centro Antroposófico (s. S. 202) kann man zwar auch wohnen, aber sich auch, ohne Hotelgast zu sein, eine Massage geben lassen, im kleinen Bioladen mit Lebensmitteln und Brot eindecken oder im Innenhof einfach nur einen Café con leche trinken.

NOCH FRAGEN?

Die können Sie gern per E-Mail stellen, wenn Sie die von Ihnen gesuchten Infos im Buch nicht finden:

reisenegger@dumontreise.de

info@dumontreise.de

Auch über eine Lesermail von Ihnen nach der Reise mit Hinweisen, was Ihnen gefallen hat oder welche Korrekturen Sie anbringen möchten, würden wir uns freuen.

Aus der Vogelperspektive: Blick aus der Bar im Gran Hotel von Arrecife, S. 97

Strandpromenade von Playa Honda, S. 114

Lieblingsorte!

Spektakuläre Küste bei Los Hervideros, S. 223

Der neue Hafen von Playa Blanca: Marina Rubicón, S. 259

Restaurant LagOmar in Nazaret, S. 194

Der Strand am ›Blauen Haus‹ in Arrieta, S. 139

Die Reiseführer von DuMont werden von Autoren geschrieben, die ihr Buch regelmäßig aktualisieren und daher immer wieder dieselben Orte besuchen. Irgendwann entdeckt dabei jede Autorin und jeder Autor seine oder ihre persönlichen Lieblingsorte: spektakuläre Küstenformationen mit meterhoch aufschäumender Gischt; Plätze, die zu Sonnenuntergang in wunderbares Licht getaucht werden; Restaurants im 17. Stock mit freiem Blick aufs Meer. Kurzum Orte, an die man gerne zurückkehren und die man immer neu erleben möchte.

Museumsrestaurant im Castillo de San José in Arrecife, S. 109

Abendstimmung in Casitas de Femés, S. 229

Schnellüberblick

Die Inselmitte
Immer wieder sonntags verwandelt sich die ehemalige Inselhauptstadt Teguise in einen umtriebigen Basar. Doch schon am Sonntagnachmittag präsentiert sich ›La Villa‹ wieder beschaulich. Vom nahe gelegenen Castillo de Santa Bárbara genießt man einen wunderbaren Blick auf die Landschaft rund um Teguise. Von hier ist schnell eines der Glanzstücke des Universalkünstlers Manrique, die Fundación César Manrique, erreicht. S. 166

Der Westen
In mühevoller Arbeit haben die Weinbauern mit La Geria ein Gesamtkunstwerk geschaffen: Die Region besteht aus unzähligen Vulkantrichtern, in deren Mitte intensiv grüne Weinreben leuchten. Herrlich, hier unter blauem Himmel zu wandern. An der Küste schießt die Gischt mit Wucht aus bizarren Felsformationen, während in Femés die Sonne in unvergleichlichem Farbenspiel untergeht. S. 196

Die Feuerberge und der Südwesten
Der Südwesten der Insel bietet ein Kontrastprogramm. Einerseits der Nationalpark Timanfaya und seine Feuerberge: Hier spuckten zwischen 1730 und 1736 die Vulkane heiße Lava aus und hinterließen eine monumentale und monochrome Mondlandschaft. Der Südzipfel der Insel wartet hingegen an den Pagageienstränden mit einer völlig anderen Farbpalette auf: heller Sand, türkisfarbenes Meer und sich kräuselnde Wellen, die unter der beständigen Sonne verführerisch glitzern. S. 234

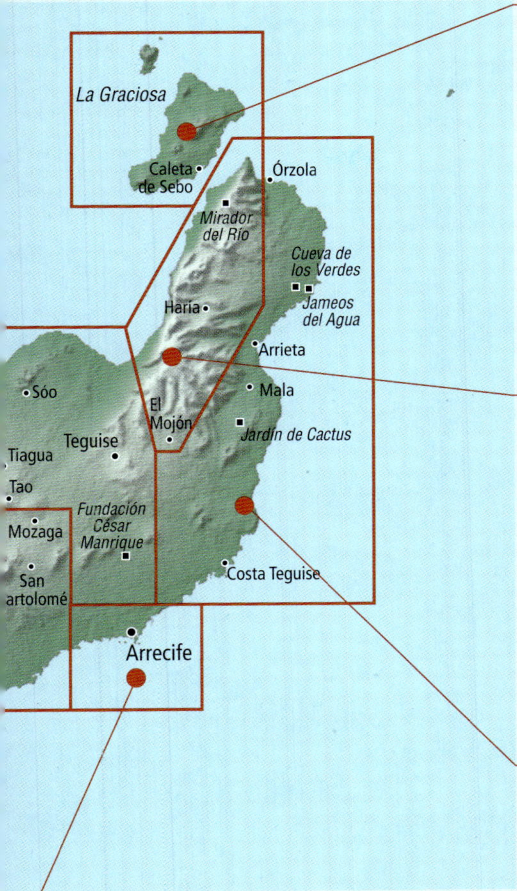

La Graciosa
Die Schwesterinsel mit den vier Erhebungen eignet sich sowohl für einen Tagesausflug als auch für einen längeren Aufenthalt zum Ausspannen und Abschalten. Doch ob kurz oder lang: Beim Wandern auf La Graciosa sollte man unbedingt eine oder mehrere Badepausen an den gepflegten Sandstränden einplanen. S. 266

Der Nordwesten
Traumhafte Aussichtspunkte, darunter der spektakuläre Mirador del Río, versprechen neue und weit reichende Perspektiven. Immer wieder laden Badestrände zur Pause ein. Kulinarisch lockt der malerisch ins ›Tal der 10 000 Palmen‹ eingebettete Ort Haría mit diversen Wildspezialitäten. S. 146

Der Osten und der Nordosten
Mit den Jameos del Agua und der Cueva de los Verdes können ein weitläufiges Höhlensystem und der längste erschlossene Vulkantunnel erkundet werden. Danach bietet sich an der Nordspitze der Insel ein Menü im Küstendorf Órzola an: Blicke aufs Meer, den Hafen und die Nachbarinsel La Graciosa inklusive. S. 118

Inselhauptstadt Arrecife
Voller Leben und unberührt vom Touristenrummel zeigt sich Arrecife tagsüber geschäftig und des Nachts nicht weniger umtriebig. Hier befindet sich das Gran Hotel, mit 17 Stockwerken das höchste Gebäude und einzige Hochhaus der Insel. Ein Blick aus dem rundum verglasten Restaurant in der obersten Etage des Hotels ist immer wieder imposant. S. 88

Reiseinfos, Adressen, Websites

Wenn der Sonntagsmarkt vorbei ist, kehrt wieder Ruhe in das idyllische Städtchen Teguise ei

Juventud
y Deportes

Informationsquellen

Infos im Internet

www.turismolanzarote.com
Übersichtlich gestaltete Seite, auch in deutscher Sprache. In Themen von A wie Anreise über G wie Gastronomie und S wie Sehenswürdigkeiten bis hin zu W wie Wein werden hier die Besonderheiten der Insel anschaulich und knapp dargestellt.

www.centrosturisticos.com
Die größten Sehenswürdigkeiten werden hier beschrieben, auch in deutscher Sprache, die allerdings etwas holpert. Sie können sich frühzeitig über Veranstaltungen informieren, z. B. über die Konzerte in der Cueva de los Verdes (s. S. 144), die dank der außerordentlichen Akustik tief unter der Erde häufig für musikalische Darbietungen genutzt wird.

www.top100lanzarote.com
Hundert Seiten zu Lanzarote verlinkt und kurz charakterisiert. Egal, was Sie suchen, ob Autovermietungen, Ferienwohnungen oder Fincas, FKK-Strände, Sportmöglichkeiten oder Anlaufstellen zur ärztlichen Versorgung: Hier finden Sie bestimmt den entsprechenden Link dazu. Allerdings ist es nahezu ausschließlich kommerzieller Art, eine Art digitaler gelber Seiten.

www.lanzarote-site.de
Seit 1995 bereist das Ehepaar Vogel die Insel und hat viele schöne Eindrücke (auch in Form von Videos) davon gesammelt. Die Site liefert Antworten auf spezielle Fragen, z. B. wo FKK erlaubt ist oder wann die Sonne untergeht. Es ist eine nicht mehr ganz aktuelle private Liebeserklärung der Ersteller an die Insel und daher ohne kritische Färbung. Zur Einstimmung oder zur Erinnerung an einen Urlaub gut geeignet.

www.lanzarotewetter.com
Hier erhält man das aktuelle Wetter – auch über einen Tag hinaus.

www.adslnet.es/accesos_wifi
WLAN heißt im Spanischen WIFI. Wer sich informieren möchte, wo er online gehen kann, klickt auf der Seite »Puntos de Acceso« an. Es öffnet sich eine neue Seite, dort unter »Seleccione una localidad« »Lanzarote« auswählen und man erhält diverse Orte, an denen man kostenlos WLAN-Anschluss hat.

www.lanzarote37.net
Ergänzende Internetseite zum deutschsprachigen Infomagazin »Lanzarote 37°«. Gut aufgebaut und strukturiert. Die meisten Themen sind jedoch eher an die deutschsprachigen Inselbewohner gerichtet, darunter auch viele private Dienstleistungen. Wer Anregungen für bestimmte Ausflüge haben möchte, wird hier meist fündig. Unter dem Stichwort Freizeit finden Sie auch die verschiedensten Sportangebote mit Erlebnisberichten der Reporter und genauen Angaben, wo man wandern, tauchen, kitesurfen, Rad fahren und v. a. m. ausüben kann.

Fremdenverkehrsämter

... im Internet
www.spain.info
Die Länderauswahl funktioniert über das Pull-down-Menü. Die beste Art, bei den hier genannten offiziellen Ämtern Informationen zu erhalten, sind konkrete Anfragen per E-Mail.

In dieser Kurve sollte man sich blitzschnell orientieren können

Am Telefon hängt man häufig in der Warteschleife oder landet auf einem Anrufbeantworter. Die Informationen zu Lanzarote sind darüber hinaus leider mehr als mager.

... in Deutschland

Litzenburgerstr. 99, 5. OG
10707 Berlin
Tel. 030 882 65 43
infoberlin@tourspain.es

Grafenberger Allee 100
40237 Düsseldorf
Tel. 0211 680 39 80
duesseldorf@tourspain.es

Myliusstraße 14
60323 Frankfurt/Main
Tel. 069 72 50 33, 069 72 53 13
frankfurt@tourspain.es
Postfach 15 19 40

80051 München
Tel. 089 53 07 46-12, 089 53 07 46-11
munich@tourspain.es

Bestellung von Prospektmaterial:
Tel. 0180 300 26 47
spaininfo@tourspain.es

... in Österreich

Walfischgasse 8/14
1010 Wien
Tel. +43 15 12 95 80-11
vienna@tourspain.es

... in der Schweiz

Seefeldstraße 19
8008 Zürich
Tel. +41 442 53 60 50
zurich@tourspain.es

Infostellen vor Ort

In aller Regel sind die Rezeptionen in den Hotels und Apartmentanlagen besser mit Informationsmaterial ausgestattet als die offiziellen Touristenbüros. Meist erhalten Sie dort auch aktuellere und konkrete Informationen zu Sport, Festen, Konzerten etc. An der Rezeption liegen häufig verschiedene Wochenblätter aus, die neben einem Festkalender die diversen Freizeitangebote auflisten (Bootsausflüge, Radtouren, geführte Wanderungen etc.). Die Adressen der Touristeninformationen finden Sie in den Reisekapiteln.

Literaturtipps

Leider gibt es nur wenig übersetzte Literatur von kanarischen Autoren. Hier einige Tipps:

Rafael Arozarena: Mararía. Konkursbuchverlag, Tübingen 2009 (s. S. 79).

Michel Houellebecq: Lanzarote – eine abgründige und amüsante Reiseerzählung. Im begleitenden Bildband hat der Autor die vulkanischen Mondlandschaften von Lanzarote als Fotograf festgehalten.

Alberto Vazquéz-Figueroa: Oceano, Yaiza, Maradentro (Trilogie, gebraucht über Versandbuchhandel). Eine Geschichte über Rache, die zum Selbstzweck wird. Etwas pathetisch erzählt, doch man erfährt viel über die Insel, über die Lebenssituation der Bewohner während der Franco-Zeit sowie über noch heute gepflegte Traditionen.

Silvia Volckmann: Die Zeit ist schwer zu erzählen auf der Insel, Tübingen 2011. Ein literarisches Lanzarote-ABC. Sachtexte, Ausschnitte aus Romanen und Erzählungen, Gedichte, viele historische Bilder.

Horst Wilkens: Lanzarote – Blinde Krebse, Wiedehopfe und Vulkane, Natur-Reiseführer für eine einzigartige Vulkaninsel im Kanarischen Archipel, Hamburg 2009. Wilkens beschreibt Flora und Fauna und wie der Mensch sich den lebensfeindlichen Bedingungen anpassen musste. Einzigartige biologische Phänomene haben sich auf diese Weise entwickelt: Nur hier leben blinde, farblose Tiefseekrebse an der Meeresoberfläche.

Für Wanderfreunde

Rolf Goetz: Lanzarote. Die schönsten Küsten- und Vulkanwanderungen, Oberhaching 2013. Rother Wanderführer.

Wetter und Reisezeit

Sommers wie winters eine gute Saison

Wegen seines warmen, milden Klimas ist Lanzarote das ganze Jahr über ein beliebtes Reiseziel. In den Wintermonaten von Oktober bis März kann es zwar durchaus zu kurzen, starken Regenfällen kommen (besonders im Januar und im Februar), doch in den übrigen Monaten regnet es so gut wie nie.

Reisezeit

Die beste Reisezeit liegt zwischen den Monaten März und Juli. Mittlere Temperaturen über 20 °C ermöglichen schon im Frühjahr Strandaufenthalte und ausgiebige Wanderungen. Vornehmlich in den Monaten Februar bis April verwandelt sich die Landschaft in einen Blütenteppich. Waren die Regenfälle in den Wintermonaten ausgiebig, was allerdings keine Selbstverständlichkeit ist, erwacht die karge, wüstenähnliche Landschaft zu buntem Leben.

Die Passatwinde gestalten das Wetter auf Lanzarote oft sehr abwechslungsreich: Den morgens noch strahlend blauen Himmel überziehen im Laufe des Tages starke Wolkenfelder. Aus diesem Grund sollten Ur-

Mein Tipp

Zum Karneval auf die Kanaren

Wer es nicht mit eigenen Augen gesehen hat, wird es kaum glauben: Karneval auf Lanzarote ist das wichtigste, bunteste und ausgelassenste aller wiederkehrenden Feste. Gefeiert wird zur gleichen Zeit wie in Deutschland – und weil es so schön ist, wird der Fasching auf zwei Wochen ausgedehnt. Hochburg der Umzüge und Veranstaltungen ist Arrecife (s. S. 112). Aber auch in den Touristenzentren finden Umzüge mit Tanzgruppen, Musikkapellen und fantasievollen Karossen statt, die jedes Jahr ein anderen Motto zum Thema haben (s. auch Essay S. 83).

lauber, die primär der Sonne wegen nach Lanzarote reisen, besonders im Winter ein Domizil eher im Südwesten der Insel suchen. Denn hier liegt die Anzahl der Sonnentage pro Jahr erfahrungsgemäß etwas höher als im übrigen Teil der Insel.

Die passende Kleidung

Da auf Lanzarote ständig eine leichte Brise weht, die sich bisweilen zu starken, andauernden Böen steigern kann, sollte man immer einen Pullover oder eine Jacke dabeihaben. Empfehlenswert sind auch ein Paar feste (nicht allzu neue) Halbschuhe, mit denen Sie auf den vielen staubigen Schotter- und Steinwegen gut beraten sind. Eine fettende Schuhcreme leistet hier ebenfalls gute Dienste.

Umwelt

Auch auf den Kanaren machen sich die Klimaveränderungen durch extreme Wetterlagen bemerkbar: Sintflutartige Regenfälle wie vor einigen Jahren auf Teneriffa, La Palma und Gran Canaria, die Todesopfer forderten und Evakuierungen nach sich zogen, wechseln sich mit lang anhaltenden Dürreperioden ab, in denen die Inseln unter Wasserknappheit leiden. Während längerer Trockenperioden appellieren die Verantwortlichen daher an die Bevölkerung, sparsam mit Wasser umzugehen. Häufig erreichen diese Appelle die Touristen jedoch kaum. Andererseits ist die Aufforderung, kein Wasser zu vergeuden, generell gültig und man tut gut, sich immer wieder daran zu erinnern.

Klimatabelle Lanzarote

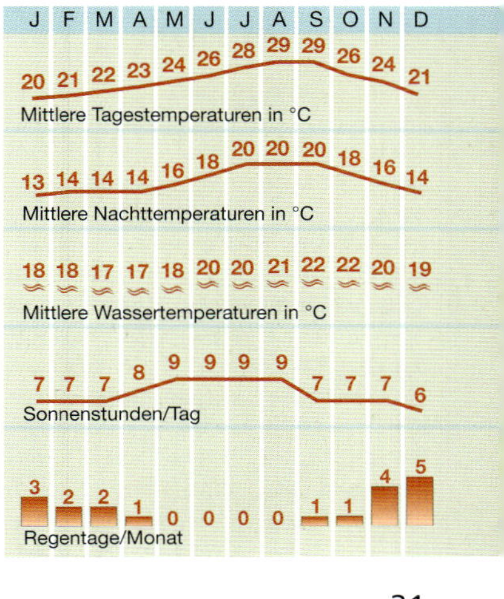

Anreise und Verkehrsmittel

Einreisebestimmungen

Reisende aus der Schweiz, Österreich und Deutschland benötigen für die Einreise einen mindestens noch drei Monate gültigen Ausweis oder Reisepass. Kinder benötigen einen eigenen Ausweis oder Pass; Eintragungen im Reisepass der Eltern werden nicht mehr anerkannt.

Zollvorschriften

Alkohol, Parfüm und Tabak sind auf den Kanaren aufgrund der Freihandelszone sehr viel günstiger als hierzulande. Für den Zoll gilt: alkoholische Getränke (ab 17 Jahre): 1 l Spirituosen mit mehr als 22 % Alkoholgehalt oder 2 l für Getränke mit max. 22 % Alkoholgehalt. Tabak (ab 17 Jahre): 200 Zigaretten oder 100 Zigarillos oder 50 Zigarren oder 250 g Rauchtabak. Andere Erzeugnisse bis zu einem Warenwert von 430 €; bei Reisenden unter 15 Jahren bis zu einem Warenwert von 175 €.

Anreise und Ankunft

... mit dem Flugzeug

Lanzarote wird von allen größeren Städten im Direktflug (ca. 4 Std.) angesteuert. Außerhalb der Hochsaison oder wenn Maschinen zu wenig ausgelastet sind, planen die Fluggesellschaften allerdings auch manchmal Zwischenlandungen in Fuerteventura oder Teneriffa mit ein. Dies erfährt man bisweilen erst am Flughafen.

Flugtickets nach Lanzarote kosten je nach Saison zwischen 250 und 600 € hin und zurück. Es lohnt sich, bei verschiedenen Reisebüros nachzufragen und die Preise zu vergleichen, zumal der Service bei allen Fluggesellschaften etwa denselben Standard hat. Hier sei darauf hingewiesen, dass ein Pauschalangebot inkl. Flug viel preiswerter ist, als ein Nur-Flug (ein Nur-Flugticket kostet zwischen 70 und 80 % des Pauschalangebots).

Der Flughafen liegt ca. 5 km westlich der Hauptstadt Arrecife.

... mit dem Schiff

Die lange und teure Anreise per Schiff lohnt sich nur für Langzeiturlauber, die ihr Auto mitnehmen wollen. Vom südspanischen Cádiz verkehren Autofähren nach Arrecife. Die Fahrt dauert ca. 1,5 Tage und kostet für zwei Personen mit kleinem Pkw zwischen 1400 und 3300 €, je nachdem wie komfortabel die Kabine sein soll oder ob sie mit anderen Gästen geteilt wird. Tipps zu den Preisen und Strecken findet man unter www.aferry.de und unter www.ferrylines.com, die – unter zwei unterschiedlichen Adressen – genau dieselben Linien und Preise auf die Kanarischen Inseln anbieten.

Verkehrsmittel vor Ort

Mietwagen

Alle Mietwagenverleiher bieten eine fast gleiche Palette an Fahrzeugen an. Diese reicht vom Kleinwagen – Fiat, Nissan oder VW Polo für 15 € (in der Nebensaison) bis 30 €/Tag – über mittelgroße Ausführungen wie Opel Astra, Peugeot 308 oder Seat Leon (5-türig ca. 39 €/Tag) bis hin zu Jeeps und Cabrios oder einem Minivan für 73 €/Tag. Alle Preise inkl. Versicherung (Vollkasko) und Steuern. Tipp: Wer sein Domizil über www.golanzarote.de bucht, s. S. 26, erhält ein sehr günstiges Mietwagen-Angebot und unterstützt damit ein Unternehmen vor Ort.

Je länger man das Auto mietet, umso günstiger wird es, z. B. eine Woche Opel Corsa kostet ca. 120–155 €, fünftüriger Opel Corsa kommt auf ca. 180 €. Und dies alles ohne Kilometerbeschränkung!

Auch von Deutschland aus lassen sich günstige Autos anmieten (z. B. ca. 300 € für drei Wochen Nebensaison). Allerdings kann es dann sein, dass die in Deutschland abgeschlossenen Verträge zwar eine Vollkaskoversicherung beinhalten, dies vor Ort aber nicht anerkannt und man daher nochmals zur Kasse gebeten wird (ca. 50–70 € pauschal). Es kann auch sein, dass man Ihnen das Benzin des vollgetankten Wagens in Rechnung stellt und Sie bittet, das Auto bei der Rückgabe leer abzustellen.

Neben Pass oder Personalausweis genügt der nationale Führerschein. Der Fahrer muss über 21 (bei manchen Autovermietungen allerdings über 25) Jahre alt sein und seit mindestens einem Jahr den Führerschein besitzen.

Achtung: Viele Verträge beinhalten eine Klausel, die besagt, dass die Begleichung von Schäden, die durch das Verlassen der offiziellen, befestigten Straßen entstehen, vom Mieter getragen werden muss.

Verkehrsregeln

Die Straßen auf Lanzarote sind in den letzten Jahren neu oder überhaupt erst asphaltiert worden und daher in der Regel gut befahrbar. Allerdings sind viele Straßen seitlich nicht durch Leitplanken befestigt, sodass man bei engen und unbekannten Straßen oder auch nachts besonders vorsichtig fahren sollte. Es gelten folgende Geschwindigkeitsbegrenzungen: innerorts 50 km/h, außerhalb 80 km/h, 120 km/h.

Parken: In Arrecife, Puerto del Carmen, Playa Blanca und Costa Teguise kennzeichnen unterschiedlich farbige Linien die Parkmöglichkeiten: Durchgehende Linien (meist gelb oder blau) sind für öffentliche Verkehrsmittel reserviert. Innerhalb der blauen gestrichelten Linien kann man mit Parkschein und innerhalb einer Maximalzeit parken. Parkscheine gibt es an den Automaten. Gestrichelte weiße Linie signalisiert unbegrenztes Parken ohne Parkschein.

Mobil über die Insel

Alle im Buch vorgestellten Strecken lassen sich am einfachsten mit einem Mietwagen befahren. Wer nicht alle Routen an aufeinanderfolgenden Tagen unternehmen möchte, kann versuchen, mit den Verleihern eine gewisse Flexibilität zu verhandeln (z. B. insgesamt drei oder fünf Tage, aber mit Pausen dazwischen).

Wer sich kein Auto mieten und auch keiner organisierten Bustour anschließen will, kann sich auch im Taxi die Insel zeigen lassen. Die Fahrer kennen das Eiland wie ihre Westentasche, können die Route individuell bestimmen und auch gegen den Strom führen, sodass man Lanzarote ohne allzu großen Trubel genießen kann. Allerdings sollte man des Spanischen mächtig sein, da die Chauffeure über wenige Fremdsprachenkenntnisse verfügen. Daher ist es ratsam, den gedruckten Reiseführer mitzunehmen. Es gibt festgesetzte Preise, die an den Taxiständen ausgeschrieben sind. Wer eine andere Tour bevorzugt, sollte dies zuvor mit dem Fahrer aushandeln. Preisbeispiel: 4 Std. 90 €, Tagesausflug 9 Std. 165 €.

Abbiegen: Bei größeren Land- bzw. Schnellstraßen darf man nicht direkt links abbiegen. Wer es dennoch versucht, gefährdet sich und andere und kann zumindest mit einem Hupkonzert der Hintermänner rechnen. Linksabbieger müssen wie auf unseren Autobahnen rechts raus und dann nach einem Bogen direkt die Straße kreuzen. Einige Lanzaroteños deuten mit lässig ausgestrecktem Arm statt mit dem Blinker ihren Richtungswechsel an; achten Sie daher auf Ihren Vordermann!

Entsprechend der steigenden Anzahl der Mietwagen wird auch das Netz der **Tankstellen** (meist mit Bedienung) auf Lanzarote erweitert. Die **Promillegrenze** auf den Kanarischen Inseln liegt bei 0,5 ‰. Bitte denken Sie an die **Anschnallpflicht,** auch wenn sich die Canarios selbst äußerst ungern den Gurt umlegen. Bei einer Polizeikontrolle könnte dies sonst teuer werden.

Bus

Busse verbinden die Hauptstadt Arrecife mit allen größeren Ortschaften der Insel; der Bus fährt an der Av. Fred Olsen ab (s. S. 112). Dort hängt auch ein offizieller Fahrplan aus. Am häufigsten wird die Route Arrecife–Puerto del Carmen befahren. Die Busse pendeln zwischen Puerto del Carmen–Arrecife–Costa Teguise ca. 3 x stdl. ab ca. 6 Uhr morgens bis kurz vor Mitternacht. Zwischen Puerto del Carmen, Arrecife und Playa Blanca verkehren sie ca. alle zwei Std. Weitere Busse fahren nach Yaiza und Playa Blanca in den Süden, nach Tinajo in den Westen und nach Haría in den Norden. Zu abgelegeneren Ortschaften fahren dagegen meist nur ein- bis zweimal am Tag Busse, einer am Morgen und einer am Abend.

Die Haltestellen sind inzwischen gut ausgewiesen und meist auch mit einem Unterstand ausgestattet; falls dennoch nicht erkenntlich, fragen Sie nach der *parada de autobuses.* An der betreffenden Stelle steht das Wort »Bus« auf dem Boden. Bezahlt wird vorne beim Fahrer. Die Preise sind sehr niedrig. Die Tarife beginnen bei ca. 1 € bis ca. 3 €. Die Abfahrtszeiten sind ungefähre Richtlinien und ändern sich häufig. Fragen Sie in der Touristeninformation nach den aktuellen Plänen.

Taxi

Die Fahrpreise sind auf einer Tabelle verzeichnet, die an jedem Taxistand aufgelistet ist. Am günstigsten ist es, die Kosten für die Fahrt vorab zu klären. Alle Taxen sind mit Taxametern ausgestattet. Sobald diese eingeschaltet sind, kann man sich ruhig zurücklehnen. Hier einige Beispiele: Aeropuerto (Flughafen)–Arrecife 9 €, Flughafen–Costa Teguise 16 €, Flughafen–Puerto del Carmen 10 €, Flughafen–Playa Blanca 30 €.

Mein Tipp

Ihr persönlicher Taxista

Guido aus Gladbeck lebt seit vielen Jahren auf der Insel, kennt und liebt sie, wie man an der Zusammenstellung seiner Routen, an seinen Ausgehtipps, aber auch am Leuchten in seinen Augen erkennen kann, wenn er von Lanzarote schwärmt. Nur zu gern zeigt Guido mit dem Taxi Urlaubern die schönsten Flecken, Bars und Sehenswürdigkeiten. Er hat sogar eine Tour für Rollstuhlfahrer im Programm. Kontakt über www.taxi-lanzarote.com, Guido meldet sich prompt mit konkreten Vorschlägen zu moderaten Preisen. Das reich bebilderte Gästebuch auf seiner Website gibt einen guten Einblick in sein Angebot.

Übernachten

Die drei Urlaubszentren

Der Tourismus auf Lanzarote konzentriert sich auf die Küstenorte Puerto del Carmen, Playa Blanca und Costa Teguise. Dort stehen zahlreiche Unterkünfte zur Verfügung: Hotels (Kategorie bis zu fünf Sternen, mit Vollpension, Halbpension oder nur Frühstück), jede Menge Apartments und eine Reihe Privatunterkünfte.

Die Infrastruktur in diesen Zentren ist perfekt auf die Touristen abgestimmt, denen es hier an nichts mangelt. Das bringt jedoch auch jede Menge Trubel und den entsprechenden Lautstärkepegel mit sich. Dies gilt insbesondere für die Touristenhochburg **Puerto del Carmen** (s. S. 198). Mit der früheren Idylle des ehemaligen Fischerdorfs hat diese nur noch wenig gemein. Sollten Sie ein Apartment bekommen haben, das unannehmbare Störfaktoren aufweist, bitten Sie an der Rezeption um ein anderes. Zumindest in der Nebensaison ist meist noch etwas frei.

Playa Blanca (s. S. 251) und **Costa Teguise** (s. S. 120) sind schon aufgrund des kleineren Terrains etwas ruhigere Feriendomizile. Das ältere Playa Blanca hat in den letzten Jahren eine Umbruchphase erlebt. An vielen Orten an der Küste und im Hinterland werden neue Anlagen errichtet, dem Meer wurden Strände abgetrotzt und der schöne, nur an manchen Tagen belebte und teilweise umstrittene (s. S. 256) Sporthafen Marina Rubicón entstand.

Fragen Sie bei der Buchung Ihrer Reise, ob in unmittelbarer Nähe gerade gebaut wird und wählen Sie Ihr Domizil dementsprechend aus.

Die Küstensiedlung Costa Teguise, einst auf dem Reißbrett entstanden und Vorzeigeort der Touristiker, ist inzwischen leicht ins Hintertreffen geraten. Einige der Anlagen sind in die Jahre gekommen und werden nur langsam renoviert, doch haben sie oft den Vorteil, unmittelbar am Strand zu liegen und einen unverstellten Blick aufs Meer zu bieten.

Pauschalangebote

Am preisgünstigsten ist immer noch ein Pauschalurlaub. Ein paar Tipps dafür: Die meisten Hotels und Apartments sind hell und freundlich gestaltet, verfügen über große Räume, Terrasse oder Balkon, hauseigenen Swimmingpool und bieten europäischen Komfort (fließendes heißes Wasser, Reinigungsdienst, TV mit deutschsprachigen Programmen, etc.).

Wer sich den besonderen Luxus eines 5-Sterne-Etablissements gönnen will, sollte die Angebote genau studieren. Meist sind die 3-Sterne-Anlagen keinesfalls schlechter. Zusätzliche Sterne werden oft für Dienstleistungen vergeben, die nicht allen Urlaubern wichtig sind, z. B. dass die Rezeption die ganze Nacht besetzt ist (in kleineren Anlagen erhält man einen Schlüssel) oder dass es Sportanlagen mit einem Animateur gibt.

Private Unterkünfte

Wer zum ersten Mal auf der Insel ist und erst seinen Lieblingsort suchen möchte, findet in der Nebensaison in vielen Orten passende Unterkünfte. Allerdings ist hierzu ein Auto nötig.

Unterkunft vor Ort suchen

Da die privaten Anbieter meist an Ort und Stelle durch ausgehängte Schilder

Die farbenfrohe Finca de las Salinas bei Yaiza

auf sich aufmerksam machen, begibt man sich am besten mit einem Mietauto auf Zimmersuche. Die Busse verkehren nicht allzu häufig und die schönsten privaten Unterkünfte befinden sich oft in abgelegenen Vierteln oder Dörfern im Inselinneren. Das Tourismusbüro verfügt über eine Liste, die jedoch nur Telefonnummern und keine Webadressen verzeichnet. Wer Spanisch kann, ist hier im Vorteil.

Vorabinfo im Internet

Es lohnt, sich über Individualunterkünfte bereits in Deutschland zu informieren. Die nachfolgend genannten Adressen bieten außergewöhnliche Apartments oder Fincas an.

www.aguttenberger.com/es_en_de/links.html: Unterkunft in verschiedenen Orten

www.golanzarote.de: Individuelle Angebote und Unterkünfte für Langzeitaufenthalte. Der Vermittler spricht Deutsch und bietet in vielen Orten, die über die ganze Insel verstreut sind, das passende Angebot. Auf Wunsch kann das Mietauto gleich mitgebucht werden, das Sie am Flughafen abholen und bei der Rückreise dort abgeben können.

www.lotus-del-mar.com: bei Mala/Guatiza gelegene Privatvillen

www.caseriodemozaga.com: schöne Unterkunft bei Mozaga

www.lanzarote-ferien.de/index.htm: Ferienwohnung in Puerto del Carmen

www.villasdelanzarote.com: Jorge vermietet Apartments in verschiedenen Orten im Inselinneren, z. B. in Yé, Guinate, Máguez, aber auch an der Küste in Órzola.

www.lanzarote-villa.com: drei Villen von privat in Puerto Calero, Playa Blanca

www.lanzaroteretreats.com: Familie Braddock vermietet mehrere luxuriöse, einzeln stehende Villen in gehobener Ausstattung in Puerto Calero, Playa Blanca, Punta Mujeres, Costa Teguise und Arrieta.

www.lanzarote-arrieta.de: Jonas & Jonas bieten vor allem Unterkünfte außerhalb der Touristenzentren an: z. B. in Arrieta, Punta Mujeres, Órzola und auf La Graciosa.

Spezialisten für die Kanarischen Inseln
www.infolanzarote.de: Online-Reiseveranstalter für Flug, Unterkunft und Autovermietung, verknüpft mit Informationen über die Insel

www.lacaleta.net/: bietet – neben Ferienunterkünften – Informationen über alle Wind- und Wassersportarten, die in der Gegend um Famara betrieben werden können.

Weitere Tipps:
www.lanzarote-web.de
www.lanzarote.com
www.sonnige-kanaren.de
www.kanaren-traeume.de
www.fewo-direkt.de

Essen und Trinken

Kanarische Küche

Allen Unkenrufen zum Trotz, es gibt sie, die typisch kanarische Küche, und sie wartet mit allerlei Spezialitäten auf. Allerdings dominiert in den Urlaubsorten inzwischen die internationale Fast-Food-Kultur mit Pizza, Chinagerichten, Hamburgern, Spaghetti, Hot Dogs, diversen Sandwiches etc. Doch auch hier kann man noch das ein oder andere Restaurant entdecken, in dem es frischen Fisch oder Meeresfrüchte gibt und als Beilage die berühmten *papas arrugadas* (Pellkartoffeln in Salzkruste), die mit den jeweiligen Soßen *(mojo rojo oder mojo verde)* und/oder einem knackigen Salat serviert werden. Die scharfe, rote Soße besteht meist aus Chili, Knoblauch, Kümmel, Paprika, Öl und Essig, die grüne Soße aus den gleichen Bestandteilen wie *mojo rojo,* aber mit milden, grünen Chilischoten – die genaue Zubereitung ist und bleibt das Geheimnis jeden Kochs. Im Inselinneren und in den vielen kleinen Dörfern ist die Chance natürlich sehr viel größer, die unverfälschte kanarische Küche kennenzulernen.

Weitere Spezialitäten sind *cabrito en adobo* (mariniertes Zicklein in Wein-Kräuter-Soße), *cocido canario* oder *puchero canario* (kanarischer Fleisch- und Gemüseeintopf), *conejo en salmorejo* (Kaninchen in Beize). Als *parillada* werden diverse Fleischsorten gegrillt serviert, *pescado* (Fisch) gibt es häufig *a la parilla* (gegrillt) oder *a la plancha* (auf der Herdplatte gedünstet, dennoch sehr knusprig), seltener *cocido* (gekocht).

Tapas

Für den kleinen Hunger zwischendurch bieten sich die zahlreichen Tapas an. Diese kleinen Portionen kalter oder

Gofio – vielseitig und nahrhaft
Für die Guanchen war er ein Grundnahrungsmittel, weil haltbar und nahrhaft. Vor allem die Hirten, die oft tagelang nicht nach Hause kamen, wussten ihn zu schätzen. Gofio ist ein aus geröstetem Mais hergestellter Teig und vielseitig verwendbar. Man kann ihn mit süßen wie mit pikanten Speisen kombinieren. Im Mesón de la Frontera in Haría steht er noch oder wieder auf der Speisekarte (s. S. 159).

warmer Speisen reichen von verschiedenen Salaten und *queso de flor* (kanarischer Ziegenkäse) über marinierte Meeresfrüchte oder Fisch bis hin zu Innereien, belegten Broten oder der berühmten *tortilla.* Meist werden die Tapas in Glasvitrinen an der Theke ausgestellt, sodass man auch ohne große Spanischkenntnisse dem Kellner zeigen kann, was und wie viel man probieren möchte (»Es suficiente, gracias!« heißt »Das genügt, danke!«).

Kulinarischer Tagesablauf

›Morgens wie ein Kaiser, mittags wie ein König, abends wie ein Bettelmann‹ – die Spanier stellen diese Regel auf den Kopf. Zum Frühstück, *desayuno,* gibt es meist nur Kaffee und einen Toast oder einige Kekse. Da dieses Frühstück nicht lange vorhalten kann, nimmt man ab 11 Uhr in einer Bar die ersten Tapas und vielleicht einen süßen Malvasier oder ein kleines Bier zu sich.

Von 12.30 bis 15 Uhr ist Mittagessenszeit, *almuerzo.* Meist werden drei Gänge serviert. Je nach Jahreszeit Suppe oder Salat bzw. *gazpacho,* dann als zweiten Gang, *segundo plato,* Fisch, Fleisch, Geflügel mit Beilagen und zum Dessert Eis oder Früchte und eventuell eine Art Espresso *(café solo),* der jedoch geschmacklich nicht überall mit dem italienischen Original zu vergleichen ist.

Am späten Nachmittag nehmen manche Kanarier noch eine *merienda* ein, die spanische Variante der *teatime.* Neben Kaffee oder einem Schokoladengetränk werden Gebäck oder Kuchen serviert.

Das Abendessen, *cena,* beginnt frühestens ab 19 Uhr und ist nicht weniger üppig als das Mittagessen. Auch hier gibt es drei Gänge, für die man sich allerdings mehr Zeit nimmt.

Wer sich den Ess- und Trinkgewohnheiten der Kanarier anpassen will, wird in Restaurants und Bars leicht Kontakte knüpfen. Wer jedoch – z. B. der Kinder wegen – seine Mahlzeiten zur gleichen Zeit wie zu Hause einnehmen will, stößt auf keinerlei Schwierigkeiten, denn man hat sich auch in dieser Hinsicht auf die Bedürfnisse der ausländischen Gäste eingestellt. Selbst darauf, dass Deutsche und Engländer den Tag gerne wie ein ›Kaiser‹ begin-

Typisch für die kanarische Küche: gegrillte Dorade, Papas arrugadas, grüne und rote Mojo-Soße, frischer Salat

nen. Die Frühstücksbüfetts bieten von Croissants über Müsli bis zu Rührei mit Speck alles, was auch deutsche Hotels offerieren. Lediglich leidenschaftlichen Teetrinkern sei empfohlen, lose Teeblätter und ein Teesieb mitzunehmen, denn das gibt es auf Lanzarote – auch in den Supermärkten – nicht.

Preisangaben
Die in den Restaurantangaben im Kapitel ›Unterwegs auf Lanzarote‹ genannten Preise gelten für ein Menü ohne Getränke. Wenn Sie zusätzlich einen Nachtisch bestellen, müssen Sie pro Person mit ca. 5 € mehr rechnen.

Essen gehen

Wer ein Restaurant besucht, sollte die Gepflogenheiten auf Lanzarote kennen. Die besten Plätze im Restaurant sind für diejenigen Gäste reserviert, die ein Menü wählen oder zumindest mehr essen als eine Zwischenmahlzeit und nicht nur ein Getränk ordern. Für Tapas, Kaffee und Kuchen oder auch nur einen Durstlöscher stellen sich die Canarios wie die Spanier allgemein eher an die Bar. Daher kann es schon einmal vorkommen, dass man Sie nach der Bestellung an einen anderen Platz bittet oder mit Blick und Gestik zum Ausdruck bringt, dass der gewählte Platz nicht im richtigen Verhältnis zu Ihrer Bestellung steht. Betrachten Sie es nicht als Unhöflichkeit, sondern einfach als Landessitte.

Beim Mittag- oder Abendessen in einer traditionellen Bar oder in einem Restaurant sollten Sie weniger der Karte als den Empfehlungen der Kellner vertrauen. Denn frisch zubereitet wird das, was der Fischer an diesem Tag gefangen und die Bauersfrau je nach Saison geerntet hat. Und viele Gastronomen haben sich auf Fleisch- oder Fischgerichte spezialisiert und eigene Rezepte kreiert. Diese Menüs stehen nicht immer auf der Karte. Fragen Sie daher auch nach der *especialidades* oder den *sugerencias* des Hauses! Das kann zum einen das marinierte Kaninchen, zum anderen die gefüllte Putenbrust oder auch der *potaje canario* sein, ein kanarischer Eintopf, dessen Rezept streng geheim gehaltene Zutaten und Kräuter enthält.

Unzufrieden?

Das Essen kalt, der Fisch nicht frisch, das Personal pampig? Auf Lanzarote kommt es wie in anderen populären Reisezielen immer wieder vor, dass in Restaurants und Bars sowohl die Qualität als auch der Service zu wünschen übrig lassen. ›Runterschlucken‹ sollten Sie Ihren Ärger nicht. Mehr hilft es da, sich mit dem ein oder anderen Brocken Spanisch verständlich zu machen, um beim Personal Gehör zu finden. In gehobeneren Etablissements wird Ihre gut gemeinte Kritik auf offene Ohren stoßen.

Getränke

Der kanarische Wein hat in den letzten Jahren sehr an Qualität gewonnen, ist aber immer noch nicht jedermanns Sache. Meistens kann man jedoch auf einen guten Tropfen (Rioja) vom spanischen Festland ausweichen. Wer jedoch den schweren Malvasier-Wein liebt, den schon Shakespeare zu rühmen wusste, wird hier auf seine Kosten kommen. Seinerzeit war die süße Malvasiertraube am englischen Hof äußerst beliebt. Dies änderte sich erst mit Karl II., der dem Sherry den Vorzug gab. Die Canarios selbst schätzen den *malvasía dulce* zusammen mit einem *café solo* als Auftakt oder Abschluss eines gelungenen Mahls.

Aktivurlaub und Sport

Gleitschirmfliegen oder Golfen, Tauchen oder Wellenreiten, Joggen oder Wandern. Ob Sie das lange erträumte Abenteuer erleben oder sich einfach ›nur‹ wieder fit fühlen möchten, Lanzarote bietet jede Menge Gelegenheit für das eine wie für das andere.

Baden

An vielen Stränden und den meisten Tagen ist Baden auf Lanzarote ungefährlich und auch für Kleinkinder möglich. Es gibt jedoch auch einige tückische Stellen, z. B. die Playa de Famara, einige Strandabschnitte in Playa Honda oder auch die Playa de la Cantería bei Órzola. An bewachten Stränden wird bei riskantem Wetter oder Wellengang die rote Flagge gehisst und bedeutet: Badeverbot. Bei nicht bewachten Stränden sollte man sich an den Einheimischen orientieren und den gesunden Menschenverstand walten lassen.

Drachen- und Gleitschirmfliegen

Unter den Kanarischen Inseln ist Lanzarote die Topadresse für Drachen- und Gleitschirmflieger. Allerdings ist das Fliegen hier nicht immer einfach (Geschwindigkeiten bis zu 60 km/h sind keine Seltenheit). Wechselnde Windverhältnisse und Verwirbelungen haben schon zu manchem Unfall geführt. Das Equipment sollte man von zu Hause mitbringen, da es bislang keine Verleiher auf der Insel gibt.

Die Playas del Papagayo: einer von vielen Traumstränden Lanzarotes

Auf Lanzarote gibt es zwei Drachenflieger-Clubs: **Club Zonzamas,** Alberto Martín, Tel. 346 29 16 11 43, www.vuelolibrezonzamas.com (allerdings nur mit automatischer Übersetzungshilfe) und **Club Vuelo libre Horus,** José Luis Aradas García, Tel. 629 13 41 75, http://vuelolibrelanzarote.com.

Beliebter Startpunkt ist die **Risco de Famara** (▶ F/G 5/6). In den Wintermonaten ist La Caleta die erste Adresse für Drachen- und Gleitschirmflieger. Die **Risco de Famara,** eine steil abfallende Bergkette, bietet bei Westwind ideale Flugbedingungen. Auch (Kite-) Surfer kommen hier auf ihre Kosten (www.lacaleta.net).

Ein auf Flieger spezialisierter Reiseveranstalter mit Flug, Apartment, Mietwagen und fliegerischer Betreuung ist **Sail & Fly,** www.sail-fly.de, Tel. 04261 184 29 03.

Golf

Es gibt zwei 18-Loch-Golfplätze auf Lanzarote: einen zwischen den Lavafeldern bei Costa Teguise (s. S. 127) und einen weiteren bei Puerto del Carmen (www.lanzarotegolfresort.com, der Club steht auch Nichtmitgliedern offen). Man muss den Planern zugutehalten, dass sie allzu große Schäden für die Umwelt vermeiden wollten. So wird der Rasen des Platzes bei Puerto del Carmen mit Brauchwasser gepflegt. Doch Kritiker meinen, ein Golfplatz gehöre nicht auf eine Insel, die ohnehin unter Wassermangel zu leiden habe.

Radfahren

Lange flache Passagen und wenige kraftraubende Steigungen prädestinieren Lanzarote für das Fahrrad. Da es keine Fahrradwege gibt, muss man sich die Straße mit den Autos teilen. Unangenehm wird dies jedoch nur auf den Hauptverkehrsstraßen oder engen Strecken wie zwischen Mozaga und Uga. Trotz der flachen Landschaft werden bestimmte Anforderungen an die Kondition gestellt. Starke Gegenwinde und einige steile Anstiege im Norden der Insel machen das Radfahren recht anstrengend.

Wer sein Fahrrad mitnehmen will, muss dies den Fluggesellschaften bei der Buchung als Sondergepäck melden. Um Beschädigungen beim Transport zu vermeiden, sollte man den Drahtesel in einem Karton, einer Fahrradtasche oder einem Hartschalen-Radkoffer verstauen. Auf jeden Fall müssen die Luft aus den Reifen gelassen sowie Pedale und Lenker eingeklappt werden. Des Weiteren dürfen die wichtigsten Ersatzteile nicht fehlen.

Jährlich werden zwei große Veranstaltungen für Radler durchgeführt: der **Vulkantriathlon** (1,5 km schwimmen, 40 km Rad fahren, 10 km laufen) und der **Ironman Lanzarote** (3,8 km schwimmen, 180 km Rad fahren, 42 km laufen, s. auch S. 206). Weiterhin veranstaltet der Club La Santa für seine Gäste hin und wieder Radrennen.

Fahrradverleih: in Costa Teguise (s. S. 126), Puerto del Carmen (s. S. 203), Playa Blanca (s. S. 260) und im Club La Santa (s. S. 184)

Tauchen und Schnorcheln

Das klare Wasser vor den Küsten Lanzarotes und eine abwechslungsreiche Unterwasser-Tierwelt bilden optimale Voraussetzungen für interessante Tauchgänge. Vorher sollte man sich jedoch die für den Tauchsport wichtigen medizinischen und technischen Kenntnisse aneignen: Für Anfänger wie auch für Fortgeschrittene werden Kurse angeboten. Die Lehrer sind den internationalen Standards der Taucherverbände entsprechend ausgebildet.

Vor den Küsten Lanzarotes liegen verschiedene Tauchreviere. Am ein-

Die idealen Bedingungen rund um Lanzarote locken viele Surfer und Wellenreiter an

fachsten (ohne Bootsanfahrt) gelangt man von **Puerto del Carmen** (Tauchschulen s. S. 204, oder www.lanzarote-tauchen.de) zu den vorgelagerten Riffs. An der Riffkante lassen sich zahlreiche Fischarten, teils in ganzen Schwärmen, beobachten. Besonders reizvoll sind Tauchgänge bei Nacht, wenn sich viele nachtaktive Meerestiere wie Krebse, Tintenfische oder Krabben zeigen.

An der Südspitze der Insel entstand der **Unterwasserpark Los Erizos** (Die Seeigel, ▶ D/E 9, www.canary-islands.greatestdivesites.com), bestehend aus mehreren von Meeresflora umschlossenen Schiffswracks, die für Taucher immer wieder einen großen Anreiz darstellen. Weitere Tauchreviere finden sich vor **La Santa** (▶ D 6) und im **Norden** der Insel (z. B. vor dem Strand von Famara, ▶ F 5/6). In den Gewässern nahe der Ortschaft **Mala** (s. S. 130) gibt es mehrere Unterwasserhöhlen.

Die Tauchbasen werden im Reiseteil bei den entsprechenden Orten vorgestellt und bieten ein variantenreiches Angebot für Tauchfans: Schnuppertauchen und Schnorchelexkursionen, Kinder- und Erwachsenentauchen, Tauchlehrer- und Assistentenausbildung, CMAS* bis CMAS*** u. v. m. Bei Sport Dreams (www.sdi-germany.de) kann man von Deutschland aus eine Taucherreise buchen.

Wellness

Nahezu jedes Hotel und auch ein Großteil der Apartmentbetreiber haben ein Wellnessprogramm anzubieten oder eine Kooperation mit einem der benachbarten Etablissements, in denen die Gäste dann den Spabereich nutzen sowie Wellness- und Massagestunden buchen können.

Falls Sie dies im Vorfeld des Urlaubs klären wollen, fragen Sie bei Buchung Ihrer Reise nach oder erbitten Sie sich die Website der Unterkunft. Dort wird häufig mit den Wellnessangeboten gelockt, deren Preise auf oder unter dem Niveau in Deutschland liegen.

Wer den ganzen Urlaub auf Lanzarote für Wellness reservieren will, findet auf www.evada.de spezielle Angebote, die auch die Unterkunft mit einschließen.

Windsurfen und Wellenreiten

Die geografische Lage (in der Zone der ständig wehenden Passatwinde) macht Lanzarote zu einem optimalen Surfgebiet. In der Zeit zwischen Juni und August herrschen mit durchschnittlich 5 Beaufort die besten Windbedingungen. Im Herbst wehen die für Anfänger günstigen auflandigen Winde. Der Winter ist von starken Winden aus nördlicher Richtung gekennzeichnet. Dann können bei Stärken um 8 Beaufort Surfexperten ihr Können unter Beweis stellen. Die Spitzenwerte halten oft bis April an. Unregelmäßig wehende Winde können die Surfer im Winter allerdings dazu zwingen, zwischen verschiedenen Revieren zu wechseln.

Bei Wassertemperaturen um 18 °C ist eine Neoprenausrüstung notwendig. Außerdem ist Vorsicht vor scharfen Lavagesteinen geboten, die auch die Ausrüstung in Mitleidenschaft ziehen können. Ebenso haben ablandige Winde schon manchen Surfer in Schwierigkeiten gebracht. Hilfe kann man nur von den Rettungsdiensten erwarten – an der Playa de las Cucharas in Costa Teguise sowie an der Playa de los Pocillos und der Playa Blanca in Puerto del Carmen. Wer sich besonders weit hinauswagt, darf mit vorbeiziehenden Delfinschwärmen rechnen,

Surfreviere für Könner und Anfänger

Costa Teguise (s. S. 126; ▶ G 8): Playa de las Cucharas, beliebt, fünf Windsurfstationen mit guter Infrastruktur. Windstärken bis 6 Beaufort.

Playa de Famara (s. S. 182; ▶ F 5/6): Gute Bedingungen, jedoch nur erfahrenen Surfern zu empfehlen, besonders im Winter wegen der Brandungswellen schwierig, ablandige Winde und gefährliche Unterströmungen. Startpunkt ist der Strandabschnitt hinter der Bungalowsiedlung. La Caleta dient vielen ›Langzeitsurfern‹ als Basisstation.

La Santa (s. S. 184; ▶ D 6): Optimal für Anfänger. Im Sporthotel werden Kurse angeboten.

Puerto del Carmen (s. S. 198; ▶ D/E 9): An der Playa Matagorda gibt es eine Station, die Kurse anbietet und Ausrüstung verleiht. Winde wehen aus Norden und Nordwesten, im Sommer in einer Stärke zwischen 3 und 4 Beaufort, der Strand ist für Anfänger und Fortgeschrittene geeignet. Ähnliche Verhältnisse herrschen an der Playa de los Pocillos und der Playa Blanca, die sich besonders für Anfänger eignen. Beide Strände werden auch von Badegästen frequentiert.

El Golfo (s. S. 220; ▶ B 8): Bei Nordwestwind nur für mutige Surfer geeignet. Vorgelagerte Riffs bergen Gefahren.

Playa de Janubio (s. S. 226; ▶ B 9): Bei guten Westwinden anspruchsvolles Revier. Bei Ebbe Vorsicht vor den zahlreichen Unterwasserriffen.

Playa Blanca (s. S. 251; ▶ A/B 10): Flaue Winde, nur für Anfänger attraktiv. Spitzensurfer brechen bei günstigen Windverhältnissen hin und wieder nach Corralejo auf Fuerteventura auf. Ein Begleitboot ist dabei unerlässlich.

kann aber auch jungen Haien begegnen.

Ausgewiesene Reviere zum Wellenreiten gibt es vor Lanzarote nur wenige: Caleta de Famara (vor der Hafenmole, mit Surfschule, s. S. 182), Punta de Mujeres (nahe den Bungalows Casitas del Mar, s. S. 136) und an der Westküste vor La Santa (s. S. 184).

www.lanzarotekitesurfcamp.com
Surf- und Kiteboardingkurse für Anfänger und Fortgeschrittene plus Unterkunft in Caleta de Famara

Wandern

Über Lavagestein und ungesicherte Pistenwege, die sich auch mal im Nichts verlieren können, werden die Wanderer auf Lanzarote derzeit geführt. Daher müssen sich Wanderer entsprechend ausrüsten (Kartenmaterial, ggf. Kompass) und verhalten. Aufgrund der steinigen Wege ist vor allem gutes Schuhwerk – am besten Wanderstiefel – notwendig.

Wer auf der Insel wandern oder radeln möchte, sollte sich besser schon in Deutschland mit geeignetem Kartenmaterial ausstatten, da vor Ort wenig gute Karten zu erwerben sind (z. B. Lanzarote: Wander-, Bike-, Freizeit- und Straßenkarte, Nr. 241, Maßstab 1 : 50 000, Kompass). Empfehlenswert ist auch der Wanderführer zu Lanzarote von Rolf Goetz (s. S. 20).

Als günstige Wanderzeit gilt das Halbjahr zwischen September und Mai, besonders die Frühlingsmonate. Dann nämlich verschönern Blumen und blühende Sukkulenten die karge Landschaft.

Wer auf seinen Wanderungen mehr über die Insel erfahren will oder sich nicht traut, allein auf Tour zu gehen, findet bei LanzaTrekk sehr schöne unterschiedliche Routen. Stephan und sein Team sprechen alle Deutsch, kennen die schönsten Wege und beeindrucken mit ihrem Wissen zu Land und Leuten, Geschichte, Botanik und Vulkanismus ... (www.lanzatrekk.com, Tel. + 34 698 08 33 45).

Auf eigene Faust ist vor allem eine Wanderung über die Hochebene von Los Ajaches zu den Playas del Papagayo zu empfehlen (s. S. 263), bei der man auch die unter Naturschutz stehenden Strände bewundern kann.

Feste und Unterhaltung

Wenn einer der Gemeinplätze, die über die Kanarischen Inseln und ihre Bewohner im Umlauf sind, zutrifft, dann ist es der des ausgelassenen und ausgiebigen Feierns. Die Fiestas sind meist heidnischen bzw. christlichen Ursprungs oder haben ein historisches Ereignis zum Anlass. Dies bedeutet aber nicht, dass der sozialkulturelle Aspekt dabei in Vergessenheit gerät. Im Gegenteil: Im Anschluss an die traditionellen Bräuche, Prozessionen oder Festreden bietet ein ausgeklügeltes Programm – von Sportwettbewerben zu Folkloredarbietungen, von klassischer Musik zu modernen Rock-, Pop- oder Jazzkonzerten, von Tanz zu Jahrmarktrummel – für jeden Besucher etwas. Man kommt also auch hier zusammen, um zu sehen und gesehen zu werden.

Wer bei einer der zahlreichen Fiestas dabei sein möchte, kann sich bei den Touristeninformationen vor Ort informieren, wann und wo gefeiert wird.

Zu Ehren der Schutzpatrone und der Heiligen

Der Festtagskalender auf Lanzarote ist sehr umfangreich. Neben den kirchlichen Feiertagen begeht jeder Ort noch zusätzlich mindestens einmal im Jahr den Namenstag seines Schutzheiligen *(Día del Santo)*.

Besonders berühmt sind die Feste der **Madonna Nuestra Señora de los Volcanes** in Mancha Blanca (s. S. 237) und der **Virgen del Carmen** in Femés (s. S. 227). Im Mittelpunkt steht meist eine Prozession zu Ehren der Madonna. Danach folgt ein Volksfest mit Musik, Tanz und kulinarischen Leckereien. In vielen Orten ziehen sich die Feierlichkeiten über mehrere Tage hin. Alt oder Jung ist dann bis tief in die Nacht auf den Beinen.

Karneval

Bis zu zwei Wochen dehnen sich auf Lanzarote die Karnevalsfeiern aus. Dann herrscht Ausnahmezustand in Arrecife und an anderen Orten. Der Aufwand, der dabei betrieben wird, steht – gemessen an der Einwohnerzahl – dem Carnaval in Río in nichts nach (s. auch Essay S. 83).

Mariä Himmelfahrt

So christlich der Ursprung dieses Festes ist, so weltlich ist das Zusatzprogramm. Vom 14. bis 25. August findet neben den kirchlichen Ritualen ein bunter Reigen aus Wettbewerben und Darbietungen statt: eine Segelregatta, Rock- und klassische Konzerte, Kinderfeste, Folkloretänze und zum Abschluss ein großes Feuerwerk. Zahlreiche Buden bieten allerlei Inselspezialitäten zum Essen an.

Festkalender

Januar

Neujahrsfest: 1. 1. Um Mitternacht essen die Lanzaroteños bei jedem Glockenschlag eine Weintraube, die im neuen Jahr Glück bringen soll *(uva de la suerte).*

Fiesta de Cabalgata de los Reyes (Heilige Drei Könige): 5. 1. In Teguise und Arrecife. Hier ziehen die berittenen Drei Könige von Sängern begleitet auf Kamelen durch die Innenstadt zu einem Stall mit dem Christkind, der am Parque Islas Canarias aufgestellt ist.

Februar

Fiesta de la Nuestra Señora de la Candelaria in Tías: 2. 2.

Karneval: zur gleichen Zeit wie im übrigen Europa (s. S. 83)

März/April

Semana Santa/Karwoche

Mai

Fronleichnam: Prozessionen in Arrecife und Haría. Früher bedeckte man die Straßen mit eingefärbtem Meersalz, da es an Blumen fehlte.

Día de las Islas Canarias: 30. 5. Tag der Unabhängigkeit der Kanarischen Inseln. In allen großen Orten wird mit großem Programm (Kulinaria, Tanz, Sport etc.) gefeiert.

Juli

Fiesta de San Marcial del Rubicón in Femés: 7. 7. Eines der wichtigsten kirchlichen Feste auf der Insel; Prozession zu Ehren des ehemaligen Bischofs von Limoges, des Schutzpatrons der Fischer.

Fiesta del Carmen auf La Graciosa: 16. 7. Größtes Inselfest auf der kleinen Schwesterinsel.

Fiestas de la Señora del Carmen: Festwoche in Arrecife, Teguise und Playa Blanca, um den 16. 7. Sehr aufwendig mit vielen Musikgruppen wird die Woche in Teguise begangen, weniger spektakulär mit einer Schiffsprozession in Arrecife.

Fiesta de Santiago (Festtag zu Ehren des spanischen Patrons): 25. 7.

August

Asunción de la Virgen: 15. 8.

Fiesta de San Roque in Tinajo: 16. 8.

Fiesta de San Ginés in Arrecife: 25. 8.

September

Fiesta de la Virgen de los Volcanes in Mancha Blanca: 15. 9. Prozession zu Ehren der Schmerzensmadonna, die im 18. und 19. Jh. den Ort mehrmals vor den drohenden Lavamassen verschont haben soll (s. S. 237).

Oktober

Fiesta de la Virgen del Rosario in Arrecife: 7. 10.

Día de la Hispanidad: 12. 10. Feiertag zu Ehren der Landung von Kolumbus in Amerika

November

Todos los Santos/Allerheiligen: 1. 11.

Dezember

Día de la Constitución (Tag der Verfassung): 6. 12.

Inmaculada Concepción (Mariä Empfängnis): 8. 12.

Fiesta de Rancho de Pascua in Teguise: 24. 12. Folkloristisches Fest mit Prozession, Tanz und Gesängen; sehenswerte Mitternachtsmette; danach ausgelassene Fiesta-Stimmung bis zum Morgen.

Reiseinfos von A bis Z

Apotheken

Es gibt zahlreiche *farmacias* (Apotheken) auf Lanzarote, die man am grünen Malteserkreuz erkennt (7–20 Uhr). Trotzdem kann eine kleine Reiseapotheke (Kohletabletten oder andere Medikamente gegen Durchfall, Brandsalbe gegen Sonnenbrand, Desinfektionsmittel, Schmerztabletten und Verbandsmaterial) nicht schaden.

Ärztliche Versorgung

Lanzarote ist kein Reiseziel, das besonderer präventiver Maßnahmen bedarf. Empfehlenswert ist eine Tetanus-Impfung gegen Wundstarrkrampf.

In den ersten Urlaubstagen leiden manche Besucher unter Verstimmungen des Magen-Darm-Trakts. Ursache hierfür sind in den meisten Fällen ungewohnte Speisen und zu kalte Getränke. Obwohl das Leitungswasser in den Touristenorten als trinkbar gilt, sollte man nicht nur aus geschmacklichen Gründen Mineralwasser bevorzugen.

Arztbesuch

Wer beim Arztbesuch kein Geld vorstrecken möchte, sollte die Europäische Krankenversicherungskarte mitnehmen und sich im Hospital in Arrecife (s. u.) oder in den **Centros de Salud** in den jeweiligen Orten behandeln lassen. Private Ärzte bestehen auf Vorkasse.

Eine zusätzliche Privatversicherung, mit der man alle Ärzte konsultieren kann, ist empfehlenswert. Privatpatienten müssen vor Ort die Kosten auslegen und bekommen diese später zurückerstattet.

Für leichte Beschwerden kann oft die Hotelrezeption einen Arzt in der Nähe empfehlen (s. auch Reisekapitel). Bei schwereren Erkrankungen oder gar Unfällen ist es empfehlenswert, ins moderne und gut ausgestattete Krankenhaus von Arrecife zu gehen: Hospital General de Lanzarote, ein wenig außerhalb der Stadt, an der Straße nach San Bartolomé gelegen, Tel. 928 59 50 00.

Deutschsprachiger Arzt: Dr. med. Karl Kunze bietet einen 24-Std.-Notdienst an: Tel. 928 84 85 09, www.arzt-lanzarote.com.

Einkaufen und Souvenirs

Viele Mitbringsel, die auf Lanzarote angeboten werden, sind leider in vielen Fällen aus Asien oder Nordafrika importiert. Auch die auf dem Sonntagsmarkt in Teguise angepriesenen Kunstobjekte stammen häufig nicht von den Kanarischen Inseln und lassen darüber hinaus in Verarbeitung und Material oft zu wünschen übrig.

Olivinsteine und Schmuck

An vielen Orten auf Lanzarote bieten fliegende Händler die kleinen, hellgrünen Olivinsteine an (auch unter dem Namen Peridot bekannt). Das meist in Gesteinsbrocken eingebundene Mineral ist besonders in dem Gebiet um Los Hervideros und El Golfo leicht zu finden (darf aber nicht mitgenommen werden!). Der für Gold- und Silberarbeiten verwendete Olivin wird aus Asien importiert. Die Verarbeitung durch Gold- oder Silberschmiede findet jedoch in Lanzarote statt. Die Schmuckstücke kann man auch zu erschwinglichen Preisen in den Boutiquen der Touristenorte erstehen.

Kunst

Neben zahlreichen Kunsthandwerkern bieten viele Maler Ölbilder, Aquarelle oder Radierungen an. Auch Fotografien und Postkarten sind immer wieder auf kleinen Ausstellungen in Arrecife, Teguise oder Yaiza zu bewundern. Des Weiteren offeriert die Galería Yaiza (s. S. 218) verschiedene Töpferwaren.

Kulinarisches

Das wohl typischste Mitbringsel sind eine oder auch mehrere Flaschen Inselwein. Zu empfehlen ist der Einkauf in einer der an der Straße von Uga nach La Geria gelegenen Bodegas (mit Weinprobe). Ziegenkäse und die zu Kartoffeln besonders delikat schmeckende Mojo-Soße (s. S. 27) passen gut dazu.

Musik

Zu den genuin kanarischen Instrumenten zählt die vier- oder fünfsaitige *timple*. In Teguise befindet sich eine der letzten Werkstätten, in der diese kleinen Gitarren nach traditionellem Verfahren hergestellt werden (s. S. 173). Für eine gute *timple* (meist aus Kiefernholz, seltener aus dem Holz des Maulbeerbaums) muss man allerdings recht tief in die Tasche greifen. Instrumente unter 60 € haben eher dekorativen Wert. Apropos: Als Mitbringsel bieten sich auch CDs der zahlreichen kanarischen Gruppen an. Mestisay, Taller, Chácaras und vor allem die Sabandeños gehören zu den renommiertesten Interpreten volkstümlicher Lieder und Gesänge (weitere Tipps s. Essay S. 80).

Schnäppchen

Weniger inseltypisch, dafür bisweilen erstaunlich günstig sind (einige) Markenjeans, Schuhe und Parfüm. Jeans und gut gearbeitete Lederschuhe bekommt man vorzugsweise in Arrecife. Kosmetik und Parfüms hingegen werden in vielen Parfümerieketten der Touristenzentren offeriert. Vergleichen lohnt sich, da sie unterschiedliche ›Hausmarken‹ führen und dafür entsprechende Rabatte gewähren können.

Feiertage

1. Januar: Año Nuevo/Neujahr
6. Januar: Los Reyes/Tag der Heiligen
19. März: San José/Josefstag
Karwoche/Semana Santa: Feiertage sind Gründonnerstag und Karfreitag
1. Mai: Día del Trabajo/Tag der Arbeit
30. Mai: Día de las Islas Canarias/Tag der Kanaren
25. Juli: Santiago Apóstol/Apostel Jakobus
15. August: Asunción/Mariä Himmelfahrt
12. Oktober: Día de la Hispanidad/Feiertag zu Ehren der Landung von Kolumbus in Amerika
1. November: Todos los Santos/Allerheiligen
6. Dezember: Día de la Constitución/Tag der Verfassung
8. Dezember: Inmaculada Concepción/Mariä Empfängnis
24./25. Dezember: Fiesta de Navidad/Weihnachten

FKK

FKK wird auf Lanzarote nicht gerne gesehen. Weniger aus moralischen denn aus ästhetischen Gründen. Einige Kilometer entfernt von Mala liegt der Charco del Palo, der einzige offizielle Nacktbadestrand der Insel (s. S. 130). Als inoffizielle Strände sind die Playas del Papagayo (s. S. 262) bekannt.

Frauen allein unterwegs

Auf Lanzarote ist das Risiko, belästigt zu werden, sehr gering. Wer sich allerdings allein und freizügig am Strand sonnt, wird den ein oder anderen Zuschauer in Kauf nehmen müssen. Die Kanarier sind sehr kontaktfreudig. Wer jedoch signalisiert, nicht gestört werden zu wollen, oder mit Bestimmtheit »Lassen Sie/Lass mich bitte in Ruhe!« – »¡Deje/deja me en paz, por favor!« (sprich: deche/decha me en paß, por fawor) vorträgt, wird damit meist Erfolg haben.

Geld

In Hotels, Restaurants oder bei Mietwagenunternehmen sind Kreditkarten ein gängiges Zahlungsmittel. Außerdem kann man in Arrecife und in allen Touristenmetropolen an Geldautomaten Euros abheben *(telebancos)*; Gebühr bis zu 6 €, daher bietet es sich an, die Höchstmenge abzuheben, wobei die Banken und Sparkassen unterschiedlich hohe Summen zulassen. Banken und Filialen der Caja Canarias (Sparkasse) gibt es in nahezu jedem größeren Ort (Mo–Sa 9–13 Uhr).

Konsulate

Deutsches Konsulat
Calle Albareda 3
35007 Las Palmas de Gran Canaria
Tel. 928 49 18 80
www.las-palmas.diplo.de
Mo–Fr 9–12 Uhr; in dringenden Notfällen auch unter Tel. +34 928 49 18 80

Österreichisches Konsulat
Hotel Reina Isabel
Calle Alfredo L. Jones 40
35008 Las Palmas de Gran Canarias
Tel. +34 928 76 13 50
www.bmeia.gv.at
Mo–Fr 10–13 Uhr

Schweizer Konsulat
Urbanización Bahía Feliz
Edificio de Oficinas, Local 1
35107 Playa de Tarajillo
Gran Canaria
Tel. 928 15 79 79
www.eda.admin.ch

Medien

Radio: Lanzarote hat auch ein deutschsprachiges Radio: Radio Europa sendet ständig auf 95,8 und 102,5 FM. Zwischen 8 und 12 sowie 17 und 23 Uhr strahlt Radio Europa ein eigenes Programm aus, zu den anderen Zeiten übernehmen die Radiomacher die Sendungen von SWR 1. In den verschiedenen Beiträgen erfährt der Urlauber alles, was sich auf der Insel zuträgt, und wird mit mehr oder weniger heiteren Spielchen unterhalten. Zu jeder halben Stunde gibt es einen Insel-Wetterbericht.
Zeitungen: In den Touristenorten und am Flughafen erhält man in der Hauptsaison gegen Mittag die meistgelesenen deutschen Zeitungen am gleichen Tag wie in Deutschland. Bei Wochenmagazinen kann die Verzögerung größer sein. Daneben werden eine Reihe von Inselmagazinen angeboten, die häufig aus viel Werbung und wenig Informationen bestehen.

Notruf

Polizei, Feuerwehr, Krankenwagen: Tel. 112
Sperrung von Handys, Bank- und Kreditkarten: +49 116 116.

Öffnungszeiten

Die Öffnungszeiten von kleineren Läden und Bars gelten als Richtwert, den es nicht unbedingt einzuhalten gilt. Des Öfteren findet man ein Schildchen an der Tür »Bin gleich zurück« – was jedoch recht frei ausgelegt wird.

Supermärkte, Souvenirläden, Kaufhäuser: meist Mo–Sa 8 bzw. 9–13 bzw. 14 und 16–20 Uhr. Verschiedene Supermärkte, Souvenirgeschäfte etc. in den Urlaubsorten haben auch Sa bis 20 oder 22, So 9–13 Uhr geöffnet.

Mein Tipp

Kombiticket
Auf Lanzarote kann man eine Art Museumspass oder Bonusticket erstehen. Der Pass kann bei jedem der unten aufgeführten Zentren und in den offiziellen Tourismusbüros erworben werden. Es gibt drei Varianten:
Bono 3 Centros: Zwei Orte wählt man aus den **Montañas del Fuego** (s. S. 239), den **Jameos del Agua** (s. S. 137) und der **Cueva de los Verdes** (s. S. 142), einen weiteren aus dem **Jardín de Cactus** (s. S. 129) und dem **Mirador del Río** (s. S. 149; Erw. 20 €, Kinder 7–12 Jahre 10 €, Ersparnis max. 3,50 € pro Erw. und 2,25 € pro Kind, 10 Tage gültig).
Bono 4 Centros: Montañas del Fuego, Jameos del Agua, Cueva de los Verdes, Jardín de Cactús oder **Mirador del Río** (Erw. 26 €, Kinder 7–12 Jahre 13 €, Ersparnis max. 6,50 € pro Erw. und 3,75 € für Kinder, 7 Tage gültig).
Bono 6 Centros: Das Ticket gilt für sechs Sehenswürdigkeiten, zur Auswahl stehen alle bisher genannten und zusätzlich das **Museo Internacional de Arte Contemporáneo** (s. S. 102, 101) und der **Mirador del Río** (Erw. 30 €, Kinder 7–12 Jahre 15 €, Ersparnis max. 11 € pro Erw. und 4,85 € pro Kind, 14 Tage gültig).

Banken: Mo–Sa 9–13 Uhr, Puerto del Carmen z. T. auch 17–19 Uhr

Post

Briefe und Postkarten (Porto 0,75 €) kann man auch an der Hotelrezeption zur Weiterleitung an die Post abgeben.
Arrecife: Calle La Marina, Mo–Fr 9–20, Sa 9–14 Uhr. Hier kann man Geld vom Postsparbuch abheben (mit Ausweis, Karte und Nummer und viel Geduld).
Costa Teguise: Av. de las Islas Canarias, neben dem Centro Comercial Los Charcos, Mo–Fr 8.30–14.30, Sa 9.30–13 Uhr
Puerto del Carmen: Av. de Juan Carlos I No. 15, Mo–Fr 8–15, Sa 9–13 Uhr
Playa Blanca: Calle de Corralejo, gegenüber der Cinebank, tgl. Mo–Fr 8.30–14.30, Sa 9.30–13 Uhr

Reisen mit Handicap

Etwa 200 Hotels und Einrichtungen werden als barrierefrei eingestuft. Wer sich genauer informieren möchte, kann sich an die Touristeninformation in Arrecife wenden (informacionturistica@cabildodelanzarote.com).

Ein deutscher Taxifahrer, der seit Jahren auf der Insel lebt, bietet Inseltouren für Rollstuhlfahrer an (s. S. 24).

Runa-Reisen hat auf Lanzarote verschiedene behindertengerechte Apartments oder Ferienwohnungen im Angebot und ist auch bei der Anreise mit dem Flugzeug oder mit dem Schiff behilflich. Buchungshotline: Tel. 052 04 92 27 88, www.runa-reisen.de.

Selbstversorger

Supermärkte, Souvenirgeschäfte etc. befinden sich immer in der Nähe von Apartmentanlagen, sodass der Einkauf für Selbstversorger kein Problem darstellt. Die Ausrüstung an Geschirr und Kochgeräten in den Apartments ist auf ein Minimum beschränkt. Dosenöffner *(abrelatas)* und Korkenzieher *(sacacorchos)* fehlen oft (an der

Rezeption erbitten). Leidenschaftliche Teetrinker sollten sich ein Teenetz und losen Tee von zu Hause mitbringen (auf Lanzarote gibt es meist nur Teebeutel zu kaufen). Bereiten Sie den Tee nicht mit Leitungswasser zu.

Sicherheit

Vorsicht ist auf Lanzarote im üblichen Sinne geboten. Grundsätzlich sollten weder Gepäck noch Wertsachen offen im (Miet-)Auto liegen. Wertvolle Utensilien sind am besten im Safe des Hotels aufgehoben. Was man bei einem Ausflug nicht missen möchte, sollte man immer bei sich tragen.

Für die Sperrung von Kreditkarten benötigt man die aufgedruckten bzw. geprägten Kartennummern; diese daher getrennt von den Karten notieren und aufbewahren **(zentrale Sperrnotrufnummer: +49 116 116).** Wer bestohlen wurde, sollte auf jeden Fall zur Polizei gehen und Anzeige erstatten.

Telefon

Per Roaming ist man mobil auch auf den Kanaren erreichbar, das kann jedoch sehr kostspielig werden. Wer günstiger als via Handy telefonieren möchte: Lanzarote hat ein flächendeckendes Netz an internationalen öffentlichen Telefonen, wobei sich Kartentelefone vermehrt durchsetzen, aber auch mit Münzen kann man telefonieren. Karten *(tarjeta de telefónica)* gibt's in Postämtern, Tabakläden *(estancos)*, z. T. auch Supermärkten. Telefonieren im Hotel ist relativ teuer.

Vorwahlen

nach Deutschland: 0049
nach Österreich: 0043
in die Schweiz: 0041
nach Spanien: 0034 (im Anschluss die neunstellige Rufnummer)

Trinkgeld

In Bars und Restaurants ist es generell üblich, ein Trinkgeld *(propina)* zu geben. Erleichtert wird die freundliche Geste durch einen in mediterranen Ländern gängigen Zahlungsmodus: Man bringt Ihnen auf einem kleinen Teller stets das gesamte Rückgeld an den Tisch, und Sie haben freie Wahl, ob und wie viel Sie bei Verlassen des Lokals spendieren möchten.

Bei längeren Aufenthalten in Hotels freuen sich Kellner und das Zimmerpersonal über ein angemessenes Trinkgeld. Bei Taxifahrten rundet man meist den Betrag nach eigenem Gutdünken auf.

Zeit

Lanzarote liegt eine Stunde hinter der MEZ, man gewinnt somit eine Stunde Urlaubszeit.

Reisekasse

Wer all-inclusive auf Lanzarote bucht, schont meist die Urlaubskasse. Das bedeutet allerdings, dass die allgemeinen Essenszeiten den Tagesablauf bestimmen. Wer ein Apartment mietet, ist freier, muss allerdings mit erhöhten Kosten bei einigen Lebensmitteln rechnen (z. B. Milchprodukte und frisches Gemüse), da diese auf die Kanaren importiert werden.
Wer die wenigen auf den Inseln hergestellten Lebensmittel kauft (Ziegenkäse, Zwiebeln, Kartoffeln etc.), spart nicht nur Geld, sondern unterstützt die lokale Landwirtschaft.
Die Inselweine wiederum sind häufig ebenso teuer oder teurer als die Importe vom spanischen Festland, doch immer noch günstiger als hierzulande.

Panorama – Daten, Essays, Hintergründe

Abendstimmung bei El Golfo

Steckbrief Lanzarote

Daten und Fakten

Lage und Fläche: Die Inselgruppe der Kanaren liegt ca. 115 km westlich von Marokko. Die Fläche von Lanzarote beträgt 752 km^2 (inklusive der Inseln La Graciosa, Montaña Clara, Alegranza, Roque del Oeste und Roque del Este 793 km^2). An ihrer breitesten Stelle, zwischen der Punta Fariones im Norden und der Punta de Papagayo im Süden, beträgt die Entfernung nicht mehr als 62 km, während die Ostküste von der Westküste maximal 21 km entfernt liegt. Die höchste Erhebung stellt mit 671 m der Peñas del Chache dar, zwischen Haría und Los Valles gelegen, der niederschlagsreichsten Region der Insel.
Inselhauptstadt: Arrecife (ca. 56 000 Einw.)
Amtssprache: Spanisch
Einwohner: Insgesamt leben ca. 194 000 Menschen auf Lanzarote, davon stammen ca. 142 000 aus Lanzarote, der Rest sind Ausländer.
Währung: Euro
Zeitzone: MEZ minus 1 Std.

Geografie und Natur

›Inseln des ewigen Frühlings‹ – unter diesem Namen erwuchsen die sieben Eilande des Kanarischen Archipels zum Inbegriff von Ferien rund ums Jahr. Die Inselgruppe der Kanaren bildet zusammen mit den Kapverden, Madeira und den Azoren Makaronesien. Der Ursprung all dieser Inseln ist auf vulkanische Tätigkeiten zurückzuführen. Auf das Klima aller Inseln üben Meeresströmungen einen ausgleichenden Einfluss aus: Während z. B. der warme Golfstrom den subtropischen Azoren höhere Temperaturen bringt, als es für diese Breiten typisch ist, mildert der kühle Kanarenstrom

das Klima der tropischen Kapverden und der stetige leichte Wind auf Lanzarote macht den Aufenthalt auch in den Sommermonaten angenehm. Lanzarote – die nordöstlichste Insel der zu Spanien gehörenden Kanaren – fällt vor allem durch seine vulkanische Oberfläche auf. Über 100 Vulkane und 300 Krater prägen das Landschaftsbild. Mit einer Fläche von 793 km^2 ist Lanzarote die viertgrößte und zugleich viertkleinste Insel des Archipels.

Geschichte

Um 500–200 v. Chr. wurden die Inseln besiedelt. Ob dies durch aus Afrika stammende Berberstämme oder Siedler der Megalithkultur geschah, ist noch nicht eindeutig erforscht.

Seit der Inbesitznahme durch den Italiener Lancelotto Malocello im Jahr 1312, dem die Insel ihren Namen verdankt, bis ins 20. Jh. ist die Geschichte Lanzarotes und der Kanarischen Inseln generell eine Geschichte der Kolonisation – zunächst durch Spanier und Franzosen. Die Spanier trugen hierbei Ende des 15. Jh. den Sieg davon. Das ist bis heute so, auch wenn die Islas Canarias 1982 einen Autonomiestatus erhielten. Die Abhängigkeit von Fördergeldern vom Festland und der EU wird auch in den nächsten Jahrzehnten die regionale Politik bestimmen.

Staat und Verwaltung

Seit Anfang des 15. Jh. gehören die Kanarischen Inseln zu Spanien. Im Jahr 1852 wurde der Kanarische Archipel zur Freihandelszone erklärt. Zwar fühlen sich die Canarios aufgrund ihrer Historie den nordafrikanischen ›Nachbarn‹ näher als dem spanischen Mutterland. Dennoch sind auch hier die Diskussionen um die seit den Jahren 2005 und 2006 immer zahlreicher auf die Inseln kommenden Bootsflüchtlinge aus Afrika nicht abgerissen und bringen Abgrenzungstendenzen gegenüber den ungebetenen Gästen hervor.

Die sieben Kanarischen Inseln sind in zwei Provinzen aufgeteilt (El Hierro, La Palma, La Gomera und Teneriffa bilden die eine, Gran Canaria, Lanzarote und Fuerteventura die andere Provinz). Jede Insel wird von dem alle vier Jahre gewählten Inselrat *(Cabildo Insular)* eigenständig verwaltet.

Wirtschaft und Tourismus

Etwa 87 % der Erwerbstätigen arbeiten im Dienstleistungssektor (hauptsächlich im Tourismus). Dieser Prozentsatz hat sich in den letzten zehn Jahren um mehr als 10 % erhöht und zeigt, dass sich die Abhängigkeit der Inselwirtschaft vom Tourismus noch mehr verstärkt hat. Alle anderen Bereiche verzeichneten in den letzten zehn Jahren hingegen signifikante Rückgänge: in der Landwirtschaft von 5,5 % auf 0,1 %, in der Industrie von 5,2 % auf 4 % und im Baugewerbe von 13,8 % auf 9 %. Letzteres ist u. a. darauf zurückzuführen, dass die Inselregierung in den vergangenen Jahren über verschiedene touristische Großprojekte einen Baustopp verhängt hatte, der nun teilweise wieder aufgehoben wurde.

Die Arbeitslosigkeit ist in den vergangenen Jahren stark angestiegen: aktuell beträgt sie über 30 %. Die Jahre zuvor lag sie bei ca. 15 %. In den Hochzeiten des Tourismus (z. B. 2003, 2004) fiel die Zahl der Arbeitslosen unter 10 %.

Touristenzentren sind Puerto del Carmen mit ca. 40 000 Betten, Costa Teguise mit 14 000 Betten und Playa Blanca mit 11 000 Betten. Lanzarote rechnet jährlich mit mehr als 1,8 Mio. Urlaubern. Davon sind 45 % Engländer und ca. 20 % Deutsche. In der Inselhauptstadt Arrecife spielt der Tourismus nur eine kleine Rolle, hier halten sich meist nur Geschäftsleute für einige Tage auf.

Bevölkerung

Knapp 53 000 Menschen, das entspricht ca. 27 % der Inselbevölkerung, stammen ursprünglich nicht von der Insel. Diese Tendenz ist noch immer steigend. Zwar hört man bisweilen hinter vorgehaltener Hand, dass die ›Neuen‹ sich hier zu sehr breit machen würden und den Insulanern die Arbeitsplätze wegnähmen. Die Bootsflüchtlinge und hohen Arbeitslosenzahlen sind Nährboden für solche Meinungen. Die große Mehrheit nimmt es jedoch gelassen hin, nach der Devise: leben und leben lassen.

Religion

Der katholische Glaube wird auf den Inseln intensiv und fröhlich gelebt, ob es sich um den Schutzheiligen eines Dorfes, der gesamten Insel oder der Fischer handelt. Neben den Zeremonien in der Kirche oder den gut besuchten Prozessionen gehören immer auch kulinarische Köstlichkeiten, Tänze, Gesänge und ausgelassene Feiern dazu.

Geschichte im Überblick

Vorgeschichte

Antike Die Annahme (die sich bis ins hohe Mittelalter hielt), dass die Besiedlung der Kanarischen Inseln durch Nachfahren jener zwölf israelischen Stämme eingeleitet wurde, die sich nach der babylonischen Gefangenschaft in alle Winde zerstreuten, liegt ebenso im Bereich der Dichtung wie die von Platon (427–347 v. Chr.) angestellten Vermutungen, bei dem Archipel handle es sich um die Überreste des untergegangenen Kontinents Atlantis.

1100 und 800 v. Chr. Wahrscheinlicher ist, dass in diesem Zeitraum Phönizier, die von ihrem Stützpunkt in Gades (heute: Cádiz) auf Entdeckungsfahrt gehen, die ersten Besucher sind. Sie hinterlassen jedoch keine feststellbaren Spuren.

500–200 v. Chr. – 1300 n. Chr. Archäologische Funde weisen diesen Zeitraum als den Beginn der Besiedlung aus. Ob es sich bei den frühen Siedlern um Berberstämme aus dem Maghreb und der Sahara oder um Abkömmlinge der Megalithkultur handelt, darüber streiten sich die Wissenschaftler noch (s. S. 59).

Wiederentdeckung und Eroberung

1300 Nach dem Rückzug der Römer aus Nordafrika scheint das Wissen um die Existenz der Kanarischen Inseln jahrhundertelang in Vergessenheit geraten zu sein, bis Ende des 12. Jh. eine neue Welle der Abenteuerlust Seeleute und Händler auf neuen, besseren Schiffen in die Welt treibt. Ihre Motive sind weniger ehrenvoll: die Versklavung der Ureinwohner sowie die Suche nach Rohstoffen und Bodenschätzen, die man in Europa und Nordafrika gewinnbringend verscherbeln kann.

1312–1330 Der Italiener Lancelotto Malocello erreicht die Küste von Lanzarote, errichtet dort eine kleine Burg und gilt als Besitzer der Insel. Auf ihn geht der Name des Eilands zurück.

1344 Papst Clemens VI. ernennt Luis de la Cerda, Graf von Clermont, zum König über die Kanaren, die damit in den Besitz Kastiliens übergehen.

1402 Der Normanne Jean de Béthencourt (s. S. 67) begibt sich mit Erlaubnis des kastilischen Königs Heinrich III. auf Eroberungskurs. Offiziell dient seine Expedition dazu, den christlichen Glauben zu verbreiten. Tatsächlich aber plant er, die Inseln in seinen Besitz zu bringen.

Um 1414 Jean de Béthencourt übergibt die Verwaltung der Insel seinem Neffen Maciot de Béthencourt und kehrt nach Europa zurück. 1425 stirbt Jean de Béthencourt völlig verarmt in seinem Heimatort Grainville la Teinturière.

1418 Maciot de Béthencourt schenkt die Inseln dem spanischen Grafen von Niebla, der jedoch nur nominell über die Gebiete verfügt. Tatsächlich herrscht Maciot de Béthencourt, der allerdings weder Geschick noch verantwortungsvolles Handeln zeigt.

Bis ca. 1440 Die ersten vier Jahrzehnte der Kolonisation dominieren das französische Feudalrecht, die französische Kultur und die altfranzösische Sprache. In diesen 40 Jahren sind die Ureinwohner mit den Eroberern bereits in der zweiten Generation verschwägert. Zwar gibt es zwischenzeitlich Auseinandersetzungen, doch man findet schließlich eine Form der friedlichen Koexistenz und treibt blühenden Handel mit der Färberflechte.

1440–1477 Fernán Peraza und sein Sohn Guillén erklären sich zu den neuen Besitzern aller Kanarischen Inseln. Nach dem Tod von Fernán d. Ä. erben seine Tochter Inés Peraza und deren Ehegatte, Diego de Herrera, die Herrschaft über die Inseln. Während ihrer Regentschaft kommt es zu zahlreichen Aufständen. Die Willkür und der Despotismus des Peraza-Clans sowie überhöhte Steuerforderungen steigern den Unmut der Untertanen, die nicht mehr den adligen Feudalherren, sondern direkt der spanischen Krone unterstellt sein wollen.

1479 Im Vertrag von Alcaçovas verfügt der Papst, dass Kastilien die Kanarischen Inseln erhält.

1496 Teneriffa, deren Bewohner am längsten Widerstand geleistet haben, wird als letzte der Kanarischen Inseln der kastilischen Krone untergeordnet.

15./16. Jh. Aufteilung der Inseln durch die Konquistadoren Alonso de Lugo und Pedro de Vera. Soldaten und Finanziers der Eroberer bekommen die fruchtbarsten Grundstücke und Wasserrechte zugesprochen. Die Ureinwohner, die sich rechtzeitig auf die Seite der Eindringlinge geschlagen haben, werden dafür ebenfalls mit Grund und Boden belohnt, während ihre patriotischen Landsleute in die Sklaverei gezwungen werden.

16. Jh. Aufschwung der Wirtschaft (Zucker- und Weinexport) in der Regierungszeit von Karl I. und Felipe II. Pedro de Vera und Alonso de Lugo werden aufgrund der häufigen Anklagen über ihre Willkürherrschaft an den Hof zitiert und dürfen nicht mehr nach Lanzarote zurückkehren.

17. Jh. Überfälle von Piraten aus aller Herren Länder (insbesondere Franzosen und Holländer, Engländer sowie später Nordafrikaner) nehmen überhand. Zahlreiche Kanarier nehmen an den Eroberungszügen in Südamerika teil oder wandern nach Lateinamerika aus und gründen dort neue Siedlungen (so entstanden Montevideo, Buenos Aires und Havanna). Mitte des 17. Jh. leben nur noch 300 Menschen auf Lanzarote.

Anfang 18. Jh. Der einst blühende Weinhandel mit England muss schwere Einbußen hinnehmen. Der Kontrakt von Methuen zwischen England und Portugal impliziert die Abnahme der portugiesischen Weine; das hat zur Folge, dass die Kanarier damit einen ihrer solventesten Kunden verlieren.

1730 Vulkanausbruch auf Lanzarote im Gebiet von Timanfaya. Sechs weitere Jahre spucken die Feuerberge. Die Explosionen sind so stark, dass ihr dumpfes Grollen teilweise auf Teneriffa zu vernehmen ist.

1759–1788 Unter der Regentschaft Karl III. erleben die Kanarischen Inseln eine Blütezeit. Sie profitieren auch verstärkt von ihrer exponierten Lage als letztem Ankerplatz für den Schiffsverkehr zwischen der Alten und Neuen Welt.

1822 Die Kanarischen Inseln werden zu einer Provinz zusammengefasst. Die Provinzhauptstadt wird Santa Cruz de Tenerife. Später erfolgt die Trennung in eine westliche (La Palma, La Gomera, El Hierro sowie Teneriffa) und eine östliche Provinz (Gran Canaria, Lanzarote, Fuerteventura).

1852 Die Kanarischen Inseln werden zu Freihandelszonen erklärt. Der Weinhandel, die Koschenilleproduktion, auf einigen Inseln auch Tabakanbau und Seidenherstellung machen den wirtschaftlichen Aufschwung im 19. Jh. möglich. Durch die Erfindung der Anilinfarben wird die Koschenilleproduktion aber schließlich unrentabel. Erste Versuche des Bananen-, Kartoffel- und Tomatenanbaus. Die Canarios leiden Hunger. Viele entschließen sich notgedrungen auszuwandern; die meisten nach Kuba oder Venezuela.

Der lange Weg zur Demokratie

1898 Spanien verliert die letzten Kolonien Kuba, Puerto Rico und die Philippinen. Viele der alten Handelsbeziehungen werden aufgelöst. Die Kanarischen Inseln müssen große wirtschaftliche Einbußen hinnehmen.

1931–1934 Während der kurzen Zeit der Spanischen Republik werden auf den Kanaren Rufe nach einem Autonomiestatus laut.

1939–1975 Unter der Diktatur von General Franco herrschen Hunger und Armut auf den Inseln. Während des Zweiten Weltkriegs verschlechtert sich die Situation nochmals. Die Kanaren verlieren ihre europäischen Absatzmärkte.

Autonomie und Aufschwung

20. Jh. Erst durch den Tourismus, der in den 1960er- und 1970er-Jahren verstärkt einsetzt, bessert sich die wirtschaftliche Lage.

1978 Der noch von Franco eingesetzte König Juan Carlos leitet in Spanien die Demokratie ein. Seit 1979 können die Canarios zum ersten Mal ihr eigenes Regionalparlament frei wählen und verfügen über eine Regionalregierung.

1982 Las Islas Canarias erhalten einen Autonomiestatus. Die verschiedenen Institutionen (Parlament, Provinzregierung etc.) verteilen sich auf Gran Canaria und Teneriffa.

1993–1995 Die Kanaren werden Vollmitglied in der EU. Der Tourismus boomt, kann aber die schwere Krise der kanarischen Wirtschaft, insbesondere der Landwirtschaft, nicht überdecken. Zahlreiche Emigranten kehren aufgrund der ökonomischen Situation in Lateinamerika in ihre Heimat zurück. Die Arbeitslosenzahlen steigen.

1993 Die UNESCO ernennt Lanzarote zum Biosphärenreservat.

2004 Nachdem die Besucherzahlen zur Jahrtausendwende rückläufig waren, wehren sich insbesondere Hoteliers, Gastwirte und Autoverleiher gegen den weiteren Ausbau der Infrastruktur.

2005 Etwa 20 km von der Küste der Kanarischen Inseln entfernt, glaubt man auf große Erdölvorkommen gestoßen zu sein.

2010 Im April gehen Meeresbiologen mit einem Film über ihren sensationellen Fund an die Öffentlichkeit: Nördlich von Lanzarote in den Gewässern des Archipiélago de Chinijo wurde die vermutlich weltgrößte Korallenkolonie der Art Gerardia Savaglia entdeckt. Die Gewässer nördlich von Lanzarote sind kaum vom Schiffsverkehr belastet und daher besonders rein.

2014/15 Die Testbohrungen nach Öl in den Gewässern vor Lanzarote waren erfolglos. »Das ist eine schlechte Nachricht«, sagt der zuständige Minister in Madrid. »Das ist eine gute Nachricht«, meinen die kanarischen Regionalregierungen und andere, die gegen die Bohrungen protestiert haben.

Wenn die Wüste blüht

Vulkanausbrüche auf Lanzarote zerstörten zahlreiche fruchtbare Landstriche. Daher ist die ›schwarze Perle‹ im Vergleich zu den Nachbarinseln kaum bewachsen. Kakteenliebhaber hingegen werden hier ein stachliges Vergnügen haben. Vor giftigen Tieren braucht man sich auf Lanzarote nicht zu fürchten: Es gibt sie nicht.

Wie auf Fuerteventura sind die Berge auf Lanzarote zu niedrig, um die feuchten Passatwinde zum Aufsteigen und damit zum Ausregnen zu bringen. Zudem fehlen die Kiefernwälder, die den Passatwolken die Luftfeuchtigkeit entziehen. So ähnelt die Vegetation Lanzarotes an vielen Stellen der einer Wüste. Und tatsächlich haben viele Pflanzen ihre ursprüngliche Heimat in der afrikanischen Sahara. Sukkulente Stämme und dicke, mit Haaren besetzte Blätter helfen, Wasser zu speichern und die trockenen Sommermonate zu überstehen. Eine weit verbreitete Spezies ist die endemische *Euphorbia canariensis* aus der Familie der Wolfsmilchgewächse. Die Milch dieser Gewächse mit säulenartigen ›Blättern‹ wurde früher als Heilmittel oder zum Einbalsamieren benutzt.

Kanarische Kiefer und Kanarische Palme

In den höheren, durchweg feuchteren Lagen der Risco de Famara verlängert sich die sonst übliche Blütezeit um fast zwei Monate bis in den Mai. Nur an unwegsamen Stellen wachsen heute noch einige Kanarische Kiefern. Häufiger finden sich auf Lanzarote Kanarische Palmen. Sie treten besonders konzentriert in der Gegend um Haría auf. ›Das Tal der 10 000 Palmen‹ heißt daher dieses Gebiet im Volksmund.

Legendär ist der Drachenbaum. Sein Vorkommen beschränkt sich auf die Inselwelt der Kanaren, der Kapverden, der Azoren und Madeira. Vor wenigen Jahren schien der Drachenbaum ausgestorben. Grund dafür war sein Harz, das beim Anritzen der Rinde austritt. An der Luft färbt es sich rot wie geronnenes Blut. Besonders bei Alchimisten fand das ›Drachenblut‹ rege Verwendung. Nach und nach verschwand der Drachenbaum von den Inseln. In den letzten Jahren sorgte eine konsequente Aufforstung dafür, dass er wieder häufiger auf den Kanaren zu sehen ist. Auch auf Lanzarote stehen einige Exemplare, etwa vor den Kirchen in Teguise und Tinajo oder auf privatem Grund.

Nur hier heimisch

Die Pflanzenwelt Lanzarotes besteht aus rund 570 wild wachsenden Arten. 54 Arten sind Kanarenendemiten, d. h. sie sind nur auf den sieben Inseln heimisch, so etwa die Kanarische Palme und die Kanarische Kiefer. 13 Pflanzenarten sind Lokalendemiten, man findet sie nur hier auf Lanzarote. Am bekanntesten sind die Natterkopfarten, die Kronenmargerite, die Mittagsblume und der Lanzarote-Hornklee.

Beinahe ein botanisches Paradies sind die Bergzüge und Steilküsten. Hier bringt der Wind den Pflanzen die notwendige Feuchtigkeit. Etwa 90 % der auf Lanzarote wachsenden Pflanzenarten gedeihen in den feuchten Bergregionen. Neben der Kanarischen Dotterblume und der gefiederten Wucherblume kann man an der unwegsamen Steilküste von Famara seltene Natterkopf- oder Hauswurzarten sowie die Färberflechte entdecken.

Tiere zu Wasser und zu Lande

Eintönig gestaltet sich die Tierwelt auf Lanzarote. Die meisten Vertreter – wie Esel und Dromedare – kamen mit den Menschen auf das Eiland und dienten lange beim Bestellen der Felder. Ein weiteres Relikt sind die wenigen Ziegenherden. Sie wiegen zwar weniger als ihre Artgenossen auf den fruchtbareren Nachbarinseln, aber ihre Milch, der Käse, das Fleisch und das Fell finden weiterhin Abnehmer.

Weitaus leichter als die Säugetiere fanden die Vögel den Weg auf die Insel. Neben zahlreichen Zugvögeln, die hier überwintern, gibt es etwa 35 Arten, die ständig auf Lanzarote leben und nisten, etwa Wildtauben, Falken, Finken, Meisen oder Sperlinge. Kaum einem Mitteleuropäer werden die wenigen frei lebenden Kanarienvögel auffallen, denn sie sind unscheinbar und singen weitaus weniger betörend als die in unseren Breiten bekannten. Die hier wie dort beliebte Züchtung, der sogenannte Harzer Roller, hat mit seinem Urahn auf den Kanaren nur noch wenig gemein.

Wird man an einem felsigen Strand ab und zu in den Zeh gezwickt, handelt es sich meist um eine Purpurarien-Eidechse. Als hilfreicher Zimmergefährte erscheint den Gästen am Abend der Mauergecko. Mit seinen Saugnäpfen klebt er förmlich an der Decke und pflückt sich die Insekten aus der Luft.

Unter Wasser ist das Leben prachtvoller als zu Lande. In den Gewässern vor den Felsküsten Lanzarotes leben Thunfische, Tintenfische, Seesterne und Seerosen, aber auch Exzentriker wie Muränen und Haie. Letztere sollen sich laut Einheimischen aber nur in der Meerenge El Río zwischen Lanzarote und La Graciosa aufhalten.

Wirtschaft ohne Wasser

Bevor der Tourismus in den 1970er-Jahren seinen Siegeszug auf Lanzarote antrat, hatte die Insel wenige wirtschaftliche Blütezeiten erlebt. Im Gegenteil: Fehlende Bodenschätze, karge Böden und Dürreperioden hatten in der Vergangenheit immer wieder zu Hungersnöten geführt. Obwohl das milde Klima beinahe das ganze Jahr über den Anbau von Kulturpflanzen ermöglicht, ließen die fehlenden Süßwasserquellen keine landwirtschaftliche Entwicklung zu.

Heute wird der Boden Lanzarotes nur noch teilweise und mit viel Mühe landwirtschaftlich genutzt. An den Stellen, die etwa durch Vulkanausbrüche mit Lava-Asche bedeckt sind, aber auch in anderen Teilen der Insel bestellen die Bauern die Erde nach der verblüffend einfachen Methode des Trockenfeldbaus. Doch nur noch wenige Früchte lohnen die Mühe: Zwiebeln etwa exportiert man aufs spanische Festland, auf die britischen Inseln und nach Deutschland.

Seit der Entdeckung Lanzarotes als Urlaubsparadies erlebt der Weinbau eine Renaissance. Ein Großteil des Weines wird an die Urlauber verkauft oder in den Touristenlokalen ausgeschenkt. Aber auch über die Insel hinaus findet er seine Abnehmer, besonders auf Teneriffa, Gran Canaria und auch auf dem europäischen Festland.

Der Vulkanerde abgetrotzt: Weinbau in geschützten Trichtern

Aufwand und Ertrag

Obwohl die klimatischen Voraussetzungen und der Boden für den Zwiebel- und den Weinanbau geeignet sind, zeigen sich gerade hier auch die Nachteile des landwirtschaftlichen Anbaus auf Lanzarote. Die Aufwendungen finanzieller und personeller Art beim Anlegen der Felder, bei der Bestellung und der Ernte sind im Vergleich zum Ertrag unverhältnismäßig hoch. Am eindrucksvollsten zeigt dies der Zwiebelanbau. Wenn im November die Zwiebelsetzlinge in den Boden gesteckt werden, sind zahlreiche Familienangehörige im Einsatz: Eine Gruppe muss zunächst mit dem Pflug die Kerbe ziehen, eine weitere die jungen Pflanzen einsetzen, bevor eine dritte Gruppe diese mit *picón* zudeckt. Dem Pflug vorgespannt sieht man noch Esel, Maultier oder Kamel, manchmal wird er sogar von Menschenkraft gezogen.

Bei der Zwiebelernte im April ist dann erneut der Einsatz der gesamten Familie erforderlich, denn die Zwiebeln werden meist per Hand aus dem Boden geholt. Anschließend sitzen die Frauen wie schon ihre Mütter und Großmütter, mit einem topfartigen Strohhut gegen Sonne und Wind geschützt, vor den großen Haufen Zwiebeln und säubern sie, während die Männer sie sodann in Säcke verpacken – ein immer seltener werdendes Bild!

Für den Eigenverbrauch

Alle anderen Produkte wie Tomaten, Mais, Weizen, Kartoffeln oder Melonen bauen die Lanzaroteños fast nur noch für den eigenen Verzehr an. Einzige Ausnahme sind vielleicht die Süßkartoffeln. Sie werden im Complejo Agro-Industrial, einer Art Genossenschaft der Bauern Lanzarotes, die zwischen Teguise und Mozaga 1991 ein Zentrum eingerichtet haben, zu Kartoffelchips verarbeitet. Des Weiteren liefern etwa 1600 Bauern ihre Trauben, Zwiebeln und Milchprodukte hier ab und legen die Verarbeitung zu Wein und Käse sowie die Vermarktung in die Hände der Genossenschaft. Besonders bei einigen Weinbauern besteht jedoch Skepsis gegenüber diesem Projekt, und das wohl nicht ganz zu Unrecht: Bisher scheint das Ziel, die Produkte Lanzarotes mittels einer starken Interessenvertretung besser absetzen zu können, noch nicht erreicht.

Kaum Viehwirtschaft und wenig Industrie

Von verschwindend geringer Bedeutung ist die Viehwirtschaft. Außer Ziegen halten die Bauern keine Tiere mehr in Herden, denn die kargen Böden der Insel erlauben keine intensive Weidewirtschaft. Der aus Ziegenmilch hergestellte Käse erfreut sich allerdings aufgrund seines milden Geschmacks großer Beliebtheit (s. auch Entdeckungstour S. 164).

Den Sektor Industrie gibt es auf Lanzarote praktisch nicht. Die einzigen industriellen Unternehmen sind die zwischen Arrecife und Costa Teguise gelegenen Betriebe von Canal (ehemals INALSA), dessen riesige Entsalzungsanlagen die Wasserversorgung auf der Insel sichern, der UNELCO, die Lanzarote mit Strom versorgt, und der DISA, in der das per Schiff angelieferte Schweröl raffiniert und verteilt wird.

Eine eher trostlose Zukunft ist der Fischerei auf Lanzarote beschieden. Noch Anfang der 1980er-Jahre erzielte die Inselflotte vor der eigenen Küste und in der Nähe der afrikanischen

Küste enorme Fangquoten an Sardinen, Thunfisch und Makrelen. Zahlreiche Konservenfabriken übernahmen die Verpackung für den Export. Heute existiert keine dieser Fabriken mehr.

Wasser – knapp und kostbar

Fehlende Grundwasserressourcen und geringe Niederschläge machten Wasser auf Lanzarote von jeher zu einem kostbaren Element. Seit der Besiedlung der Insel versuchen die Lanzaroteños, Wasser auf die unterschiedlichste Art und Weise zu gewinnen. Zunächst sammelten sie mit allen erdenklichen Methoden das seltene Regenwasser. Sie versiegelten die freien Flächen in den Dörfern und an den Berghängen, damit das Wasser hier abfließen und in großen Becken oder Zisternen aufgefangen werden konnte. Auf den Dächern wurden zusätzlich *aljibes* (Wassertanks) aufgestellt. In der Risco de Famara trieb man in den 1950er-Jahren Stollen *(galerías)* in das Gebirge und zapfte das wenige Grundwasser an, das vorhanden war. Mit dieser Methode konnte bis in die 1960er-Jahre ein Viertel des benötigten Wasserbedarfs abgedeckt werden. Relikt dieser Versorgungsmethode ist der mit einem Windrad ausgestattete alte Waschplatz am Famara-Strand. Manche privaten Haushalte rüsten ihre Häuser mit dieser Technik nach. Das ist jedoch aufwendig und wird leider kaum subventioniert.

Doch mit dem Einsetzen des Fremdenverkehrs in großem Stil war die Wasserversorgung nicht mehr ausreichend. Und so entstand 1965 eine Entsalzungsanlage, die das Meerwasser nutzbar machen sollte. Heute bewältigt die Entsalzungsanlage die Wasserversorgung der Insel alleine. Große Turbinen, mit Schweröl betrieben, das allerdings erst von Gran Canaria angeliefert werden muss, entsalzen pro Jahr ca. 22 Mio. m^3 Meerwasser, d. h. etwa 60 000 l pro Tag, was ungefähr zwölf Füllungen eines Olympia-Schwimmbeckens entspricht.

Im Jahr 2008 stand INALSA, die Wasserversorgungsgesellschaft der Insel, vor der Insolvenz. »Misswirtschaft, Korruption und der Ruf nach Privatisierung, doch kaum Ursachenforschung«, so umschrieb die renommierte Tageszeitung »El País« den desaströsen Zustand. Wie kann es sein, dass 40 % des mühsam entsalzten Wassers im Nichts verschwindet und niemand hat auch nur annähernd eine Erklärung dafür?, hieß es dort sinngemäß. Die Inselbevölkerung werde um alles betrogen, und selbst die elementarsten Bedürfnisse gerieten in die Hände von Spekulanten. 2009 schließlich meldete INALSA offiziell Konkurs an. 2013 bezahlte Canal Isabell II., das größte staatliche Unternehmen der Provinz Madrid, 106 Mio. Euro dafür, die Wasserrechte auf Lanzarote in den nächsten 30 Jahren vermarkten zu dürfen. Der Preis, so meinen viele Kritiker, sei viel zu hoch. Und dies würden letztlich wieder die Steuerzahler zu tragen haben, selbst wenn der Vertrag dem Käufer in den ersten Jahren keine Erhöhung der Tarife erlaube.

Ob es unter Canal II keine Wasserknappheit geben wird, bleibt abzuwarten. Die kleinen Dörfer und Bauern im Landesinneren, denen im Sommer häufig über mehrere Tage das Wasser abgestellt wird, sind mehr als skeptisch. Dass man gerade den Campesinos, deren Ernte durch den Wassermangel gefährdet ist, den Hahn abdreht, nicht aber den Touristenzentren, macht viele ratlos und wütend. Das Thema Wasser wird auch in den nächsten Jahren ein Streitpunkt auf der Insel bleiben.

Alles dreht sich um den Tourismus

»Der Tourismus hat die Insel sehr verändert« – diese Aussage ist oft auf Lanzarote zu hören. Am stärksten trifft sie auf die Veränderung der Arbeitsplatzstruktur zu.

Lebten die Insulaner bis zur Mitte des 20. Jh. fast ausschließlich von der Landwirtschaft, so arbeiten heute mehr als 87 % aller Lanzaroteños im Tourismussektor oder den dazugehörigen Dienstleistungsbetrieben. Rechnet man die 9 % Beschäftigten im Baugewerbe hinzu, dessen Aufträge zum größten Teil ebenfalls von Tourismusunternehmen stammen, summiert sich der Anteil sogar auf fast 98 %.

Der eigentliche Urlauberzustrom setzte Anfang der 1970er-Jahre ein. In dieser Zeit verbrachten pro Jahr rund 30 000 Mitteleuropäer ihre Ferien auf der Kanareninsel. 40 Jahre später sind es über 2 Mio. Besucher, eine Dimension, die wohl vielen Pionieren der Anfangszeit als utopisch erschien. Angepeilt wird gar eine Größenordnung von 3,9 Mio. Besuchern. Das, so meinen nicht nur Kritiker, könnte die Insel ökologisch nicht mehr verkraften.

Kontrolliertes Wachstum

Die Entwicklung Lanzarotes zur Ferieninsel verlief allerdings nicht ganz so drastisch, wie es die Zahlen vermuten lassen. Bereits in frühen Jahren versuchte u. a. der Architekt und Künstler César Manrique starken Einfluss auf das Tourismuskonzept zu nehmen. Seinen Vorstellungen entsprechend sollten beispielsweise neue Gebäude in der alten Bautradition der Lanzaroteños entstehen.

Nach einem Referendum, bei dem die Bevölkerung mehrheitlich dafür votierte, wurde 1986 von der Regierung der »Plan Insular de Ordenación Territorial de Lanzarote (PIOT)« erstellt. Dahinter verbirgt sich ein gesetzlich festgelegtes Instrument für die städtische und ländliche Entwicklung des gesamten Inselterritoriums. Oberste Prämisse dieses Regulariums, das 1991 in Kraft trat: Der vorhandene sozioökonomische Charakter der Insel muss bestehen bleiben.

Dementsprechend folgten konkrete Schritte: Schützenswerte Regionen wurden klassifiziert, das Gebiet um Timanfaya zum Nationalpark erklärt und La Geria, die Risco de Famara, das Malpaís de la Corona sowie die drei Inseln La Graciosa, Montaña Clara und Alegranza erhielten den Status eines Naturparks. Zudem zeichnete 1993 die UNESCO Lanzarote als zweite Insel der Kanaren als Biosphärenreservat aus. Zum ersten Mal erhielt ein Gebiet als Ganzes, einschließlich aller Ortschaften, dieses Gütesiegel. Dabei wurde die perfekte Symbiose zwischen Mensch und Natur, die auf Lanzarote erreicht wurde, als Hauptgrund für die internationale Anerkennung genannt.

Zentraler Punkt des PIOT und der darauffolgenden Moratorien war allerdings eine festgelegte Steigerungsrate der Hotelbetten. So sollte die Zahl an Touristenunterkünften auf max. 111 000 ausgeweitet werden. Diesen Plan einzuhalten, gehört offenbar zu den schwierigsten Aufgaben. So wurden seit dem Jahr 2000 etwa 12 000 neue Betten verhindert, die den Standards nicht entsprachen. Diesen stehen jedoch 8000 Unterkünfte gegenüber, die ebenfalls nicht den Richtlinien entsprechen und dennoch gebaut wurden. Dazu gehört das Ho-

›Qualitätstourismus‹ hieß die Formel, mit der man wie hier im Jachthafen von Puerto Calero Gutbetuchte anlocken wollte. Aufgegangen ist die Rechnung nicht.

tel Papagayos Arena in Playa Blanca, an der Grenze zum Naturschutzgebiet Los Ajaches. Es wurde zu nah am Meer gebaut. Durch solch illegale Bautätigkeiten, die auch vor ausgewiesenen Naturschutzgebieten nicht haltmachen, wird die Auszeichnung als UNESCO-Biosphärenreservat in den letzten Jahren bedauerlicherweise konterkariert.

Eine neue Form der Monokultur

»Da es auf den Kanarischen Inseln keine Rohstoffe und keine andere Industrie gibt, sind wir auf den Tourismus angewiesen«, erklärt Antonio Felix Martín Hormiga, Kulturbeauftragter des Cabildo Insular de Arrecife. »Doch das große Problem liegt nicht in erster Linie darin, dass der Tourismus auf den Inseln eine so große Rolle spielt, sondern vor allem darin, dass wir die Tourismusindustrie nicht selbst organisieren und daher auch nur wenig davon profitieren.« Die ausländischen Reiseveranstalter sind die großen Nutznießer, nicht aber die Kanarier. Und da ein Großteil der Touristen sich im Urlaub selbst versorgt und beim Kauf von Lebensmitteln meist die aus ihrer Heimat bekannten Marken bevorzugt, haben auch die wenigen kanarischen Produkte Absatzschwierigkeiten. Für teures Geld werden Waren aus den Herkunftsländern der Touristen importiert; schließlich will man die Urlauber nicht vergällen.

Die mageren Gewinne aus dem Tourismussektor werden darüber hinaus zum überwiegenden Teil in die Verbesserung der Infrastruktur investiert, um den wachsenden Ansprüchen der Urlauber gerecht zu werden, statt neue Methoden in der Landwirtschaft oder Projekte zur alternativen Energiegewinnung zu unterstützen. Auf diese Weise wird die Abhängigkeit vom Tourismus stets größer. Sind die Urlauberzahlen dann plötzlich rückläufig, kann der wirtschaftliche Verlust nicht durch Gewinne in anderen Erwerbszweigen ausgeglichen werden. Hinzu kommt, dass der Plan PIOT längst einer Anpassung bedarf, damit es auf der Insel zu sinnvollen neuen Unternehmungen kommen kann. Wann das sein wird, war bei Redaktionsschluss allerdings noch nicht bekannt.

Turismo de calidad

›Qualitätstourismus‹ – so hört man in den letzten Jahren immer wieder – sei die Lösung des Problems. Gemeint ist damit, dass man – wie bereits in Puerto Calero (s. Bild S. 56) geschehen – eine exklusive und teure Infrastruktur schafft (Golfplätze, Luxushotels, Jachthafen), die nur eine finanzkräftige Klientel anlocken sollte. Doch das Konzept ging nicht auf: Die Immobilienpreise stiegen und die Interessenten blieben aus. Hormiga mag das Gerede vom *turismo de calidad* ohnehin nicht hören: »Warum sollte es wieder ein Privileg der Reichen werden, zu verreisen, Sonne, Meer und Klima zu genießen?« »Nein, das hilft uns nicht weiter, wir müssen vielmehr selbst eine Tourismusindustrie aufbauen«, bekräftigen auch andere einheimische Kenner der Branche. Und sie geben zu bedenken, dass Preis und Leistung nicht im richtigen Verhältnis stehen: »Wenn ein Mitteleuropäer in die Nachbarländer Schweiz, Holland, Frankreich oder Österreich fährt, muss er (auch ohne Flug) tief in die Tasche greifen. Aber wenn die Leute auf den Kanarischen Inseln Urlaub machen, sind Anreise, Kost und

Logis derartig günstig, dass die Touristen meist noch Geld mit zurücknehmen. Finden Sie das gerecht?«

Stimmen zum Tourismus

Der Tourismus dominiert nicht nur die kanarische Wirtschaft, sondern prägt auch die Architektur auf den Inseln und beeinflusst vehement den soziokulturellen Bereich. Lanzarote, so empfinden viele Inselbewohner, gehört in weiten Teilen nicht den Lanzaroteños. Bei den alten Insulanern hört man bisweilen etwas Wehmut heraus, wenn sie von jenen Zeiten erzählen, als Lanzarote noch kein Ziel des Massentourismus war. Aber Ressentiments hegen nur wenige. Im Gegenteil, die meisten Inselbewohner sind den Urlaubern gegenüber aufgeschlossen.

Für viele bietet der Tourismus zudem eine neue berufliche Perspektive: So mancher Bauer hat den Kampf gegen zu geringe Erträge aufgegeben und kutschiert heute als Busfahrer Touristen durch die Montañas del Fuego: eine sichere Arbeitsstelle mit weniger körperlichen Strapazen. Viele der jüngeren Lanzaroteños zucken bei dem Thema Tourismus allerdings nur mit den Schultern. Zwar bedauern sie, dass mit den Urlaubern selten intensivere Kontakte entstehen, aber sie sehen die Situation sehr pragmatisch. Den jungen Menschen auf Lanzarote bereiten vielmehr die fehlenden Perspektiven Sorge, denn viele finden nach der Ausbildung keine Arbeitsstelle und tingeln durchs Land, halten sich mit Gelegenheitsjobs über Wasser. Ein Leben lang Touristen zu bedienen, kann sich die junge Generation nur schwer vorstellen.

So gehen die Meinungen zum Tourismus weit auseinander. Die einen behaupten, der Umstand, dass viele Geschäfte inzwischen in der Hand von Deutschen, Engländern oder Asiaten seien, schaffe auf die Dauer böses Blut bei den Lanzaroteños. Zumal sich viele Zugezogene nicht einmal darum bemühten, Spanisch zu lernen, sondern stur auf ihrer Sprache und ihren Gewohnheiten beharrten. Andere sehen das Problem weniger in den Ausländern, die sich dauerhaft auf der Insel niedergelassen haben, sondern beklagen die Bauwut der Festlandspanier, die der Insel hässliche Betonburgen beschere, die nach wenigen Jahren Missmanagements heruntergekommene Anlagen hinterließen.

Zusammen feiern
Wer Land und Leute näher kennenlernen möchte, sollte eines der vielen Inselfeste (s. S. 35) besuchen. Dort kommt man leicht in Kontakt und erfährt auch, welche Themen die Lanzaroteños gerade beschäftigen.

Die kanarische Kultur erhalten

Fakt ist, dass die Insel ohne den Tourismus wohl kaum überleben kann, denn weder der Ausbau der Windenergie noch die Spezialisierung der Landwirtschaft auf exotisches Gemüse und Obst kann die durch den Fremdenverkehr generierten Einnahmen ersetzen. Den Tourismus wollen die Einheimischen auch gar nicht abschaffen, aber viele bewegt die Frage, wie man ihn steuern kann: Die festgelegten Übernachtungszahlen pro Jahr sollten durchdacht werden, die Bautätigkeit auf der Insel strenger kontrolliert und der kulturelle Austausch gefördert werden.

Das Leben der Guanchen – Lanzarotes Ureinwohner

»In der ganzen Welt wird man keine schöneren und mutigeren Frauen und Männer finden. Auch verfügen sie über eine rasche Auffassungsgabe, wenn man sie nur zivilisierte.« Aus diesen Worten eines unbekannten Chronisten spricht Bewunderung und Herablassung zugleich. Doch wie waren die Ureinwohner wirklich?

Viel ist es nicht, was wir über die Ureinwohner wissen oder besser gesagt vermuten, denn nur wenige Erkenntnisse gelten als gesichert. Wir sind zu großen Teilen auf die Berichte von José de Viera y Clavijo aus dem 18. Jh. angewiesen, der sich seinerseits wiederum auf Chroniken der frühen Eroberer stützt. Der Autor, dem Zeitgeist seiner Epoche verpflichtet, beschreibt die Ureinwohner als »edle Wilde«: Groß, stark und robust seien sie gewesen und mit angenehmen Gesichtszügen ausgestattet.

Heute werden die Ureinwohner aller Kanarischen Inseln Guanchen genannt, obgleich ursprünglich in der Guanchensprache nur die Tinerfeños (Einwohner Teneriffas) so hießen (*guan* = Nachkomme, *chinech* = Teneriffa). Die Siedler auf Lanzarote nannten sich selbst *Majos* bzw. *Majoreros.* Eine zuverlässige Deutung dieses Namens gibt es noch nicht. Für die Forscher an der Universität La Laguna (Teneriffa) gilt als sehr wahrscheinlich, dass es sich bei den frühen Siedlern um nordafrikanische Berberstämme aus dem Maghreb und der Sahara handelte. Dafür sprechen linguistische, anatomische und architektonische Übereinstimmungen ebenso wie ähnliche Sitten und Gebräuche (z. B. die halb in die Erde eingelassenen Steinhäuser, vergleichbare Motive bei Fels- und Höhlenmalereien oder bei Keramikformen). Die Forscher nehmen an, dass die ersten Siedler Berber waren, die beim Fischfang mit ihren einfachen Holzbooten vor der nordwestafrikanischen Küste abgetrieben wurden.

Woher kamen die ersten Siedler?

Die großen kulturellen Unterschiede auf den einzelnen Inseln lassen darauf schließen, dass es keinen Austausch zwischen den sieben Eilanden gab. Den ersten, eher zufällig auf den Kanaren gestrandeten Berbern folgten weitere Stammesgenossen. Eine Gruppe österreichischer Wissenschaftler ist jedoch der Meinung, dass die Annahme der alleinigen Besiedlung durch Berberstämme aus Nordafrika nicht zutreffend ist. So konnte der Anthropologe und Sprachforscher Josef Dominik Wölfel (1883–1963) zwar die Ähnlichkeit mit den verschiedenen Berbersprachen bestätigen, gleichzeitig fand er aber zahlreiche Sprachelemente, die keinerlei Ähnlichkeit mit ihnen aufweisen.

Ebenso verhält es sich mit diversen archäologischen Funden auf den Inseln, die zwar mehrheitlich, aber nicht ausschließlich mit nordafrikanischen

Die Queseras de Zonzamas
Die kanarischen Ureinwohner haben der Nachwelt wenig hinterlassen. Ein Überbleibsel sind die Queseras (s. S. 189).

Kulturen in Verbindung gebracht werden können. Zu den abweichenden Funden gehören beispielsweise Keramikscherben, die man prähistorischen Gruppen aus der portugiesischen Küstenregion zuordnet. Oder das **Idol von Tara,** eine 30 cm kleine Terrakottafigur, die an Skulpturen aus Kreta erinnert, sowie die zahlreichen Spiralgravierungen, die eher auf Nordfrankreich (Carnac) und England (Stonehenge) verweisen.

Nachfolger der Megalithkultur

Erstaunlich ist aber nicht nur die vermutlich unterschiedliche Herkunft der Funde, sondern auch die Tatsache, dass die Urkanarier auf einer archaischen (frühneolithischen) Kulturstufe standen. Sie kannten weder das Rad noch Pfeil und Bogen oder den Webstuhl. All dies Errungenschaften, die in jener Epoche den Zeitgenossen in Afrika und Europa schon lange gute Dienste leisteten. Dass die Altkanarier diese Gerätschaften nicht kannten, lässt die österreichischen Wissenschaftler annehmen, es handle sich bei den frühen Siedlern um Nachfolger der Megalithkultur, die in den Jahren 8000–6000 v. Chr. insbesondere an der französischen und spanischen Atlantikküste (Bretagne bis Algarve) sowie der spanischen Südküste (bis Cádiz) lebten und die auf eben dieser frühneolithischen Kulturstufe standen. Angehörige der Megalithkultur – mit Meer und Booten vertraut – seien demnach auch die frühen Besiedler der Kanarischen Inseln gewesen. Andere Stämme der südspanischen Megalithkultur hätten zur gleichen Zeit (über Gibraltar) Nordafrika erreicht, sich dort aber im Inneren des Landes niedergelassen. Der Kontakt zwischen den Stammesbrüdern in Nordafrika und auf den Kanarischen Inseln sei also abgebrochen. Damit ließen sich die Parallelen, aber auch die Abweichungen bei den Funden erklären.

Als Sklaven auf die Inseln verschleppt

Sowohl die These, es handle sich um Berberstämme von der Nordwestküste Afrikas, als auch die Gegenthese, es handle sich um Gruppen aus dem Süden Spaniens, können nicht alle archäologischen Funde hinreichend erklären. So brachten kanarische Historiker eine weitere These ins Spiel, beruhend auf einer alten Legende, der zufolge die Römer um 200 v. Chr. nordafrikanische Stämme aus dem Inneren des Kontinents auf die Insel verschleppt haben sollen. Diese sollten die damals schon begehrte Färberflechte *(orchilla)* sammeln, mit der man rotes Tuch herstellte. Doch schon wenige Jahrzehnte später mussten die Römer ihr Projekt ›Färberflechte‹ aufgeben. Die auf die Insel verfrachteten Nordafrikaner wurden ihrem Schicksal überlassen und richteten sich ein, so gut sie konnten. Diese Besiedlungstheorie würde erklären, warum die Altkanarier keine besondere Kenntnis der Seefahrt und Navigation hatten, denn sie kamen ja ursprünglich aus dem Inneren Afrikas. Allein: Es fehlen die Beweise.

Das Idol von Tara im Museum auf Teneriffa

Rauer Alltag

Leicht war das Leben der frühen Siedler auf Lanzarote nicht: das Terrain klein, die Vegetation dürftig, die Niederschläge gering, aber häufig und lang die Dürreperioden. »Sie hatten viele kleine Dörfer und hübsche Häuser«, ist in der Inselchronik »Le Canarien« nachzulesen. Eine erstaunliche Information, weiß man doch, dass die Bewohner der anderen Inseln fast ausschließlich in Höhlen lebten. Doch natürliche Grotten waren selten auf der Feuerinsel. Die Lanzaroteños bevorzugten daher aus Basaltblöcken gefertigte Höhlen und Häuser, deren unterste Ebene in die Erde eingelassen war, was gleichermaßen Schutz gegen große Hitze und Kälte sowie vor starken Winden bot.

Um das Überleben der Bevölkerung zu sichern, mussten die Vorräte streng kalkuliert werden. Auf kleinen Feldern bauten sie widerstandsfähiges Getreide an. Ernteüberschüsse wurden für Notzeiten und für die nächste Aussaat in riesigen Tongefäßen gelagert. Neben dem Anbau von Getreide betrieben die Majos Viehzucht (vorrangig Ziegenherden) und machten Jagd auf kleinere Tiere. Selbst Eidechsen, Nestvögel und Insekten standen auf dem Speisezettel.

Prinzessin Ico – Gastfreundschaft und ihre Folgen

Legenden haben meist einen wahren Kern. Gilt das auch für die Geschichte von Prinzessin Ico? Es gibt zumindest reichlich Indizien, die dafür sprechen, dass zwischenmenschlichen Beziehungen und eheähnlichen Bünden auf den Kanaren andere Wertvorstellungen zugrunde lagen als zur gleichen Zeit in Mitteleuropa. So weisen Historiker unter anderem auf die generöse Gastfreundschaft der Insulaner hin. Es soll als einladende Geste üblich gewesen sein, die Gemahlin Neuankömmlingen für eine Nacht ›auszuleihen‹.

Eine Nacht gehört dem Gast

Im Jahr 1377, zu einer Zeit, als die altkanarischen Könige noch in der Inselmitte, ungefähr in der Gegend des heutigen Teguise, residierten, trieb ein spanisches Schiff, durch einen jähen Sturm seeuntüchtig geworden, auf die Südküste Lanzarotes zu. Der Kapitän Martín Ruiz de Avendaño, ein Edelmann aus der Biskaya, und seine Mannschaft wurden von den Altkanariern überaus freundlich empfangen. Man überreichte ihnen Ziermuscheln und Felle und versorgte sie mit Milch, Fleisch und Käse. Zonzamas, der König der Ureinwohner, bat den Kapitän sogar, ihn in seinem Schloss beherbergen zu dürfen, und bot ihm überdies an, die Nacht mit seiner Gattin, Königin Faina, zu verbringen – so wie es damals auf einigen Kanarischen Inseln das Gastrecht wollte.

Es ist nicht bekannt, ob Avendaño zunächst zögerte, weil er einen Hinterhalt witterte, oder ob er heftig errötend ablehnte, weil seine religiösen Überzeugungen ihm nicht erlaubten, eines fremden Mannes Weib zu begehren. Vielleicht nahm er gar angesichts der schönen Gemahlin Zonzamas das Angebot ohne zu zaudern und freudig erregt an. Ebenfalls nicht überliefert ist, ob die schöne Faina an dem jungen, galanten Edelmann Gefallen fand. Seine Fremdheit und die Tatsache, dass er nicht wie die Altkanarier in Felle gekleidet war, sollen die Königin zumindest tief beeindruckt haben, wie ein Chronist berichtet.

Ein weißhäutiges Mädchen

Als gesichert gilt indes, dass Faina neun Monate später (der Kapitän war längst nach Spanien zurückgekehrt) ein weißhäutiges, blondes Mädchen zur Welt brachte, das Ico genannt wurde. Bald darauf erhoben sich die ersten Schmähhrufe, Ico sei weder von adligem Geblüt noch würde sie zum Stamm der Altkanarier gehören.

Die Zeit verging und Ico wuchs heran. König Zonzamas folgte sein Sohn Timanfaya auf den Thron, ihn löste sein Bruder Guanarame ab, der sich mit Ico vermählte. Aus dieser Verbindung ging der Knabe Guadarfía hervor, der nach altkanarischem Recht als Nächster das Zepter in die Hand nehmen sollte. Doch das wollte eine einflussreiche Korona auf keinen Fall zulassen, in deren Augen er der Sohn einer Bastardin war und kein Anrecht auf die Thronfolge hatte. Zwischen Anhängern und Gegnern der Königin entbrannte ein wütender Streit, der beinahe zu kriegerischen Auseinandersetzungen führte.

Die grausame Prüfung

Um eine Eskalation zu vermeiden, beschlossen die Adligen, dass Ico ihre Noblesse beweisen müsse. Gemeinsam mit drei alten Frauen sollte sie in einer Höhle eingeräuchert werden, was nur bei gewöhnlichen Menschen zum Tode durch Ersticken führe. Wenn sie diese Prüfung überlebe, sei ihre adlige Herkunft niemals mehr infrage gestellt.

Die Lage der Königin schien aussichtslos, als eine alte Kanarierin sie unter dem Vorwand besuchte, ihr Trost spenden zu wollen. Die Alte riet Ico, heimlich einen feuchten Schwamm mitzunehmen und diesen gegen das Gesicht zu pressen, so würde sie dem giftigen Qualm länger als die anderen standhalten können. Ico folgte dem Rat und überlebte. Von da an wagte niemand mehr, ihre adlige Abstammung in Zweifel zu ziehen, und ihr Sohn Guadarfía wurde der neue König der Altkanarier auf Lanzarote.

Die Plaza de la Constitución mit der Pfarrkirche San Miguel im Städtchen Teguise, das nach einer Prinzessin der Ureinwohner benannt wurde

Vielmännerei auf Lanzarote – Familienmodell in Notzeiten

Bis heute drohen die Lanzaroteñas ihren Männern scherzhaft an, zu jenen Zeiten zurückzukehren, als sich mehrere Gatten um ihr leibliches Wohl zu kümmern hatten. Doch die Zeiten, in denen dies gelebt wurde, waren alles andere als paradiesisch.

»Die Mehrheit der Frauen hat drei Männer, die sich monatlich abwechseln, derjenige, der die Frau als Nächster besitzen wird, stellt seinen Dienst den anderen den ganzen Monat zur Verfügung, bis er an die Reihe kommt, so wechseln sie sich nacheinander ab.« Dies ist einem Bericht der Padres Bontier und Le Verrier zu entnehmen, die Anfang des 15. Jh. auf die Insel geschickt worden waren, um die Guanchen zum katholischen Glauben zu bekehren. Und auch Pedro de Luján behauptet in seinen ›Ehedialogen‹, dass » (...) sich die Frauen hier mit nicht weniger als fünf Kanaren verheirateten«.

Zwar liegen für die Vielehe keine konkreten Beweise vor, doch gerade die diversen Versuche der (meist katholischen) Chronisten, diese Praxis zu leugnen, spricht eher dafür, dass es sie gegeben hat. Warum sollte man etwas

Mehrere Männer für eine Frau? In Notzeiten praktizierten die Altkanarier die Vielehe

so vehement verneinen, das gar nicht existierte und das darüber hinaus nicht von der bekannten Norm abwich? So hielt etwa Padre Abreu Galindo in seinen Schriften fest, dass sich die Kanarier nur mit einer Frau verheirateten und mit dieser bis ans Ende ihrer Tage lebten, ebenso hatten die Frauen nur einen Ehemann. Er versucht auf diese Weise, die Aussagen anderer Chronisten zu widerlegen. Kommt hier nicht der Verdacht auf, dass Pater Galindo die Polyandrie negiert, weil sie seinen festgelegten Moralvorstellungen widerspricht, gemäß derer eben nicht sein kann, was nicht sein darf?

Männerüberschuss

Ethnologen halten die Polyandrie in den Zeiten vor und bis zur Eroberung (also noch Anfang des 14. Jh.) durchaus für möglich. Und dies aus mehreren Gründen. Voraussetzung für die Mehrehe ist ein Männerüberschuss, der auf die Tötung weiblicher Nachkommen zurückzuführen ist, denn junge Männer hielt man bei der harten Ernte und zur Verteidigung gegen Piraten für fähiger. In Notzeiten berechneten die Bewohner Lanzarotes, für wie viele Menschen die Nahrungsmittel auf der Insel ausreichten, »und als sie feststellten, dass sie nicht genügend Nahrungsmittel hatten und auch nicht genügend Früchte ernteten, um die Ernährung zu sichern, (...) kamen sie überein, alle weiblichen Nachkommen zu töten, die von da an zur Welt kamen, sofern es nicht das erste Kind einer Frau war«.

Auch andere Quellen weisen darauf hin, dass auf den Kanarischen Inseln – wie übrigens auch auf den Islas Marquesas und den Inselgruppen Melanesien und Polynesien – Kinder in absoluten Notzeiten, und nur in diesen, getötet

wurden, um das Überleben der Bevölkerung zu sichern. Das Ungleichgewicht zwischen Männern und Frauen führte dann vermutlich zur Institutionalisierung der matriarchalen Vielehe. Denn wie sonst wollte man vermeiden, dass sich die jungen Männer im Kampf um die Gunst der wenigen weiblichen Wesen gegenseitig die Köpfe einschlugen?

Ein anderer Grund, der die Vielehe auf Lanzarote als sinnvoll, ja sogar als wirtschaftlich notwendig erscheinen lässt, war die zusätzliche Arbeitskraft, die jeder weitere Ehemann in die Familie einbrachte, denn er lebte in jenem Monat, in welchem ihm die Frau zustand, und einen Monat vorher im Haus der Schwiegereltern und stellte in dieser Zeit seine Arbeitskraft kostenlos zur Verfügung.

Wer ist der Vater?

Wie genau aber funktionierten diese Drei-, Vier- oder gar Fünfecks-Geschichten? Nähere Erkenntnisse darüber vermitteln die Bewohner Tahitis, die sich ihre polygamen Lebensformen bis heute bewahrt haben. Streitigkeiten, wer denn nun der Erzeuger des Sprösslings sei, verhindern sie dadurch, dass nur einer der Ehemänner als ›sozialer Vater‹ anerkannt wird und somit alle Nachkömmlinge unter seiner Obhut stehen. Alle anderen Ehegatten genießen sexuelle Rechte, haben aber keine familiären Pflichten. Eine weitere Möglichkeit, die Männerrivalität in Grenzen zu halten, ist die sogenannte fraternale Polyandrie, bei der eine Frau mehrere Brüder heiratet – die Männer und ihre Nachkömmlinge sind dann genetisch besonders eng miteinander verwandt. Ob diese Form der Polyandrie, die beispielsweise in den Himalayahochtälern von Tibet anzutreffen ist, auch auf den Kanaren bevorzugt wurde, ist bislang jedoch durch keinerlei Quellen zu belegen.

Auf Lanzarote war die Vaterschaft ohnehin von geringer sozialer Bedeutung, denn die Herkunft der Mutter bestimmte die Zugehörigkeit zu einem Stamm oder einer sozialen Schicht. Auch die Erbfolge war matrilinear geregelt. So konnte eine Tochter ihren Vater an der Spitze der Sippe verdrängen, um ihrem Ehegatten diesen Posten zu verschaffen. Andere Ethnologen sind davon überzeugt, dass – trotz dieser matriarchalen Tendenzen – die Ehemänner wissen wollten, welcher von ihnen denn nun der Potente gewesen sei. Aus diesem Grund habe man die strenge Einhaltung der zeitlichen Abfolge eingeführt, wie sie im eingangs zitierten Bericht der Padres Bontier und Le Verrier beschrieben ist.

Kanarische Sitten

Wie die Frauen selbst zu dieser Form der Polyandrie standen, darüber berichten die (durchweg männlichen) Chronisten – sei es aus Mangel an Indizien oder aus Mangel an Interesse – leider nicht: Ob die Frauen die Kandidaten selbst wählen durften oder von diesen auserkoren wurden, ob sie den Partnertausch als belastend empfanden oder etwa die erotische Abwechslung schätzten – das werden wir wohl nie erfahren.

Ebenso verhält es sich mit dem von verschiedenen Chronisten beschriebenen Brauch der Kanarier, Fremden oder auch Freunden der Familie eine Nacht mit der Hausherrin zu offerieren (s. auch Essay S. 62). Das Angebot galt gegenüber höhergestellten Stammesmitgliedern als Zeichen besonderer Ehrerbietung.

Jean de Béthencourt – der erste moderne Kolonisator

Fast jede Stadt auf den Kanarischen Inseln hat eine Straße nach ihm benannt, doch wer kennt ihn hierzulande, den Adligen Jean de Béthencourt aus der Normandie? Wer weiß, welche Rolle er bei der Eroberung der Kanarischen Inseln spielte und wie sehr seine kolonialistische Strategie 90 Jahre später, bei der Unterwerfung Südamerikas, Schule machen sollte?

Grainville la Teinturière, Normandie, wir schreiben das Jahr 1402: Jean de Béthencourt, in zahlreiche Prozesse verwickelt, hoch verschuldet und beim französischen König in Ungnade gefallen, brütet über einen Ausweg aus seiner Misere. Und so schmiedet er eifrig den Plan eines Kreuzzugs auf die Kanarischen Inseln. Um an Geld zu kommen, veräußert er den gesamten Familienbesitz, und zwar so geschickt, dass seine Gläubiger nichts davon ahnen. Dank der ausgezeichneten Beziehungen seines Vetters Robert de Braquemont zum spanischen Königshof erhält der in Spanien vollkommen unbekannte Béthencourt dann auch die hoheitliche Erlaubnis von König Heinrich III., auf Eroberungskurs zu gehen, unter dem Vorwand, das Christentum zu verkünden.

Die wahren Motive

Doch was erhoffte sich der normannische Edelmann von seinem Eroberungszug? Zweifelsohne war es für ihn von Vorteil, wenn er sich längere Zeit nicht in Frankreich blicken ließ. Darüber hinaus hegte er andere Erwartungen: Zwar hatten die Inselbewohner den Ruf, schön und kräftig zu sein, mithin die besten Voraussetzungen, sie als Sklaven gewinnbringend verkaufen zu können. Doch das Hauptinteresse Béthencourts galt nicht so sehr dem ›menschlichen Rohstoff‹, sondern vielmehr der Färberflechte (span.: *orchilla*). Diese Pflanze zur Färbung von rotem Tuch war in Europa sehr begehrt und versprach einen lukrativen Handel. Damit würde er seine prekäre Finanzlage ins Lot bringen und ganz nebenbei Ruhm und Ehre ernten können. Um diese hoch gesteckten Ziele zu erreichen, genügte es ihm nicht, mit den Ureinwohnern einen Tausch einzugehen, wie es bislang üblich war. Er beabsichtigte, alle Inseln in seinen Besitz zu bringen, um so jede Konkurrenz auszuschalten.

Aufbruch zu den ›Inseln am Rande der Welt‹

Im Jahr 1402 stach Béthencourt von La Rochelle aus mit 250 Mann in See. Mit von der Partie waren sein Gefährte Gadifer de la Salle sowie die Padres Bontier und Le Verrier, denen wir die erste Chronik (»Le Canarien«) über die Inseln verdanken. Béthencourt kam jedoch nur mit 60 Mann auf Lanzarote an. Der Rest hatte sich bei der letzten Zwischenstation im Hafen von Sevilla aus dem Staub gemacht – ihnen war bange geworden vor den unbekannten ›Inseln am Rande der Welt‹.

Zunächst kam es zwischen den wenigen Eroberern (zu denen auch einige Deutsche gehörten, zumindest ein ›Wilhelm, der Deutsche‹ wird in der Chronik erwähnt) und den Inselbewohnern zu keinen kriegerischen Auseinandersetzungen. Das erklärt sich daraus, dass Béthencourt mit diplomatischem Geschick vorging: Er bot den Insulanern Schutz vor den gefürchteten Sklavenjägern an. Und die Ureinwohner akzeptierten das merkwürdige Angebot. Denn der Handel

Der normannische Edelmann Jean de Béthencourt auf einem zeitgenössischen Stich

mit dem Eroberer war immer noch besser, als in die Sklaverei – auf andere Inseln oder schlimmer noch aufs Festland – verschleppt zu werden. Das Geschäft mit der Färberflechte entwickelte sich prächtig. Dennoch steckte Béthencourt, der das Geld ebenso schnell ausgab, wie er es verdiente, bald erneut in finanziellen Schwierigkeiten. Im Jahr 1414 kehrte er in sein normannisches Dorf zurück – vermutlich um neue Geldquellen aufzutun – und setzte seinen Neffen Maciot de Béthencourt als Stellvertreter ein.

Eine Finte für den Machterhalt

Als im Jahr 1418 der englische König im Verlauf des Hundertjährigen Krieges die gesamte Normandie unterwirft, sieht sich Jean de Béthencourt in einem Dilemma. Wie kann er unbeschadet Lehnsmann des englischen Königs in der Normandie sein und gleichzeitig Lehnsmann des spanischen Königs als Herr über die Kanarischen Inseln, während beide gegeneinander Krieg führen?

Béthencourt entschloss sich zu einem ungewöhnlichen Schritt, der Generationen von Historikern die Köpfe schütteln ließ. Er veranlasste seinen Neffen Maciot, dem spanischen Grafen von Niebla die Kanarischen Inseln zu schenken. Dass der Graf lediglich als Strohmann diente, wurde erst sehr viel später bekannt. Béthencourt wollte bloß abwarten, bis sich die politische Großwetterlage wieder beruhigt hatte, um dann erneut seine Besitzansprüche geltend zu machen. Doch er erlebte das Ende des englisch-französischen Krieges nicht mehr. 1425 starb Béthencourt – völlig verarmt – in seinem Heimatort Grainville la Teinturière.

Die Folgen der Kolonialisierung

Béthencourt war der erste – wenn auch gescheiterte – moderne Kolonisator, aber bei Weitem nicht der skrupelloseste. Viele der späteren Konquistadoren auf den Inseln und in Südamerika gingen mit einer unbeschreiblichen Grausamkeit und Gnadenlosigkeit gegen die Ureinwohner vor. Béthencourt hingegen war durchaus an einer friedlichen Übereinkunft mit den Ureinwohnern und einer gemeinsamen Ausbeute des ›Rohstoffs‹ Färberflechte interessiert gewesen. Allerdings ließ er keinen Zweifel an seinem Machtanspruch als Herr der Inseln, den er mit List, notfalls aber auch mit Gewalt durchsetzte.

Und die Folgen für die Canarios? »Die Geschichte der Kolonialisierung steckt noch heute in ihren Köpfen«, schreibt der kanarische Psychologe Manuel Alemán. Raffgierigen und skrupellosen Konquistadoren wie Béthencourt, Hernán Peraza oder Pedro de Vera ist es zuzuschreiben, dass der Übergang von der Steinzeit in die Moderne für die Kanarier so blutig und grausam verlief. Nur etwas 6000 von einstmals 30 000 Ureinwohnern überlebten die Eroberung.

Und zu welchem Preis! Sie mussten sich bedingungslos unterordnen und ihre kulturelle Identität verleugnen. Sie wurden gezwungen, den christlichen Glauben anzunehmen, ihre gesellschaftlichen Strukturen und Konventionen (beispielsweise die Vielehe, s. Essay S. 64) und ihre religiösen Bräuche aufzugeben. Zu groß waren die Macht und der Druck der Sieger, zu groß auch die Versuchung, an den zivilisatorischen Errungenschaften der Herrscher teilzuhaben.

Flucht in eine bessere Welt – Immigration auf den Kanaren

Die Bilder in den Medien sind erschütternd: Hilflose, ausgezehrte und von Krankheiten gezeichnete Flüchtlinge auf zu kleinen Booten versuchen die Küsten Italiens, des spanischen Festlands oder der Kanaren zu erreichen. Manche treibt die blanke Angst vor Verfolgung und Terror in ihrer Heimat, andere die Hoffnung auf ein besseres Leben. Kaum einer von ihnen schafft die ersehnte Aufnahme in die ›gelobten‹ Länder.

Start voller Hoffnung

Die Jahreszahlen ändern sich, die traurigen Bilder bleiben: Jahr für Jahr versuchen Flüchtlinge nach Lampedusa (Italien), Melilla (spanische Enklave in Marokko) und La Palma oder Lanzarote zu kommen. ›Illegale Immigranten‹ werden sie offiziell genannt, denn sie haben weder Pass noch ein Visum vorzuweisen. Oft harren sie tagelang auf einem Boot aus, um die 300 km zwischen Marokko und Lanzarote auf dem Wasserweg zu überwinden. Doch nur wenige von ihnen erreichen die Insel lebend. Die Boote, wenige Meter von der rettenden Küste entfernt, halten dem hohen Wellengang nicht stand und zerschellen an den Felsen.

Im Jahr 2007 kamen allein 30 000 Flüchtlinge auf Fuerteventura an. Seitdem sichert die Grenzagentur Frontex die afrikanische Küste. Das führt dazu, dass die Immigranten meist andere Wege über das Mittelmeer nutzen und die Zahl der Boatpeople auf den Kanaren stark rückläufig sind. Zumal La Palma und die anderen westlichen Inseln des Archipels zu weit entfernt von Afrika liegen und daher selten von den Flüchtlingen als Brücke nach Europa gewählt werden.

Was treibt die Menschen, ihr Land zu verlassen? Was treibt sie, die Überfahrt in winzigen Schlauchbooten zu wagen, um die Gefahr zu verringern, von den Grenzposten erwischt zu werden? Viele von ihnen riskieren dabei ihr Leben. Es ist der Traum von einer besseren Zukunft, ein Traum, der so stark ist, dass sie dafür den Schleuserbanden sämtliches Hab und Gut der Familie zu zahlen bereit sind. Es ist die Illusion, dem kargen Ein- und Auskommen in ihren Heimatorten zu entfliehen, in denen einst um Kamele, Reis und Gewürze gefeilscht wurde. Die Welt, die das Internet den jungen Marokkanern vor Augen führt, verspricht dagegen so viele Verlockungen.

Dem Traum vom besseren Leben steht jenseits der Grenze die Angst vor den Immigranten gegenüber. Eine Angst, die es offenbar rechtfertigte, das Budget zur Abwehr der Flüchtlinge in den letzten zehn Jahren von 6 auf 90 Mio. Euro (2014) mehr als zu verzehnfachen.

Die Kosten und der Aufwand der Grenzüberwachung stehen in einem absurden Verhältnis zu den illegalen Grenzüberschreitungen (2014 waren es 11831 illegale Grenzübertritte über See von Afrika aus). Noch erschreckender als diese Zahlen der Abwehraufrüstung sind jene Vorkommnisse, die nur selten durch Zufälle und häufig erst viele Jahre später ans Tageslicht kommen. Etwa der im Jahr 2013 den Medien zugespielte Film, in dem dokumentiert wird, wie die spanische Grenzpatrouille ein Boot zum Sinken bringt. Die unmittelbar daran anschließende offizielle Verlautbarung korrespondiert in keiner Weise mit den Vorkommnissen, die in dem Film zu sehen sind. Bei der Staatsanwaltschaft auf Lanzarote ist der Fall seither anhängig. Doch in der Presse ist darüber nichts mehr zu vernehmen.

Hilflose Politiker und ungeklärte Fragen

Seit Jahren verzeichnet man einen Rückgang der Flüchtlinge auf den Kanaren. Ein Umstand, der das Thema in Politik und Öffentlichkeit in den Hintergrund drängt. Die Sorge um die riskanten Ölbohrungen im Meer zwischen Lanzarote und Afrika, die letztlich aufgrund mangelnder Erfolgsaussichten gestoppt wurden, treiben die Bevölkerung weit mehr um. Vergessen scheint daher auch die Initiative der Professoren auf Lanzarote, die vor einigen Jahren große Aufmerksamkeit erhielt, als sie einen öffentlichen Diskurs zum Thema Flüchtlinge forderte. Doch die Profesores werden nur noch selten in den Medien zitiert. Dabei haben die seinerzeit gestellten Fragen nichts von ihrer Brisanz und Aktualität verloren: Der zehn Punkte umfassende öffentliche Brief erinnert sehr an die Auseinandersetzung, wie sie auch in Deutschland in den letzten Jahren immer wieder geführt wurde. Warum, so fragen die kanarischen Gelehrten, umschreibt man die Sachlage mit Worten wie ›Invasion‹, ›Tsunami‹, ›Lawine‹ oder spricht von Naturkatastrophen? Warum sieht man in erster Linie die kanarische Bevölkerung als Opfer und nicht die Tragödie, die die Flüchtlinge hier durchleben? Warum reagieren die Politiker auf den Kanaren so hilflos, tun so, als ob das Ganze aus heiterem Himmel über sie hereinbräche?

Passivität statt Lösungsansätze

Welche Lösungen könnte es aus dieser Problematik geben? Eine Legalisierung, wie sie Spanien seit 2007 Jahr für Jahr Hunderten von Einwanderern zugesteht? Die Migrationsforschung konstatiert, dass den so Eingebürgerten bald neue illegale Migranten folgten – und damit eine erneute Legalisierung nahezu programmiert sei. Das bedeute nur einen Aufschub der Problematik für einige Jahre. Hilflosigkeit und Passivität vieler politischer Verantwortlicher verhindern, ein adäquates Zuwanderungsrecht zu formulieren.

Aber können sie rechtfertigen, Tausenden von Menschen den Zugang zu grundlegenden Rechten zu verwehren? Eine Duldung, ein Stillhalten ist mit den Idealen eines Rechtsstaates kaum zu vereinbaren. Solange jedoch bestimmte Teile der Wirtschaft, insbesondere in der Landwirtschaft, der Lebensmittelverarbeitung und der Baubranche, auf billige Arbeitskräfte zurückgreifen wollen, solange dieser Bedarf besteht und nicht durch legale Möglichkeiten der (temporären) Einwanderung gedeckt wird, wird es auch weiterhin illegale Migration geben. In Deutschland, in Spanien und auf den Kanaren.

Feuer, Wasser, Luft und Erde – die Elemente bestimmen die Kunst

Lanzarote genießt den Ruf, eine Insel der Künstler zu sein. Doch was ist genuin an der Kunst auf den Kanarischen Inseln? In den Jahrhunderten der Kolonisation wurde die Kultur stets von fremden Einflüssen geprägt – je nachdem, aus welchem Kulturkreis die jeweils neuen Herrscher stammten.

Dennoch fällt bei allen Künstlern auf Lanzarote – seien es Maler, Bildhauer, Kunsthandwerker, Literaten oder Musiker – der direkte oder indirekte Bezug auf ›ihre‹ Insel und ihre eigene insulare Herkunft auf. Dies spiegelt sich in der Auswahl der Materialien (Vulkanasche, Lavagestein, Sand), in der Kombination der landschaftlich dominierenden Farben (Schwarz, Rot, Blau, Weiß) sowie bei der Auswahl von Motiven, Schauplätzen und literarischen Themen wider: das launische Meer, das Leben der Fischer, Emigration, die brodelnden Vulkane, der klare Sternenhimmel und die endlose Lavawüste, das karge Landleben und die heiteren Feste.

César Manrique

Internationale Bekanntheit erlangte bislang hauptsächlich César Manrique (s. auch S. 75 und S. 156). Dies mag zum einen an der einnehmenden Persönlichkeit des 1992 verstorbenen Künstlers liegen, ist zum anderen aber auch Folge der offiziellen Informationspolitik, die bisweilen an Geniekult grenzt. Dass an seinen Projekten – Aussichtspunkte, Castillos, Vulkanhöhlen und Denkmäler – oft andere beteiligt waren, wird in den meisten Fällen verschwiegen. Manrique ist ein Kassenmagnet, also bedient man sich so häufig

wie möglich seines Namens. Niemand, auch nicht die schärfsten Kritiker Manriques, leugnen seine Verdienste. Dennoch werden auch Stimmen laut, die sowohl für die jüngeren und unbekannten Talente als auch für jene eine breitere Öffentlichkeit schaffen wollen, die bislang im Schatten des großen Meisters standen.

Ildefonso Aguilar

Viele sehen in Ildefonso Aguilar, der sich als Maler, Fotograf und Komponist einen Namen gemacht hat, den Nachfolger Manriques. Er selbst hört diesen Vergleich jedoch nicht so gern. Vielleicht ist diese Einordnung darauf zurückzuführen, dass er ähnlich vielseitig ist wie Manrique, war er doch u. a. Kulturbeauftragter, gestaltete Gartenanlagen und kreierte die Audiovisionsschau über die Inselentstehung, die den Besuchern in den Jameos del Agua (s. S. 137) vorgeführt wird. Auch Aguilar steht in einer unverkennbar ›insularen‹ Tradition. Er verwendet mit Vorliebe Vulkanasche und fein zerriebenen Sand in verschiedenen Erdtönen für seine ruhigen, manchmal monochromen Bilder. Licht und Schatten sind dominierende Gestaltungsmittel für die weiten und kargen Landschaften.

Rufina Santana und Francisco Curbelo

Auch in den Arbeiten der Malerin Rufina Santana (Jahrgang 1960) kehren Themen wie das Meer und die Feuerberge, der unendliche Horizont und die sternenklaren Nächte Lanzarotes immer wieder. »Alphabet für eine Insel« betitelte sie so auch eines ihrer

Mein Tipp

Kunst im Konvent

Seit Mitte der 1990er-Jahre dient der ehemalige **Convento de Santo Domingo** in Teguise (s. S. 169) wechselnden Ausstellungen zu Malerei, Bildhauerei oder Fotografie. Das ehemalige Dominikaner-Kloster aus dem 18. Jh. bietet den passenden Rahmen für zeitgenössische Kunst. Die Ausstellungen widmen sich Jahr für Jahr gänzlich neuen Themen (Eintritt frei).

Werke, das sie selbst als »Metapher ihres eigenen Lebens« definiert. »Es ist eine lyrische Malerei, deren Grundidee in eine Art romantischen Expressionismus einzureihen ist.«, umschreibt die Künstlerin ihr Schaffen selbst.

Francisco Curbelo (Jahrgang 1956) widmet sich hauptsächlich der Bildhauerei. Wie seine Gattin Rufina Santana hat Curbelo schon mehrfach in Deutschland gearbeitet und ausgestellt. Marmor, Bronze, Holz und Vulkangestein sind seine bevorzugten Materialien, aus denen er elegante Skulpturen herausarbeitet, die den Betrachter dazu verführen, die erotischen Rundungen und harmonischen Formen mit der Hand nachzuzeichnen.

Künstler der Galería de Yaiza

Einen wichtigen Beitrag zur Förderung junger Talente leisteten in den 1980er-Jahren Friedel und Wilfried Leitz, die 1984 die Galerie in Yaiza (s. S. 218) eröffneten. Der deutsche Galerist mit Künstlernamen Veno, Absolvent der Kunstakademie in Freiburg, lebte bis zu seinem Tod auf Lanzarote. Er malte selbst und stellte eigene Werke wie die anderer Künstler der Insel in den schönen, hellen Räumen seiner Galerie aus. Auch in seinen Bildern findet sich das wieder, was Lanzarote charakterisiert: »die Farbpalette von Gelb- zu Ocker-, Braun- und Rottönen, der geheimnisvolle Blau- und Violettschimmer der Grotten; das harte Schwarz der zerklüfteten Felder und Steilküsten; selten die Farbe Grün; das flimmernde Licht eines freundlichen Klimas ebenso wie die starken Farbkontraste und Hell-dunkel-Gegensätze«, beschreibt die Freiburger Galeristin Ruta Correa seine Arbeiten von 1986 und 1987 während einer Ausstellungseröffnung.

Neben den Bildern verschiedener Inselmaler wie dem 1957 in Uga geborenen Pedro Tayó, dessen Bilder – wie schon der Titel einer früheren Ausstellung suggeriert – den ›Unschuldigen Blick‹ (›La Mirada Inocente‹) wiedergeben, stellte Veno in seiner Galerie auch einige Tonfiguren der Inselkünstlerin Dorotea Armas aus. Sie wird meist einfach Dorotea genannt. Der ›Großmutter der Töpferkunst‹ ist es zu verdanken, dass die traditionelle Keramikherstellung ohne Töpferscheibe auf Lanzarote noch heute praktiziert wird. Juan Brito Señor etwa hat bei ihr sein Handwerk gelernt und das Erlernte an seine Söhne weitergegeben.

Nach dem Tod Venos führte seine Frau Friedel die Galerie fort. Doch auch um sie ist es ruhig geworden und häufig ist zu den regulären Öffnungszeiten niemand anzutreffen. Es bleibt zu hoffen, dass diese Galerie auch künftig ein Hort für Inselkunst und Inselkünstler sein wird.

César Manrique – sein Leben, sein Werk, sein Erbe

Visionär und Multitalent, Exzentriker und Diktator. Wie kein anderer hat César Manrique über Jahrzehnte die Landschaftsarchitektur der Insel geprägt. Sein Einfluss war maßgeblich und so blieb Lanzarote manche Bausünde erspart. Viele liebten und lieben ihn dafür. Andere fürchteten seine Arroganz. Was wird aus Lanzarote ein Vierteljahrhundert nach dem Unfalltod des Maestros?

Manrique kam 1919 in Arrecife zur Welt. Hier verbrachte er auch seine Schulzeit und Jugend. Nach einem zweijährigen (nicht beendeten) Architekturstudium an der Universität La Laguna auf Teneriffa wechselte er 1945 an die Akademie der Schönen Künste in Madrid, um sich zum Kunsterzieher ausbilden zu lassen. Bereits im Alter von 23 Jahren trat Manrique mit seinen Bildern in Arrecife zum ersten Mal an die Öffentlichkeit. Damals malte er noch gegenständlich, griff auf inseltypische Motive zurück (wie z. B. Strandszenen, Boote, Fischer). Dass diese Ausstellung möglich war, verdankte er seinem Freund Pepín Ramírez, der ihn auch später als Inselpräsident protegieren sollte.

Abstrakte Kunst in Zeiten der Diktatur

Im Jahr 1954 eröffnete Manrique zusammen mit Gleichgesinnten die erste Galerie abstrakter Kunst in Spanien. Es gehörte wahrlich eine Portion Mut dazu, sich in dieser Zeit zu solch einer avantgardistischen Strömung zu bekennen, denn zu dieser Zeit begann sich die Diktatur Francos auch international zu konsolidieren. Doch Manrique hatte Glück – die Zensur drückte beide Augen zu.

Wenig später, in den Jahren 1956 und 1960, wurden seine Werke auf der Biennale in Venedig sogar als offizielle Beiträge Spaniens einem breiten Publikum zugänglich gemacht. 1964 folgte er einer Einladung Nelson Rockefellers in die Vereinigten Staaten, stellte in Houston und Connecticut, Ohio und auch im berühmten Guggenheim-Museum in New York aus, lernte Andy Warhol und Barbara Rosse kennen. Er verschrieb sich zusehends dem abstrakten Expressionismus, schöpfte bei der Motivauswahl aber noch immer aus dem reichen Fundus seiner kanarischen Heimat.

Die Heimat im Blick

Nach 23 Jahren in der Fremde kehrte Manrique auf seine Heimatinsel zurück und machte sich an die Umsetzung seiner künstlerischen Visionen (s. Entdeckungstour S. 156). Er rückte die Schönheit Lanzarotes in den Mittelpunkt seiner Projekte, in denen er sich verstärkt mit der Bildhauerei und vor allem der Architektur beschäftigte. Dabei gelang es ihm immer wie-

Die berühmtesten Werke Manriques
Jameos del Agua (1968): s. S. 137
El Taro de Tahíche (1968): s. S. 190
Mirador del Río (1974): s. S. 149
Jardín de Cactus (1990): s. S. 129
Juguetes del Viento (1992): s. S. 131
Casa Museo César Manrique (seit 1988 Wohnhaus, seit 2013 öffentlich zugänglich): s. S. 153

der, Kunst und Natur meisterhaft zu verbinden – und dies unter Wahrung der inseltypischen Architektur. Manriques Ruf verbreitete sich rasch von Insel zu Insel, und auch im Ausland begann man sich für seine Werke und für Lanzarote zu interessieren.

Doch dann wurde er die Geister nicht mehr los, die er gerufen hatte, um die karge Schönheit Lanzarotes zu preisen. Die Eroberung der Insel durch den Tourismus war nicht mehr aufzuhalten: Zahlreiche Feriensiedlungen entstanden, die Anzahl der Autos wuchs sprunghaft an, die Infrastruktur wurde in rasantem Tempo ausgebaut. Der Inselpräsident Ramírez ging von der Insel fort und Manriques Einfluss begann zu schwinden. Sein Traum, aus Lanzarote ein Gesamtkunstwerk zu machen, schien plötzlich – nicht gänzlich ohne eigenes Verschulden – ausgeträumt.

Kritische Stimmen erhoben sich: Hatte nur Manrique das Recht zu entscheiden, wie die Insel aussehen sollte? War er wirklich das vielseitige Genie oder schmückte er sich mit fremden Federn? Warum gelangte nur er zu Berühmtheit und nicht die Architekten (wie Luís Ibáñez Magalef) und Landschaftsgärtner (wie Estanislao González Ferrer) oder aber die vielen Mitstreiter wie Jesús Soto, Luís Morales oder Juan Brito, die sich schon vor ihm und später an seiner Seite für die gemeinsamen Ziele eingesetzt hatten? Hatte er überhaupt die wirtschaftlichen Folgen im Blick, wenn er plötzlich forderte, dass nur einige wenige auserlesene Gäste Gelegenheit haben sollten, Lanzarote zu besuchen?

Manrique kämpft für seine Ideale

Aber Manrique gab nicht auf, er kämpfte. Zusammen mit seinen Gesinnungsgenossen erreichte er, dass neue

Wohn- und Feriensiedlungen Auflagen erhielten, denen zufolge sie sich der Vulkanlandschaft und der traditionellen Inselarchitektur anpassen müssen. Ein beachtliches Resultat, betrachtet man die Bausünden auf Teneriffa oder Gran Canaria. Doch Manrique hätte dies vor Gericht sicher nur schwer durchsetzen können, wenn die Bevölkerung nicht ohnehin überzeugt gewesen wäre, dass Schutzmaßnahmen zur Erhaltung der Inselarchitektur notwendig waren und sind. Man hatte ein gemeinsames Ziel.

In einem Punkt sind sich Kritiker und Anhänger Manriques absolut einig: Aus ökonomischen Gründen musste man der wichtigen Einnahmequelle Tourismus Tribut zollen und einige Teile der Insel opfern. Doch ohne die Fähigkeiten César Manriques, ohne seinen Einsatz hätte Lanzarote das gleiche Schicksal ereilt wie manch andere Kanareninsel, die, von gesichtslosen Betonbauten erdrückt, heute nur noch Schadensbegrenzung betreiben kann. Davon blieb die Feuerinsel lange Zeit verschont, nicht zuletzt dank César Manrique. Die illegalen Bautätigkeiten der letzten Jahre gefährden dieses gemeinsame Ziel (s. S. 57). Lebte Manrique noch, er würde mit allen Mitteln weiterkämpfen, um Schlimmeres zu verhindern.

Windspiel nahe der Fundación Manrique: eines der farbigsten Werke des Künstlers

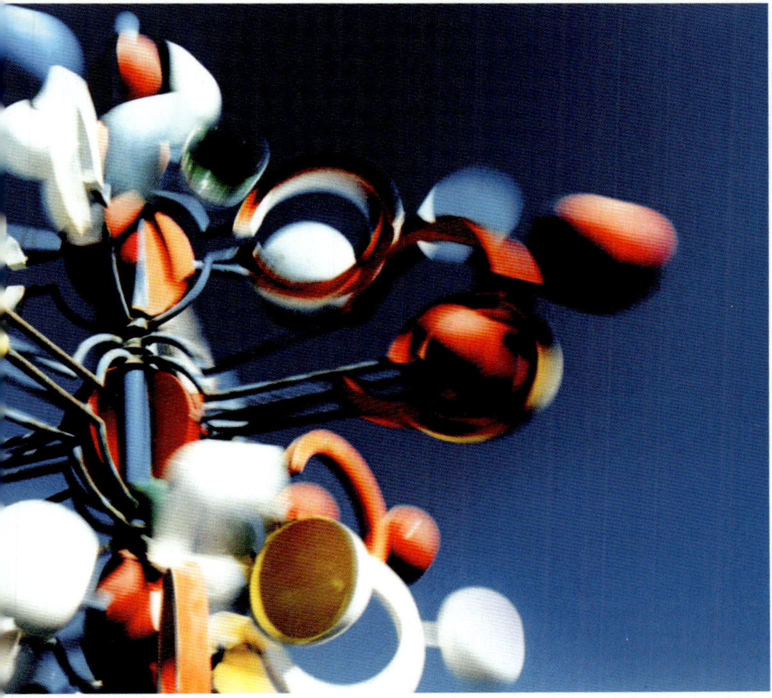

Die Menschen und das Meer – literarische Stimmen

Das karge Leben der Fischer, die launische See, die Einsamkeit auf den Inseln – dies alles sind wiederkehrende Themen der kanarischen Literatur

»Die Einsamkeit des Meeres, das uns von allen Seiten einschnürt, ist wie ein Sedativ. (...) Die Abgeschiedenheit auf den Inseln übermannt mich mit süßer Schläfrigkeit und anhaltender Müdigkeit.« Dies notierte sinngemäß der spanische Philosoph und Schriftsteller Miguel de Unamuno (1864–1936), als er sich 1924 auf Fuerteventura aufhielt, wohin er vom spanischen Festland verbannt worden war.

Die Macht des Meeres, die Isolation der Inseln und die in sich geschlossenen Gesellschaften mit all ihren Vor- und Nachteilen waren und sind noch heute die beherrschenden Themen der kanarischen Literatur. Doch die Autoren und deren Werke sind außerhalb der Kanaren weit weniger bekannt als beispielsweise ihre Kollegen aus der Architektur und Malerei. Dies liegt in der Natur der Literatur, denn sie wird erst durch eine Übersetzung einem breiteren Publikum zugänglich.

Ein wenig Trotz und Enttäuschung schwingt mit, wenn Ángel Fernández Benéitez das spanische Sprichwort »Traducción es traición« – »Übersetzung ist Verrat« – zitiert. Dies, so fügt der auf Lanzarote lebende Poet aus Zentralspanien hinzu, gelte insbesondere für lyrische Werke. Doch es gibt auch kongeniale Übersetzer! Nur finden sich bislang zu wenige Verlage, die kanarische Literatur in ihr Programm aufnehmen wollen. Und so erhalten Benéitez und seine Dichterkollegen höchst selten über den Archipel hinaus auf dem spanischen Festland oder gar im Ausland eine größere Resonanz.

Rafael Arozarena

Rafael Arozarena, 1923 geboren, gehört zu den wenigen kanarischen Autoren, denen eine Übersetzung ins Deutsche gelang. Sein Roman »Mararía« handelt von der geheimnisvollen, schönen Mararía, die von allen Männern im Dorf begehrt und von vielen Frauen beneidet wird. Als Mararía bei einem Tanz ihre Zuneigung für einen Fremden andeutet, beginnt ein unheilvoller Reigen. Nach und nach haben alle männlichen Dorfbewohner eine Episode zu erzählen, in der Mararía die Hauptrolle einnimmt. Sie selbst, inzwischen alt und gezeichnet, von einigen gar als Hexe beschimpft, von anderen bemitleidet, bleibt unnahbar. Die einzelnen Geschichten fügen sich wie Mosaiksteine zu einem Lebensbild zusammen. Und doch bleibt das Geschehene rätselhaft.

Victor Ramírez

In bester Tradition der Schelmenromane steht der – nicht übersetzte – Roman »Nos dejaron el muerto« (1990), zu Deutsch etwa »Bei uns lieferten sie den Toten ab«, von Victor Ramírez (geb. 1944). Aus der Sicht eines Lausbuben werden hier die unglaublichsten Schicksalsschläge geschildert und nahezu alle Tabugrenzen von Blasphemie, Inzest und Sodomie überschritten. Doch so krude die Begebenheiten auch sein mögen, nie erscheint das Erzählte obszön. Vielmehr gelingt es dem Autor immer wieder aufzuzeigen, dass gerade in Extremsituationen Tragik und Komik sehr nah beieinander liegen.

Mein Tipp

Weltbekannte Literatur von den Kanaren
Zu den international renommierten kanarischen Autoren zählt **Benito Pérez Galdós** (1864–1920). Als jüngstes von zehn Kindern in Las Palmas de Gran Canaria geboren, siedelte er im Alter von 19 Jahren nach Madrid über, um Jura zu studieren. Seine Kindheit sei uninteressant verlaufen, schrieb er in seinen Memoiren, interessanter hingegen verliefen seine Romanzen. Eine davon fand ihren Niederschlag im Roman »Tristana«, der 1970 von Luis Buñuel verfilmt wurde. Der Titel ist auf Deutsch im Suhrkamp-Verlag erschienen.

Antonio Felix Martín Hormiga

Welche große Rolle das Meer in der Inselliteratur spielt, zeigt das 1992 erschienene Buch »El Rabo del Ciclón« (»Der Schweif des Zyklons«) von Antonio F. Martín Hormiga (geb. 1951). Es ist eine Hommage an die Fischer und Seefahrer seiner Heimatinsel Lanzarote. Der Autor befragte seine Landsleute über Kurioses und Originelles aus ihrem Alltag sowie über die Abenteuer und Gefahren, denen sie auf hoher See ausgesetzt waren. In allen 39 Erzählungen taucht in irgendeiner Form die furchtbare Naturkatastrophe von 1951 auf, als ein ungeheurer Zyklon wütete, der vielen Lanzaroteños den Tod brachte.

Leben und leben lassen – Musik und Folklore

»Auf Vulkanen lebt der Mensch, dieses rätselhafte Wesen, am unbefangensten und heitersten«, formulierte es einmal der Schriftsteller und Essayist Gerhard Nebel. Die Canarios bestätigen diese Sentenz auf wunderbare Weise. Ob christlichen oder heidnischen Ursprungs, Feste, Folklore und die kanarische Musik bestimmen den Rhythmus des gesellschaftlichen Lebens.

Die Ursprünge der kanarischen Folklore liegen im ländlichen Bereich. Tanz und Liedtexte drehen sich um alte Bräuche, schöne Landschaften, Nöte und Freuden der *campesinos* (span.: Bauern) und natürlich um die Liebe. Die Gesänge wurden stets von rhythmischem Händeklatschen und Fußstampfen begleitet.

Auch wenn die kanarische Folklore heute vermutlich noch musikalische

Spontanes Konzert am Fenster

und tänzerische Elemente der Ureinwohner beinhaltet, war sie fremden Einflüssen gegenüber doch stets offen. Nach der Eroberung durch die Spanier im späten 15. Jh. und der Rückkehr vieler kanarischer Auswanderer aus Südamerika fand ein interkultureller Austausch statt. Traditionelle Tänze wie der Tajaraste oder die Folía erfuhren Modifikationen. Neue Modetänze und -lieder wie die Malagueña, der Bolero oder die Berlina, eine Variation der Polka, erweiterten das Repertoire und wurden den inseltypischen Rhythmen angepasst. Zu den alten Instrumenten wie den kastagnettenähnlichen *chácaras,* zu Trommeln und Flöten gesellten sich Gitarren, Lauten, *bandurrias* (zwölfsaitige spanische Gitarren), Violinen und Akkordeons.

Genuin kanarisch ist die *timple,* eine kleine vier- oder fünfsaitige Gitarre, die hohe, leicht scheppernde Klänge erzeugt. In der ehemaligen Inselhauptstadt Teguise auf Lanzarote befindet sich eine der letzten Werkstätten, in der die meist aus Kiefernholz gefertigten Timples hergestellt werden (s. S. 173).

Folklore, Pop und Jazz

Ende der 1970er-Jahre, nach dem Tod Francos, erlebte die kanarische Folklore einen Aufschwung. Franco hatte stets versucht, die Folklore unter Kontrolle zu halten, da er fürchtete, die satirischen und als separatistisch diffamierten Traditionen könnten eine Gefahr für sein diktatorisches System bedeuten. Doch es sollte nichts nützen. Als sich 1966 die **Sabandeños** (s. Tipp) formierten, begann der Siegeszug der kanarischen Folklore zuerst auf den Inseln, später aber auch auf dem Festland und darüber hinaus.

Mein Tipp

Los Sabandeños
Fantastische Stimmen zeichnen diesen kanarischen Männerchor aus Teneriffa aus, der kanarisches Liedgut, aber ebenso kubanische und südamerikanische Vokalstücke interpretiert. Besonders zu empfehlen: eine Einspielung, die Los Sabandeños zusammen mit dem großen Operntenor Alfredo Kraus aufgenommen haben (»Canario: Los Sabandeños con la participación de Alfredo Kraus«, Universal).

Die kanarische Musik entwickelt sich heute in verschiedene Richtungen weiter. Dies beweist u. a. die Gruppe **Taburiente**, die Rock und Pop gekonnt mit kanarischen Folkloreelementen verbindet. Andere Wege beschreitet die Jazztruppe **Gato Gótico** (www.gatogotico.com) von der Nachbarinsel Teneriffa, deren rhythmische Passagen an afrikanisch-orientalische Traditionen erinnern, während die bläserbetonte Besetzung und Spielweise das musikalische Vorbild des berühmten amerikanischen Trompeters Miles Davis verrät.

Sanft, melancholisch und lakonisch stimmen die melodiösen Songs von **Rosana.** Den Durchbruch brachte der 1963 in Lanzarote geborenen Rosana Arbelo der Titel »Fuego y Miel«. Aus ihrem Debütalbum (»Lunas Rotas«, 1996, Label MCA) wurden zwei Lieder für Quentin Tarantinos Film »Curdled« ausgewählt. 2013 ist ihre jüngste CD »8 Lunas« (»8 Monde«) erschienen.

Es muss nicht immer Rio sein – Karneval auf Lanzarote

Wer zum ersten Mal den Karneval auf Lanzarote erlebt, will es kaum glauben. Die ganze Inselbevölkerung scheint auf den Beinen. Was für ein gewaltiges Spektakel, welcher Aufwand wird mit den Kostümen, dem Einstudieren und Probieren veranstaltet! Ein Jahr lang haben sich die Karnevalisten darauf vorbereitet.

Monate und Monate vergehen mit der Vorbereitung, sonst wären Musik und Tanz, Kostüm und Performance nicht in dieser Perfektion zu erreichen. Und nach einer Woche soll alles vorbei sein? Nicht auf Lanzarote. Hier setzt man inzwischen mehrere Wochen dafür an. Außerdem gilt: Nach dem Zug ist vor dem Zug! Die Trauer um das Ende der verrückten Tage weicht bald dem eifrigen Ideen- und Pläneschmieden für das nächste Jahr.

Vorbereitung und Vorfreude

In Arrecife, dem wichtigsten Schauplatz des karnevalistischen Geschehens auf Lanzarote, ist bereits Tage zuvor eine erwartungsvolle Spannung zu spüren. Kopfschüttelnd beobachten Unbeteiligte die hektischen Vorbereitungen: Budenbesitzer schlagen ihre Stände entlang der Uferpromenade auf. Gerüche von Zuckerwatte und getrocknetem Fisch, Fettgebackenem und Hochprozentigem schwirren durch die Luft. Plätze werden im Handumdrehen in Tanzbühnen verwandelt. Flatternde Wimpel und Fransengirlanden schmücken die Gassen; Glitter und Glanz haben Hochkonjunktur. Ausladende Schmuckfedern, Strasssteinchen, blonde Perücken, Lackschuhe und -stiefel

sowie gruselige Gummimasken finden – wie jedes Jahr – reißenden Absatz. Hier und da wird noch letzte Hand an die Kostüme gelegt, die Schminke ausgebessert, die Tanzschritte geübt, dann ist es endlich so weit!

Die Kneipenwirte sehen den verrückten Tagen mit einem lachenden und einem weinenden Auge entgegen. In der Karnevalswoche im Februar verbuchen sie einen Umsatz wie sonst in zwei oder drei Monaten, doch es ist schwer verdientes Geld. Bis in die frühen Morgenstunden wird getanzt und getorkelt, gesungen und gejohlt – und natürlich gezecht. Und wenn die ausdauerndsten Gäste schließlich nach Hause wanken, gilt es zu putzen und zu lüften, die Vorräte aufzufüllen, säckeweise Eiswürfel zu verstauen und neue Musikarrangements zusammenzustellen. Das Publikum will unterhalten sein.

Viel Lärm und Geschmeide

Viele der karnevalistischen Traditionen sind vom spanischen Festland eingeführt – wie die Straßenmusikanten *Murgas,* was man getrost mit ›Schreihälse‹ übersetzen kann und die vermutlich durch andalusische Seeleute Verbreitung fanden. Ihnen gehören die ersten Tage des bunten Treibens. Ihre prächtigen Geschmeide und raffinierten Kostüme stehen in krassem Gegensatz zu den schrillen Tönen, die sie von sich geben. Alle Mitglieder einer Gruppe – ob 8- oder 80-jährig – tragen das gleiche Kostüm, ja selbst Schuhe, Schmuck und Schminke sind aufeinander abgestimmt. Keiner darf und will aus der Rolle fallen. Alle Murgas sind mit Trommeln und Pauken ausgerüstet sowie mit undefinierbaren Blasinstrumenten, die vor allem kakophon klingen müssen. Nur wenn es richtig lärmt, der schräge Sprechgesang Ohrensausen verursacht und die Reime besonders frech sind, haben sie eine Chance, im Wettbewerb mit der lautstarken Konkurrenz den Sieg davonzutragen. Drei Abende lang trommeln, pusten und schreien sie sich im Parque de las Islas Canarias in Arrecife die Seele aus dem Leib, angefeuert von einem euphorischen Publikum. Für die vielen Schaulustigen, die keinen Sitzplatz mehr ergattern konnten, wird das Spektakel auf einem riesigen Bildschirm übertragen. Bisweilen schwenkt die Kamera auf die Preisrichter in der ersten Reihe, die mit erstaunlicher Ruhe und Gelassenheit ihre Entscheidungen fällen.

Von Teufeln und Trachten

Zu den ursprünglichsten Figuren des kanarischen Karnevals gehören die *Diabletes de Teguise*. Ihr Kostüm besteht aus einem Overall mit rot-weißen Rauten und kleinen Glöckchen. Wichtigstes Requisit ist die Teufelsmaske *(diablo* = Teufel). Die Maskerade, sagt man, verkörpere drei Elemente: den Teufel, eine Ziege und einen Schäfer. Vermutlich hat ein aus Südamerika zurückgekehrter Emigrant diese Karnevalskluft auf der Insel eingeführt.

Ebenfalls zu den traditionellen kanarischen Karnevalsgruppen gehören die *Buches.* Angeführt werden sie von Musikanten, die Gitarre spielend und singend durch die Straßen ziehen. Die restlichen Buches, mit Bolerowesten, bunten Bändern, wadenlangen weißen Hosen und schwarzen Überziehern ausstaffiert, betrachtet man lieber aus sicherer Entfernung. Denn mit ihren riesigen, aus Fisch- oder Tiermägen *(buches)* präparierten Blasen dreschen sie auf alle ein, die ihnen unter die Augen kommen. Wer einmal einen Schlag abbekommen hat, ergreift – sobald sie nahen – schnell die Flucht. Früher pflegten die Buches je nach Lust und Laune in Privathäusern einzukehren und so lange dort auszuharren, bis man ihnen einen Schnaps oder einen Wein kredenzte. Wer sich als Geizhals entpuppte, konnte der Schläge sicher sein. Geiz gilt auf Lanzarote seitdem als ausgerottet.

Der ›Rosenmontagszug‹

Den Höhepunkt des Karnevals bildet jedoch zweifelsohne der ›Rosenmontagszug‹, hier *Gran Desfile de Carrozas* genannt. Dann treten erneut die Murgas in Aktion. Doch bei diesem Umzug fallen sie gar nicht so auf, denn beim Gran Desfile geht es noch bunter, noch lauter, noch aufwendiger zu als an den Tagen zuvor: Da kutschiert ein dicker Sultan seine schönen, verschleierten Haremsdamen durch die Straßen, schwebt der fliegende (motorisierte) Teppich von Aladdin vorüber, stampft ein Dinosaurier mit leuchtenden Glühbirnenaugen durch die Menge, gefolgt von einer Schar ungeschickter Dinosaurierkinder, die sich gegenseitig ständig auf die kleinen Schwänze treten.

Beliebt ist auch der Tausch der Geschlechterrollen: Hier die befrackten androgynen Jungenmädchen, das Haar pomadegetränkt, einen dunklen Schnäuzer über und eine dicke Zigarre zwischen den zarten Lippen, lässig auf ihren eleganten Gehstock gestützt. Dort muskulöse ›Damen‹ mit blonden Locken, roten Mündern und stark behaarten Beinen, die in viel zu kleinen Pumps unsicher durch die Gegend stöckeln und sich ständig nachpudern.

Karnevalskönigin und Dragqueen

Aus dieser beliebten Verkleidung zum anderen Geschlecht hat sich seit 2004, neben vielen anderen Wettbewerben der Musik- und Tanzgruppen und der Karnevalskönigin, die Wahl der Dragqueen eingebürgert. Bei der Auslosung zur Dragqueen zählt neben der Extravaganz der Kleidung auch die Fähigkeit, das Publikum mit einem ausladenden Gang, exaltiertem Verhalten und einer Portion Schlagfertigkeit zu unterhalten. Man fragt sich, ob im ehemaligen Franco-Land verspätet ausgelebt wird, was unter dem Diktator mit dem größten Tabu belegt war: die Travestie?

Mein Tipp

Verlängerter Karneval
Hochburg des Karnevals ist Arrecife. Die Feiern beginnen auch hier 40 Tage vor Ostern. Höhepunkte sind der Rosenmontagszug und der Aschermittwoch – hier als ›Beerdigung der Sardine‹ gefeiert. Wer den Karneval in Arrecife verpasst hat, kann eine Woche später in Puerto del Carmen oder eine weitere Woche später in Haría mitfeiern (aktuelle Termine bei den Touristeninformationen).

Der Aschermittwoch

Letzter Akt im Karnevalstheater ist der Aschermittwoch. Noch einmal defilieren in Arrecife die Gruppen und Einzeldarsteller von der Uferpromenade zum Castillo de San José. Noch einmal werden alle Kräfte mobilisiert, wird lauthals gesungen, kreisen die Hüften zu Sambarhythmen, tauscht man Küsse aus. Doch hier und da hat sich bereits eine schwarze Gestalt unter die Feiernden gemischt, denn am Aschermittwoch findet der kanarische Kehraus statt: das ›Begräbnis der Sardine‹ *(Entierro de la Sardina).* Nachdem die Karnevalisten vorübergezogen sind, schließt sich der lange Zug der Trauergemeinde an.

Dieser ›Trauermarsch‹ am Ende der Karnevalszeit soll auf einer wahren Begebenheit beruhen. Ende des 18. Jh., so heißt es, hatten einige Adlige in Madrid just für die Karnevalszeit Sardinen aus einem nordspanischen Dorf geordert. Als die Sardinen endlich in der Hauptstadt ankamen, waren sie schlicht ungenießbar. Einer der Grafen kam dann auf die Idee, einen Trauermarsch zu organisieren, um die verdorbenen Sardinen weit draußen im Freien unter die Erde zu bringen. Die Madrider Karnevalisten waren offenbar so angetan vom Anblick der skurrilen Trauergemeinde, dass sie von da an jedes Jahr zum Ausklang der närrischen Tage ein ›Begräbnis‹ veranstalteten. Heute, über zwei Jahrhunderte später, wird der Brauch auf dem Festland und auf den Kanaren ausgiebiger zelebriert denn je. Nur dass die Sardinen keinen Geruch mehr verströmen, da sie durch ein überdimensionales Imitat aus Pappkarton ersetzt wurden.

Zu Hunderten kommen sie – als Äbte, Pfarrer, Messmer, Mönche, Nonnen oder schwarze Witwen verkleidet –, um das Ende des Karnevals zu beweinen und die Sardine zu Grabe zu tragen. Am Ende wird die Fischattrappe verbrannt: Asche zu Asche, Staub zu Staub. Der Karneval ist (vorerst) tot. Es lebe der Karneval!

Unterwegs auf Lanzarote

Lanzarote präsentiert sich als außergewöhnliches Naturschauspiel

Das Beste auf einen Blick

Inselhauptstadt Arrecife

Highlights!

Charco de San Ginés: Es geht beschaulich zu im alten Hafenviertel. Dümpelnde Boote, vereinzelt Angler und spielende Kinder. Eine Handvoll Restaurants und Bars, die am späten Nachmittag besonders einladend sind. 9 S. 100

La Marina: Seit Herbst 2014 hat auch Arrecife einen neu gestalteten Jachthafen, der Puerto Calero an Größe und Möglichkeiten weit übertrifft. An Eleganz ist er nur zweiter Sieger. 12 S. 101

Auf Entdeckungstour

Castillo de San José – moderne Kunst in altem Gemäuer: Aus dem jahrhundertealten Kastell wurde ein Museum für moderne Kunst. Das Museo Internacional de Arte Contemporáneo im Castillo de San José ist ein gelungenes Beispiel dafür, alten Gemäuern eine neue Funktion zu geben. 14 S. 102

Kultur & Sehenswertes

Gran Hotel in Arrecife: Im wahrsten Sinne ein Höhepunkt: Mit 17 Stockwerken ist das 5-Sterne-Hotel das höchste Haus der Stadt und der Insel. Ein Besuch im Pub oder Restaurant lohnt allein schon wegen des grandiosen Blicks. 1 S. 91, 105

Centro Insular de Cultura El Almacén: Ein kleines Kulturzentrum mit wechselnden Ausstellungen und einer Cafetería. Wo, was, wann in der Stadt und auf der Insel stattfindet, erfahren Sie hier. 3 S. 95

Zu Fuß unterwegs

Joggen oder Flanieren: An der 12 km langen Strandpromenade, die an der Playa del Reducto (direkt am Gran Hotel) beginnt und bis nach Puerto del Carmen führt. Ob auf dem Asphalt oder am Strand entlang: Gute Luft, Meeresrauschen und ein angenehmer Wind begleiten Sie. 1 S. 111

Genießen & Atmosphäre

Für die kleine Pause zwischendurch: Café oder Cappuccino, Bocadillo oder Tapas, Wein oder Bier, Eis, Kuchen oder Säfte. In der Crepería Fresco de Italia oder in der Cafetería La Plazuela an der Plaza de la Constitución trifft man sich morgens, mittags, abends auf einen Schwatz und für den neusten Klatsch. 13, 16 S. 107

Abends & Nachts

El Doblón: Wer hierhin möchte, muss durchhalten können – bis zum Wochenende und mindestens bis 1 Uhr nachts. Dann geht es langsam los: je später der Abend, desto wilder die Party. 1 S. 111

Calle San José Antonio: Frühestens ab 22 Uhr geht es hier los. Dafür dann bis in die späte Nacht hinein. Bars, Clubs, Tanzlokale – für fast jeden (jungen oder jung gebliebenen) Geschmack. 2 – 6 S. 111

Flanieren, schauen und shoppen

Wer Arrecife besucht, wird zwei Aspekte (vermutlich) mit Erstaunen zur Kenntnis nehmen: Zum einen zeigt sich die Stadt völlig unbeeindruckt von jenem Tourismusrummel, der das Gesicht anderer Orte wie Puerto del Carmen, Playa Blanca oder Costa Teguise prägt. Zum anderen präsentiert sich Arrecife in Gegensätzen und bietet so allerlei Abwechslung: hier eine alte, seit Jahren unvollendete Bauruine, dort eine durchgestylte neue Bar; ein heruntergekommenes Einkaufszentrum hier und nur einen Straßenzug davon entfernt noble Designerläden und Boutiquen.

Die über 50 000 Einwohner zählende Stadt kann zwar nicht mit einzigartiger Architektur aufwarten, aber eine ansehnliche Uferpromenade, ein gelungen renoviertes Hafenviertel, ein Museum für zeitgenössische Kunst, das 17-stöckige Gran Hotel, quirlige Geschäftsstraßen und viele kleine Bars und Straßencafés zeugen von jeder Menge Leben.

Das Zentrum

Der erste Orientierungspunkt, wenn man von Lanzarotes Flughafen in die Ferne schaut, ist das Gran Hotel im ca. 7 km entfernten Arrecife, seit 1852 Inselhauptstadt und administratives Zentrum der Insel. Auf der kurzen Fahrt dorthin (über eine vierspurige, gut ausgebaute Straße) macht die ausufernde Stadt einen imposanten Eindruck.

Infobox

Reisekarte: ▶ F 8

Im Internet
www.arrecife.es: nur auf Spanisch; wer sich über die aktuellen Veranstaltungen informieren will, findet hier dennoch leicht übersetzbare Hinweise.

Touristeninformationen
Calle de La Marina, Tel. 928 81 31 74; im Sommer Mo–Fr 9–14 Uhr, im Winter Mo–Fr 10–14 Uhr
Kiosk an der Blas Cabrera Felipe s/n, Mo–Fr 9–14 Uhr (dennoch häufig geschl.)

Beste Tageszeit
Wer shoppen und das umtriebige Arrecife kennenlernen möchte, sollte zwischen 9 und 13 oder zwischen 16 und 20 bzw. 21 Uhr in die Stadt kommen.

Anreise und Weiterkommen
Vom Flughafen (E 8/9) führt die Südautobahn direkt ins Stadtzentrum. Kostenlose Parkplätze findet man nahe dem Cabildo Insular im Osten oder hinter dem Charco San Ginés im Westen der Stadt. Der Fußweg ins Zentrum dauert von dort je ca. 15 Min. Es bietet sich an, am Ortseingang zu Beginn der Uferpromenade Av. Fred Olsen zu parken, denn im Zentrum kann es je nach Tageszeit schwierig werden. Wer Glück hat, ergattert einen der raren Plätze oder parkt in der Tiefgarage des Gran Hotel.

Selten überlaufen: der Stadtstrand Playa del Reducto, im Hintergrund das Gran Hotel

Kurz bevor man das Zentrum erreicht, passiert man rechter Hand zwei in jüngerer Zeit errichtete ockerfarbene Gebäude im neokolonialistischen Stil. Hier sind die ca. 1300 Mitarbeiter der **Inselregierung** *(Cabildo Insular)* untergebracht. Am besten sucht man sich bereits hier am Ortseingang einen Parkplatz.

Wo die LZ-2 in die Calle de José Antonio Primo de Rivera (meist nur Calle José Antonio genannt) übergeht, liegt links ein unscheinbares Feld. Abends bei Flutlicht und am Wochenende kann man hier kleine Grüppchen beim leidenschaftlich diskutierten **Boulespiel** (span.: *bola*) beobachten. Es ist nicht der einzige **Club de Bolas** in Arrecife; bei den meist angenehmen Temperaturen gehören Sport und Spiel zu den bevorzugten Freizeitbeschäftigungen.

Gegenüber befindet sich ein großes, zweigeschossiges Gebäude. Es handelt sich um das ehemalige Einkaufszentrum Buganvillas, das seit Jahren auf seine Renovierung wartet.

Sehenswertes rund um die Uferpromenade

Gran Hotel 1

Parque Islas Canarias s/n, Tel. 928 80 00 00, www.aghotelspa.com

Am Ende der Playa hinter einer Kurve steht mit 17 Stockwerken das einzige Hochhaus der Insel. Ende der 1960er-Jahre wurde es erbaut und Anfang der 1990er als Hotel genutzt. 1994 wurde es geschlossen, der Eingang mit Brettern vernagelt. Misswirtschaft, so heißt es, hätte zur Schließung des Gran Hotel geführt. Als es 1994 durch einen Brand schwer beschädigt wurde, ließ sich der Verdacht auf Brandstiftung nur schwer ausräumen. 2004 schließlich feierte das Hotel mit vier Sternen die Wiedereröffnung. Mittlerweile sind es fünf Sterne, und das zu überaus moderaten Preisen (s. S. 105). Das Gebäude selbst, das in seiner ursprünglichen Form erhalten blieb, besticht vor allem durch seine Höhe und Lage direkt am Meeresufer.

Arrecife

Sehenswert

1 Gran Hotel
2 Parque Islas Canarias
3 Centro Insular de Cultura El Almacén
4 Uferpromenade La Marina und Parque Municipal
5 Casa de Cultura Agustín de la Hoz
6 Puente de Las Bolas
7 Castillo de San Gabriel
8 Iglesia San Ginés
9 Charco de San Ginés
10 Sala Municipal de Exposiciones
11 Casa del Miedo
12 La Marina
13 Monumento a los Mártires del Mar ›La Luz que nos guía‹
14 Castillo de San José

Übernachten

1 Lancelot
2 Miramar
3 Apartamentos Islamar

Essen & Trinken

1 Altamar
2 Restaurante Castillo de San José
3 Restaurante und Museo del Vino
4 Leito de Proa
5 Casa Ginory
6 Los Troncos
7 Puertonaos
8 Los Pescaitos
9 La Puntilla
10 El Nuevo Maccheroni

11 Lilium
12 Pastelería/Panadería La Lolita
13 Heladería y Crepería Fresco d'Italia
14 Pastelería Jonay
15 Cafetería/Bar La Unión
16 Cafetería La Plazuela
17 Cervecería Gambrinus
18 Bar Picasso
19 Pastelería Lamontaigne

Einkaufen

1 Calle León y Castillo
2 Librería und Papelería Diama
3 La Recova
4 Centro Comercial Atlántida
5 Av. José Antonio Primo de Rivera
6 Desnudos

Aktiv

1 Joggen an der Strandpromenade
2 Playa del Reducto

Abends & Nachts

1 El Doblón
2 Croisantería
3 Versión Original
4 La Antigua
5 Puerto de Arrecife
6 La Calle
7 Cine Buñuel

Mein Tipp

Lust auf Süßes?

In der Pastelería und Panadería **La Lolita** 12 in der Avenida Fred Olsen finden Sie die größte Auswahl an Kuchen und süßen Stückchen – und garantiert eines der besten Brote auf der Insel! Ein Besuch lohnt sich, auch wenn die wenigen Plätze meist belegt sind. Man kann sich die süßen Sünden auch einpacken lassen. Lolita betreibt inzwischen sechs Filialen auf der Insel (s. auch S. 107).

Im Foyer ist für jedermann zugänglich eine Cafetería mit Terrasse untergebracht, die auch von den Städtern gern für einen Café solo und einen Blick in die Zeitung aufgesucht wird.

Ein gläserner Aufzug führt in den 17. Stock, in dem die Bar **Star's City** und das **Restaurant Altamar** 1 (s. Lieblingsort S. 97) untergebracht sind. Traurig sieht es rechts vom Hotel beim Blick aufs Meer aus: Die kleine Insel mit Namen **Islote de Fermina** war in den 1970er-Jahren von César Manrique als Schwimmbad und Badesteg mit einer eleganten Bar und einem Solarium geplant. Doch daraus wurde nichts. Seitdem aber die ambitionierte Marina fertig ist, keimt Hoffnung auf, dass das Inselchen doch noch seine Bestimmung findet. Denn das private Unternehmen Gran Acuario de Canarias signalisiert Interesse.

Auf der gegenüberliegenden Straßenseite befinden sich einige Bars, Restaurants und ein in die Jahre gekommenes Haus, in dem günstige Apartamentos mit Meerblick zu mieten sind. Wer Lust auf Eis hat, findet am Ende des Strandes, in der Heladería und Crepería **Fresco d'Italia** 13, schon den ersten Grund, eine Pause einzulegen. Die Eisdiele befindet sich an einem Verkehrsrondell, an dem einige Straßencafés liegen. Obwohl sich der Verkehr gerade hier gerne staut und es dementsprechend laut ist, lieben die Einwohner diese Lokale für ein kurzes *hola,* einen *café solo* oder eine *cerveza.* Gegenüber befindet sich der Club Náutico, einem bei wohlhabenden Lanzaroteños beliebten Treffpunkt (nur für Mitglieder zugänglich).

Parque Islas Canarias 2

Av. Dr. Rafael González

Unmittelbar an das Gran Hotel schließt sich eine sehr überschaubare Grünfläche an, die zumindest vom Namen her zum Parque Islas Canarias ›vergrößert‹ wird. Er wurde im Zuge der Renovierungsarbeiten des Gran Hotel ebenfalls neu angelegt und mit einer Tiefgarage unterhöhlt. Die Akzeptanz für das Ensemble aus modernem Design, Ruhezonen und jungen Pflanzen wächst mit jedem Fest, das hier stattfindet. Und an Festen und Veranstaltungen mangelt es wahrlich nicht. Insbesondere zu Karneval wetteifern hier die verschiedenen Gruppen in Lautstärke, Schönheit und Originalität miteinander (s. auch Essay S. 83).

Am Ende des ›Parks‹ steht unscheinbar und unbeachtet eine verrostete **Eisenskulptur.** Man munkelt, sie stamme von César Manrique, obwohl sie in keinem seiner Werkverzeichnisse je aufgetaucht ist. Offenbar will sich kein Künstler dazu bekennen. Auch der Name der Skulptur ist unbekannt. Einer der befragten Taxifahrer glaubt sich an die ursprüngliche Bezeichnung ›Monumento al Mar‹ erinnern zu können. Die Einheimischen haben es dann in ›Monumento al Cacharro‹ umgetauft, was etwa so viel heißt wie ›Denkmal für eine Rostmühle‹.

Centro Insular de Cultura El Almacén 3

Calle José Betancort 33, Tel. 928 81 52 98 und 928 81 01 21, im Sommer 8–14 Uhr, im Winter 8–15 Uhr sowie zu Filmvorführungen und Ausstellungen

Auf Lanzarote mangelt es nicht an Festen (meist religiösen Ursprungs), gesellschaftlichen Anlässen und kulturellen Ereignissen. Dazu trägt auch das Kulturzentrum El Almacén bei. César Manrique gründete die Stätte 1974, vor allem in der Absicht, für unbekannte Künstler verschiedener Nationalitäten ein Forum zu schaffen. So entstand die **Galerie El Aljibe,** die vielen Malern und Bildhauern die Gelegenheit gab und gibt, zum ersten Mal mit ihren Werken an die Öffentlichkeit zu treten.

1989 übernahm die Stadt die Finanzierung und Verwaltung und gestaltete den Almacén in ein Kulturzentrum um. Das gegenwärtige Programm umfasst u. a. Fortbildungsveranstaltungen jeder Art, von Sprach- über Computerkurse bis hin zum Erlernen handwerklicher Fertigkeiten. Im Eingangssaal des Almacén werden ausgewählte Bücher, Broschüren und CDs, die sich mit Lanzarote oder den Kanarischen Inseln befassen, zum Verkauf angeboten (allerdings nur in spanischer Sprache). Hier kann man sich auch nach aktuellen kulturellen Veranstaltungen in den Jameos del Agua (s. S. 137) oder in der Cueva de los Verdes (s. S. 142) erkundigen.

Nebenan befindet sich die **Bar Picasso** 18. Im Untergeschoss der Bar wird im **Buñuel-Saal** jungen Talenten ebenfalls die Möglichkeit geboten, ihre Werke der Öffentlichkeit vorzustellen. Die Räume im Obergeschoss werden für Konferenzen, Buchpräsentationen oder Filmreihen zu Schwerpunktthemen genutzt. Die Bar selbst ist ein beliebter Treffpunkt von Inselhonoratioren und leidenschaftlichen Schachspielern.

Leider wird die Bar nur noch zu Filmvorführungen und Vernissagen geöffnet. Diese werden z. B. in den lokalen Tageszeitungen oder auf einem Plakat am Portal des Hauses angekündigt. Genaue Öffnungszeiten der Bar erfährt man eventuell auch im benachbarten Almacén. Natürlich belebt sich das Picasso auch zur Karnevalszeit, wenn die halbe Inselbevölkerung durch die Kneipen zieht!

Uferpromenade La Marina und Parque Municipal 4

Wir gehen zurück zur **Heladería** 13 und stoßen dem Straßenverlauf folgend auf die Uferstraße. Dort befindet sich ein Kiosk mit wenigen Tischen auf einem zur Terrasse umfunktionierten kleinen Platz. Spätnachmittags treffen sich hier fast ausschließlich Vertreter des männlichen Geschlechts und widmen sich leidenschaftlich – begleitet von Musik und Gesang – dem Dominospiel. Hinter der Kurve, zur Meerseite hin, ›versteckt‹ sich direkt an der Uferpromenade ein Kioskgebäude, in dem eine zweite **Touristeninformation** untergebracht ist (s. S. 90).

Mein Tipp

Erfrischend!

Die **Pastelería Jonay** 14 bietet sich für einen kleinen Snack an. Im Hochsommer erfrischen insbesondere die *granizados.* Sie werden aus zerkleinerten Eiswürfeln hergestellt und mit frisch gepresstem Zitronen- oder Orangensaft gemischt; dazu ein Croissant oder ein *bocadillo.* Einfach und lecker!

Hotel Lancelot
BUS
BUS

Lieblingsort

Menü hoch über dem Meer
Wer elegant und in außergewöhnlichem Ambiente tafeln möchte, sollte sich ein Menü im **Restaurante Altamar** 1 im 17. Stock des **Gran Hotel** 1 gönnen. Die Glasfronten im Restaurant eröffnen auf der einen Seite einen Panoramablick auf das Meer, auf der anderen Seite der Etage genießt man von der Bar aus einen Blick über die Dächer der Stadt und in die Tiefe: für Schwindelfreie ein wahres Vergnügen!

Die Uferpromenade geht in einen kleinen Park über, der hier in maßloser Übertreibung **Parque Municipal** (Stadtpark) genannt wird. Auf der anderen Seite wird der ›Stadtpark‹ von der Straße **La Marina** begrenzt, die erst nach 2000 von Avenida de Generalísimo Franco umbenannt wurde.

Zur Puente de Las Bolas

Das zu Stoßzeiten übliche Verkehrschaos mit reichlich Lärm nimmt hier fast mehr Aufmerksamkeit in Anspruch als die leider nur vereinzelt schönen Häuser im Kolonialstil. Einen zweiten Blick lohnt beispielsweise die **Casa de Cultura Agustín de la Hoz** 5 (Calle La Marina Nr. 7, seit Jahren im Umbau begriffen). Hier wurden und sollen auch zukünftig wieder Ausstellungen organisiert werden, die meist den einheimischen Künstlern vorbehalten sind.

Auffälliger als die Bauten an der Uferpromenade ist zur Meerseite hin das Castillo de San Gabriel und die Brücke, die dorthin führt. Sie heißt **Puente de Las Bolas** 6 (wörtlich über-

Lieblingsmotiv: Blick über die Puente de Las Bolas auf die Altstadt

setzt: ›Kugelbrücke‹) und gehört zu den Lieblingsmotiven vieler Besucher.

Castillo de San Gabriel 7

Museum im Castillo:
Mo–Sa 10–17 Uhr, ca. 3 €

Die Festung entstand in der zweiten Hälfte des 16. Jh. auf Veranlassung des Lehnsherrn Marqués Agustín Herrera y Rojas, der hoffte, auf diese Weise die Überfälle der Nordafrikaner besser abwehren zu können. Die Pläne für das ursprüngliche Kastell entwarf Gaspar de Salcedo, der einen quadratischen Grundriss mit vier spitz zulaufenden Bollwerken vorsah. Im Jahr 1588 bereiste dann Leonardo Torriani auf Geheiß König Felipes II. den Archipel, um die Verteidigungsanlagen zu prüfen. Er ließ die Schutzwälle verstärken und gab dem Castillo die heutige Form. Aus dieser Zeit stammt auch der hübsche Glockenturm, der das Bauwerk krönt.

Im Castillo war früher ein kleines Archäologisches Museum untergebracht. Die darin ausgestellten Funde – ein großer Monolith aus dem altkanarischen Herrscherpalast Zonzamas sowie einige schmucklose Grabbeigaben – riefen jedoch kaum Begeisterung hervor und lockten entsprechend wenig Publikum an. Zwischenzeitlich wurden die Räumlichkeiten immer mal wieder für Wechselausstellungen – meist zeitgenössischer – (Video-) Kunst genutzt. Ende 2014 wurde das Castillo als Historisches Museum de Arrecife erneut eröffnet. Gezeigt werden inseltypische Gemälde und Objekte. Ausführliche Schautafeln erläutern ihre Bedeutung und Einordnung in die Geschichte der Insel.

Der Weg zum Castillo lohnt aber auch ohne Museumsbesuch, da man von hier gleichermaßen den Blick auf die Stadt und das Meer genießen kann.

Hafenviertel San Ginés und Castillo de San José

Iglesia San Ginés 8

Calle San Ginés

Gegenüber der Puente de Las Bolas beginnt die belebte Shoppingmeile **Calle León y Castillo** 1 (s. S. 104). Wir folgen der Uferstraße noch ca. 300 m und biegen dort links in Richtung Zentrum ein. Dort stößt man auf die **Kirche San Ginés.**

Am Ende des Hafenbeckens – bei La Puntilla (Die Spitze) – ließen sich einst die ersten Fischer nieder, wo in der zweiten Hälfte des 16. Jh. diese kleine einschiffige Kirche, der erste Sakralbau Arrecifes, entstand. Schon im 17. Jh. war das Gebäude, da aus einfachsten Materialien errichtet und mehrmals von Piraten erstürmt, in bedauernswertem Zustand. Man beschloss daher noch im gleichen Jahrhundert, 68 Fuß von der alten eine neue Pfarrkirche bauen zu lassen. Auch diese behielt den schlichten, einschiffigen Grundriss des ursprünglichen Baus, wurde aber in den 40er-Jahren des 18. Jh. erweitert. Aus dieser Zeit stammt die Kassettendecke im Mudéjarstil. 1804 und 1820 wurden die beiden Seitenschiffe hinzugefügt. 1842 erhielt San Ginés den quadratischen Turm mit dem Kuppeldach. Die Erweiterung und Ausschmückung der Pfarrkirche erfolgte zu einer Zeit, als sich die Hafenstadt zum Umschlagplatz für Waren aus aller Welt sowie zum bedeutendsten Fischereihafen des kanarischen Archipels entwickelte und der früheren Kapitale Teguise den Rang streitig machte.

San Ginés ist der Schutzpatron des Ortes. Ihm zu Ehren werden jedes Jahr im August mehrtägige Feiern, die Fiesta de San Ginés, mit Sportwettbewerben, Konzerten, Folklore und Kinderattraktionen veranstaltet (14.–25 Aug., s. Termine S. 112).

Rund um La Recova 3

Eine Seitenstraße am Kirchplatz, die Calle La Miranda, führt zum kleinen Markt von Arrecife, **La Recova** genannt. Montags bis samstags kann man hier u. a. Obst, Gemüse, deutsches Brot und handgefertigte Souvenirs (Keramik, Schmuck, Bilder) erwerben. Auch ein Café befindet sich im mit Lorbeerbäumen geschmückten Innenhof, der von drei Seiten zugänglich ist. Die wenigen Tische des Cafés sind häufig belegt, doch in den Seitengassen rund um den Markt sind die Bars und Cafeterías so zahlreich und einladend, dass jeder nach seinem Gusto einen Platz an der Sonne oder im Schatten findet: **A'Costas, La Tentación, Gernika, El Príncipe, El Notorio** – um nur einige zu nennen – offerieren neben Kaffee auch immer deftige Tapas oder süße Sünden (einige Lokale werben außerdem mit kostenlosem WLAN für sich).

Charco de San Ginés ! 9

Zur Mittagszeit wird es bisweilen schlagartig ruhig um La Recova und in den Gassen im Zentrum. Wer keine Siesta am Strand einlegen will, gelangt von hier aus in wenigen Minuten zum östlich gelegenen alten Hafenviertel El Charco. Dazu biegt man direkt vor dem großen Einkaufszentrum **Centro Comercial Atlántida** 4 in Richtung Charco ein und stößt kurz vor dem Hafen auf die **Sala Municipal de Exposiciones** 10 (Calle Emilio Ley s/n/Ecke Charco de San Ginés, tgl. 10–13, 17–20, Sa 10–13 Uhr, Eintritt frei). Hier werden insbesondere Werke von Inselkünstlern ausgestellt. Kuratiert wirkt das Ganze nicht: Von naiver Malerei über Karikaturen bis zur Fotokunst und Skulptur findet sich hier eine bunte Mischung aus Exponaten und Stilen, die den Betrachter ein wenig ratlos zurücklässt. Amüsant ist es dennoch.

Von der Sala trennen uns nur wenige Schritte vom **Charco** (Teich/Pfütze), benannt nach einem kleinen Binnenhafen in seiner Mitte. Seit der letzten Renovierung – und trotz einiger noch unverputzter Hauswände – ist es der schönste Stadtteil Arrecifes. Besonders spätnachmittags, wenn das orientalisch flirrende Licht Häuser, Boote und den kleinen Hafen einhüllt, lässt man sich gerne in einem der Cafés oder auf den Bänken an der Hafenpromenade nieder.

Casa del Miedo 11

Auf der gegenüberliegenden Seite des Hafenbeckens befindet sich ein tiefer gelegenes Haus, ausnahmsweise nicht mit hellgrünen, sondern mit blauen Fensterrahmen und blauen Rettungsringen geschmückt: die **Casa del Miedo.** Der Name ›Haus der Angst‹ soll darauf zurückgehen, dass es im Innern ursprünglich ungemütlich war: kein Wasser, kein Licht, nur Spinnweben. Andere meinen, es hätte etwas damit zu tun, dass hier ein Karnevalsverein mit gruseligen Murgas seinen Sitz hat. In diesen Räumen werden Maskeraden entworfen und neue Liedertexte einstudiert, in denen Regionalpolitiker aufs Korn genommen und kuriose Ereignisse in bissigen Reimen festgehalten werden. Generöserweise haben nicht nur Vereinsmitglieder Zugang.

Die Casa del Miedo dient auch als Versammlungsort für eine kleine Gruppe von Dramatikern, Poeten und Malern, die hier ihre Buchprojekte oder Ausstellungen planen. Da auf den Kanarischen Inseln (wie überall) die finanzielle Unterstützung für Kunst und Kultur aus öffentlichen Mitteln sehr gering ist, hilft man sich gegenseitig, soweit man kann. Die Texte werden bereits druckfertig am Computer erstellt, Layout und Titelbildgestaltung für Plakate übernimmt die vielseitig interessierte Malerin Santana (s. auch Essay S. 73).

La Marina ! 12

Vom alten Hafen sind es knapp zehn Gehminuten zum neuen Hafen von Arrecife. Der Jachthafen wurde großzügig geplant und im Herbst 2014 mit großem Pomp eingeweiht. Die Pläne für das seit Jahren größte Bauvorhaben der Stadt stammen vom Architekturbüro Carlos Morales. Den Jachthafen überragt ein 820 Tonnen schwerer Hebekran, der größte in Spanien, wie man stolz vermeldet. Damit werde man auch für übergroße Jachten und transatlantische Schiffe attraktiv, so die Erwartung. 60 % der insgesamt 443 Liegeplätze seien bereits angemietet, heißt es.

Noch sind nicht alle der 70 geplanten Shops, Restaurants und Bars eingezogen, aber die Hoffnungen, hier eine zahlungskräftige Klientel anzulocken, sind groß. Guess, Springfield, Burger King und einige Juweliere haben den Umzug rechtzeitig geschafft, auch einige renommierte Restaurants wie das **Lilium** 11, das bislang in der Calle José Antonio beheimatet war, sowie die spanische Imbisskette **100 Montaditos** und **La Pepa,** die direkt daneben liegen. Eine Diskothek ist geplant.

Wer vom neuen Hafen stadtauswärts, Richtung Castillo de San José, fährt, kommt an einem neuen Denkmal vorbei: **Monumento a los Mártires del Mar ›La Luz que nos guía‹** 13. Das Denkmal in Form eines Leuchtturms soll an die Opfer des Meeres erinnern. Anker, Steuerrad und andere Instrumente der Seefahrt schmücken den Turm.

Castillo de San José 14

An der Hafenstraße Richtung Costa Teguise; Museo Internacional de Arte Contemporáneo (MIAC): tgl. 10–20 Uhr, Erw. 4 €, Kinder 2 €, hier gilt die Bono-6-Centros-Karte

Der Umbau des alten Kastells in ein Museum für zeitgenössische Kunst (s. Entdeckungstour S. 102) geht wie so viele andere Sehenswürdigkeiten auf Lanzarote auf die Initiative von César Manrique zurück. Die dicken, alten Mauern bilden einen gelungenen Kontrast zur modernen Kunst, die hier vor dem und im Museum präsentiert wird. ▷ S. 104

Auf Entdeckungstour: Castillo de San José – moderne Kunst in altem Gemäuer

Trutzig und unnahbar – so wirkte das Castillo de San José 14 zu seiner Entstehungszeit im 18. Jh. Eine ehemalige Festung als Museum für moderne Kunst. Das war und ist eine gute Idee, um dem alten Gemäuer ein neues Publikum zu erschließen. Neben Werken von Miró, Mompó und Manrique werden hier zeitgenössische Werke meist spanischer Künstler präsentiert.

Cityplan: s. S. 92 (Überblickskarte)

Öffnungszeiten: tgl. 10–20 Uhr
Eintritt: Erw. 4 €, Kinder 7–12 Jahre 2 €, hier gilt der Museumspass Bono 6 Centros (s. S. 40)

Einkehr: Meister Manrique beließ es nicht bei der bloßen Umgestaltung in ein Museum: Über eine Wendeltreppe gelangt man in den Anbau mit elegantem Restaurant 2.

Schon vor dem Eingang werden die Besucher mit abstrakten Skulpturen der drei zeitgenössischen Künstler José Abad, Baltasar Lobo und Amador A. Rodríguez auf die Verbindung moderner Kunst und altem Gemäuer eingestimmt. Das Castillo de San José selbst ist gut 200 Jahre älter als die Kunstwerke davor und darin. Es entstand im 18. Jh. (1779), zur gleichen Zeit wie die Puente de Las Bolas, unter der Schirmherrschaft des Regenten Carlos III. Über eine Zugbrücke gelangt man ins Innere der dicken Mauern.

Der Museumswärter an der Pforte erzählt gern, warum das Castillo – eigentlich zu Unrecht – den Beinamen **›Fortaleza del Hambre‹ (›Hungerfestung‹)** trägt. Schon in früheren Zeiten, so berichtet er, habe die Bevölkerung Lanzarotes unter Arbeitslosigkeit und Hunger gelitten. Daher befahl König Carlos III. dem Architekten Claudio de Lisle, ein Kastell zu entwerfen, dessen Errichtung viele Insulaner lange Jahre in Lohn und Brot hielt. So funktionierte also eine Arbeitsbeschaffungsmaßnahme vor knapp 250 Jahren.

Kühn kombiniert

Nicht Hunger und Sturm, sondern die Neugier, einen weiteren Geniestreich von Manrique zu bestaunen, treibt die Besucher heute in dieses abgelegene Kastell. Die zweigeschossige Festung mit dem Grundriss eines Halbkreises und dem Deckengewölbe aus großen Quadersteinen bildet einen gelungenen Kontrast zu den Exponaten zeitgenössischer Künstler. Auch wer das Museum vornehmlich aus architektonischem oder geschichtlichem Interesse besucht, wird die kühne Kombination der alten Mauern mit den darin befindlichen Kunstwerken des späten 20. und frühen 21. Jh. staunend betrachten.

1974 nahm César Manrique die Umgestaltung des Gemäuers zum **Museo Internacional de Arte Contemporáneo (MIAC)** in Angriff. Am 8. Dezember 1976 wurde es feierlich eingeweiht. Aus diesem Anlass wurden zahlreiche internationale Künstler ausgestellt; darunter Joseph Albers, Francis Bacon, Julio Le Parc, Victor Vasarely und Henry Moore.

Die Ausstellungen

Das Innere der Festung entpuppt sich zunächst als außergewöhnlich große Halle mit einem Tonnengewölbe. Diese stellt den Hauptraum dar, der u. a. Meisterwerke von Joan Miró und Pablo Picasso zeigt. Aber auch spanische und kanarische Maler finden hier den passenden Rahmen für ihre Werke. So wuchs die permanente Sammlung in den letzten Jahren um Werke von Größen wie Eduardo Chillida, José Guerrero, Manolo Millares, Óscar Domínguez, Cristino de Vera und natürlich César Manrique selbst. Dem lanzarotenischen Bildhauer Pancho Lasso wurde gar ein ganzer Saal gewidmet. Die Sammlung vereint wichtige Stilrichtungen zeitgenössischer abstrakter Kunst: Werke des Konstruktivismus, der Op-Art, des Informalismus, Surrealismus und der Pop-Art sind vertreten. Dazu kommen regelmäßige hochkarätige Wechselausstellungen.

Manrique war bemüht, nicht zu stark in die einstige Struktur des Kastells einzugreifen. So stößt man hier und dort auf kleinere Gelasse, die ursprünglich als Pulverkammer oder Kerker dienten. Auch die Zisterne, in der das Trinkwasser für die Garnisonen gesammelt wurde, ist hier noch zu finden.

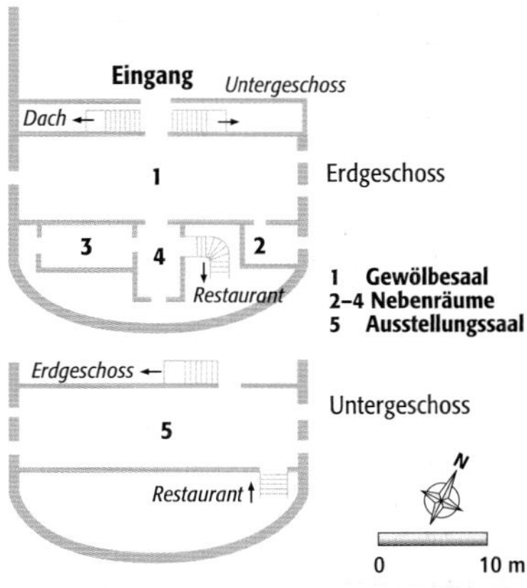

Im Untergeschoss, mit Blick auf den Hafen, ist ein nobles Restaurant untergebracht, dessen Mobiliar ein wenig in die Jahre gekommen ist, ebenso wie die Livreen der Kellner. Doch: Gerade das macht den Charme dieses ruhigen und traditionsreichen Etablissements aus (s. Lieblingsort S. 109).

Shoppingbummel durch Arrecife

Rund um die León y Castillo

Gegenüber der Puente de Las Bolas beginnt die Fußgängerzone und die Haupteinkaufsstraße **León y Castillo** 1. Hier, rund um die Plaza de la Constitución sowie in der davon abzweigenden Calle de Fajardo, haben sich einige Warenhäuser etabliert, die jene Labels anbieten, die sich auch den weltweiten Markt erobert haben. Das Sortiment ähnelt dem anderer europäischer Länder, bis auf die ein oder andere regionale Besonderheit, die man sich hier leistet. Die Preise fallen jedoch meist günstiger aus. Wer beispielsweise Koffer oder Schuhe sucht, kann hier originelle Modelle zu passablen Konditionen ergattern. Auch Musikläden haben Konjunktur, wie die vielen neuen und großen Geschäfte verraten.

Wer seine Spanischkenntnisse auffrischen will, sucht am besten die **Librería und Papelería Diama** 2 in der Nähe des früheren Sitz des Cabildo Insular auf. Diese bestsortierte Buchhandlung des Ortes (sie hält u. a. auch englisch- und deutschsprachige Literatur sowie diverse Büromaterialien bereit) ist im Untergeschoss des Gebäudes untergebracht. Allerdings wird jeder Zentimeter des schlauchförmigen Raums zur Lagerhaltung genutzt, zum Blättern oder gar Schmökern bleibt daher kein Platz. In der Cafetería gegenüber herrscht zur Frühstückszeit – zwischen 10 und 13 Uhr – meist drangvolle Enge.

Links und rechts der **Calle León y Castillo** zweigen viele kleine Gassen ab, die ein solch verwirrendes Netz bilden, dass man sich leicht darin verläuft und aufatmet, sobald man wieder eine der großen Avenidas erreicht. Ein Glück, dass Arrecife so klein ist! Wir gehen zunächst die Calle León y Castillo noch ein Stück weiter und treffen bald auf eines der größten Warenhäuser der Insel: das **Centro Comercial Atlántida** 4. Auffallender als die nicht gerade üppige Auswahl an Einrichtungsgegenständen, Spielzeug und Genussmitteln ist das Gebäude selbst, das sich allein durch seine enormen Ausmaße von den übrigen Bauwerken in der Stadt abhebt. Die Rückseite des Centro Comercial wirkt von Weitem wie die pompöse Front einer Konzerthalle. In diesem rückwärtigen Trakt des Gebäudes ist ein **Kino** mit vier Vorführsälen untergebracht, das leider von der Schließung bedroht ist.

Neue Szene in der Calle José Antonio

Auf halber Höhe der Calle León y Castillo mündet diese in eine Minikreuzung, von der halblinks die schmale **Calle José Antonio** 5 abzweigt. Sie hat sich zu neuen Shoppingmeile entwickelt, wobei die Enge der Straße und die schmalen Trottoirs nur einen Gänsemarsch zulassen: immer schön hintereinander bleiben.

Die Zahl der neuen Geschäfte, die sich hier in den letzten drei Jahren etabliert haben, ist beeindruckend. Große Räume und minimalistisches Design bestimmen die Schaufenster: unkonventionelle Mode neben arrivierten Labels; avantgardistische Designermöbel hier, schräg gegenüber ein altes Eisenwarengeschäft; sündhaft teure Ausstatter neben Läden mit Ein-Euro-Artikeln. Die Mischung ist kurios und wird es auch weiterhin bleiben. Von Armani bis Zara wird man alle noblen und gängigen Marken finden und vielleicht ist auch ein Schnäppchen darunter. Besonders dem jungen Publikum gefällt es, hier zu schauen und zu kaufen.

Neben den vielen schicken (und weniger schicken) Läden eröffnen auch neue Lokale, z. B. **El Nuevo Maccheroni** 10, s. S. 107. Wem der Sinn nach Süßem steht, trifft ein paar Meter weiter auf die kleine und feine **Pastelería Lamontaigne** 19, die sich – wie der Name schon andeutet – auf französische Leckereien spezialisiert hat.

Vorteil Freihandelszone

Auch wenn viele Produkte (z. B. Uhren und Jeans) original gleich sind wie zu Hause: Dank der Freihandelszone kann man das ein oder andere Objekt der Begierde auf den Kanarischen Inseln bisweilen bis zur Hälfte reduziert erhalten. Dabei lohnt es sich, die Preise der verschiedenen Läden zu vergleichen (z. B. auf der Calle León y Castillo). Je nach den dort vertretenen Hauptmarken gibt es erhebliche Unterschiede. Dies gilt im Übrigen erst recht für die Geschäfte in den Touristenzentren Puerto del Carmen, Playa Blanca und auch Costa Teguise.

Plaza de la Constitución

Neben den genannten Einkaufsstraßen lohnt ein Blick auf diesen zentralen Platz: Hier befinden sich ein Optiker, ein Kaufhaus, einige kleinere Modegeschäfte und zwei Schuhgeschäfte namens **Desnudos** 6 (spanisch für: Unbekleidet), das auch Taschen, Gürtel und manch anderen Chichi im Angebot hat. Die Schuh- und Taschenmodelle sind von altmodisch bis extravagant und einige davon so gar nicht mit dem uns bekannten Sortiment zu vergleichen, auch wenn zugegebenermaßen viel Ramsch darunter ist. Ebenso unvergleichlich sind die günstigen Preise.

Übernachten

Die Nummer eins in der Stadt – **Arrecife Gran Hotel** 1: Parque Islas Canarias s/n, Tel. 928 80 00 00, www.aghotelspa.com, DZ ab 140 €, Suite ab 190 €. Schlichte Eleganz bis in den 17. Stock, mit Diskothek, Restaurant, Star's-City- und Piano-Bar, Cafetería und Wellnessbereich. Unübertrefflich: die Lage und der Blick aufs Meer.

Mit Pool auf dem Dach – **Hotel Lancelot** 1: Av. de la Mancomunidad González Negrín 9, Tel. 928 80 50 99, www.hotellancelot.com, DZ 75–85 €. 110-Zimmer-Hotel, modern, Pool, bei Einheimischen beliebt.

Modern – **Hotel Miramar** 2: Av. Calle Coll 2, Tel. 928 81 04 38, www.hmiramar.com, DZ 45–85 €. An der Uferpromenade, schräg gegenüber der Puente de Bolas, 85 Zimmer, teilweise mit Meerblick, dann allerdings zur Straße hin.

Günstig – **Apartamentos Islamar** 3: Av. Dr. Rafael González, gegenüber vom Gran Hotel, Tel. 928 81 15 00, http://apartamentos-islamar.es/es/index.php, DZ ca. 45 €. Gute Lage, aber sehr einfach gehaltene, schlauchartige Räume, Schlafzimmer nur mit Vorhang vom Hauptraum getrennt, schlichte Küche, Balkon mit Meerblick.

Essen & Trinken

Hoch hinaus – **Altamar** 1: im Gran Hotel, Parque Islas Canarias s/n, Tel. 928 80 00 00, www.aghotelspa.com, tgl. ab 13 Uhr geöffnet, 3-Gänge-Menü inkl.

Mein Tipp

Direkt aus dem Meer
Fischspezialitäten zu günstigen Preisen (bis ca. 15 €) kann man auf einem Spaziergang im alten Hafen von **San Ginés** 9 genießen (z. B. bei La Miñoca, Av. César Manrique 22, oder El Lemón, Rivera del Charco 58).

Vino de la Casa und Café ab 45 €. Wie wär's z. B. mit mit Schinken gefüllten Kroketten, Goldbarschfilet an zart gedünsteten Paprika, marinierten Meeresmuscheln – natürlich frisch aus dem Meer – und zum Café solo süße Sünden in Form von Quarkcremetörtchen (s. auch Lieblingsort S. 97)?

Elegant und gut – **Restaurante Castillo de San José** 2: an der Straße zum Puerto de los Mármoles, Tel. 928 81 23 21, tgl. 13–15.45 und 19.30–23 Uhr, Bar: Sommer tgl. 11–24 Uhr, Winter tgl. 13 bis 23 Uhr, Menü ab 30 €. In der unteren Etage der Burg San José befindet sich das dazugehörige Restaurant mit Bar. Viel Vulkangestein, viel Glas, viel Holz – alles zusammen, einschließlich des Mobiliars und der Livrees, beträchtlich in die Jahre gekommen. Gerade das verleiht dem Etablissement seinen Charme. Der gute und zurückhaltende Service tröstet darüber hinweg, dass die Kochkünste nicht ganz den Erwartungen entsprechen, die das angenehme Ambiente zu wecken vermag (s. auch Lieblingsort S. 109).

Antiquiert im besten Sinn – **Restaurante und Museo del Vino** 3: Calle García de Hita 8, Tel. 928 80 63 44, Mo–Sa 10–23 Uhr, 12–15 €. Der Name täuscht, hier handelt es sich nicht um ein Museum, auch wenn die renovierten, 200 Jahre alten Gemäuer dafür durchaus geeignet wären. Im Haus gibt es sowohl einen schönen Weinladen als auch mehrere Gasträume sowie eine Bar. Ob man nur *en plan de tapas* unterwegs ist oder ein ganzes Menü ausprobieren möchte: Das Ambiente ist urig, die Speisen gut, die Preise moderat.

Entspannt sitzen – **Leito de Proa** 4: Calle Ribera del Charco 2, Tel. 928 80 20 66, tgl. 12–23 Uhr, ab 8 €. Schon der Blick auf den alten kleinen Hafen, von Sonnenschirmen geschützt, ist einladend. Ansonsten eher ein Lokal für den kleinen Hunger; preiswert und empfehlenswert ist alles, was aus dem Meer kommt – gegrillter Fisch, Muscheln oder Tintenfisch.

Beliebt bei Einheimischen – **Restaurante/Grill Casa Ginory** 5: Calle Juan de Quesada 7, Tel. 928 80 40 46, www.ginorylanzarote.com, Mo–Sa 12–24, So 12–22 Uhr, 15–18 €. Hier wird eine gut sortierte spanisch-kanarische Speisekarte geboten; Thun- und Tintenfisch in vielen Variationen und hausgemachte Eintöpfe.

Urig – **Los Troncos** 6: Calle Juan de Quesada 9, nahe des Industriehafens, 15–18 €. Innen ist das Lokal komplett mit Holzstämmen ausgekleidet.

Einfach – **Puertonaos** 7: Av. de Naos 12, Tel. 928 81 23 75, 15–18 €. Die Spezialität hier ist die gemischte Fischplatte.

Leicht außerhalb – **Los Pescaitos** 8: Av. de Naos s/n, Ecke Calle Escotilla, tgl. 12–15, 18–22 Uhr. Einfache Fischerkneipe, beliebt bei den Hafenarbeitern. Frischer Fisch und Meeresfrüchte.

Angenehmes Ambiente – **Restaurante La Puntilla** 9: Ribera del Charco 52, Tel. 928 81 60 42, Mo–Sa 12–16 und 20–23.30 Uhr, 15–20 €. Das Auge isst mit: gute Küche, liebevoll dekoriert, auch halbe Portionen möglich, mit Blick auf den Hafen San Ginés. Der selbstbewusste Küchenchef ist nebenbei leidenschaftlicher Jäger und Fischer.

Buon Appetito – **El Nuevo Maccheroni** 10: Calle José Antonio 103, Tel. 928 08 13 25, Di–So 12.30–23.30 Uhr, 15–20 €. Hier wird die italienisch-kanarische Freundschaft zelebriert, bei den Gerichten ebenso wie bei den Weinen. Das fängt mit frisch zubereiteter gefüllter Pasta an, geht über Trüffel und Carpaccio bis hin zu Tiramisu. Daneben stehen die typischen kanarischen Spezialitäten auf der Speisekarte.

Elegant – **Lilium** 11: Av. Olof Palme s/n, Marina, Tel. 928 52 49 78 oder 92 86 50 14 84 71, www.restaurantelilium.com, Mo–Sa 13–16.30, 20–23, Fr/Sa bis 23.30 Uhr, Menü 30 €. Sie haben den Sprung von der Innenstadt zum neuen Hafen gewagt: Die Küche von Orlando Ortega ergänzt die kanarische Küche mit internationalen Aromen, er kombiniert Papaya-Salat mit Langusten, Süßkartoffeln mit Ziegenkäse und Räucherlachs an Erdbeervinaigrette oder Bananen-Kroketten mit einem Hauch cremiger Streichwurst. Bleibt zu hoffen, dass der Charme des früheren Lokals sich in der neuen Marina nicht verliert.

Bars & Cafés

Süße Sünden – **Cafetería/Pastelería La Lolita** 12: Av. Fred Olsen s/n, tgl. 9–19 oder 20 Uhr. Eine der sechs Lolita-Konditoreien auf der Insel. Leckeres Brot, Croissants, Kuchen und italienischer Cappuccino (s. auch Tipp S. 94).

Hausgemacht – **Heladería y Crepería Fresco d'Italia** 13: Av. Fred Olsen s/n. Nicht günstig, aber gut.

Deftig und süß – **Pastelería Jonay** 14: Calle La Marina, tgl. ca. 9 bis 20 Uhr. Frisch gepresste Säfte und frisch belegte Bocadillos warten auf die Gäste.

Bistro-Atmosphäre – **Cafetería/Bar La Unión** 15 und **Cafetería La Plazuela** 16: Plaza de la Constitución 16, tgl. ca. 9–22 Uhr, ab ca. 3 €. Die beiden Cafés an dieser Plaza bieten Snacks, Tapas, Kuchen und sind vor allem bei Einheimischen beliebt.

Quirlig – **Cervecería Gambrinus** 17: Av. Fred Olsen 5, So–Fr 12–24, Sa 12–2 Uhr, Imbiss ab ca. 8 €. Große Cafetería gegenüber dem Stadtstrand, die Karte mischt englisches Frühstück mit kanarischen Tapas und internationalen Biersorten. Immer gut besucht, auch abends.

Ruhig – **Bar Picasso** 18: Calle José Betancort 33. Die Bar hat unregelmäßige Öffnungszeiten, erfahren kann man sie im benachbarten Kulturzentrum.

Französisch angehaucht – **Pastelería Lamontaigne** 19: Av. José Antonio Primo de Rivera s/n, Mo–Sa 11–14, 16–20 Uhr. Konditorei mit leckeren Croissants und Sandwiches.

Einkaufen

Es gibt nur wenige ›richtige‹ Einkaufsstraßen in Arrecife: Dazu gehören ein Teil der Hafenpromenade La Marina, die Calle León y Castillo sowie die Calle José Antonio Primo de Rivera. Umso verblüffender ist die große Auswahl und Unterschiedlichkeit der Geschäfte.

Vielfältig – **Calle León y Castillo** 1: In der kleinen Fußgängerzone und den dahinter liegenden engen Straßen ist vom Kiosk über schicke Designerläden bis zum mehrstöckigen Kaufhaus alles zu finden. Gut und preiswert erhält man Jeans, Parfüms, Schuhe, Bademode, Sonnenbrillen und technische Geräte.

Lesestoff – **Librería und Papelería Diama** 2: Calle León y Castillo 12, Tel. 928 80 03 16, www.libreriadiama.com, Mo–Sa 8.30–20, über Mittag (13–15 Uhr) geschlossen. Zeitungen, Bücher und Schreibwaren füllen diese kleine Buchhandlung im Untergeschoss bis auf den letzten Zentimeter aus.

Lieblingsort

Zum Essen ins Museum

Als Manrique das **Castillo de San José** 14 zum Museum für zeitgenössische Kunst umgestaltete, ließ er einen von oben nicht einsehbaren Anbau für ein **Restaurant** 2 mit gehobener Gastronomie einrichten. Durch die mannshohen Panoramafenster überblickt man den Transporthafen Puerto Naos, an dem immer häufiger transatlantische Kreuzfahrtschiffe anlegen. Mobiliar und Livreen der Kellner stammen wohl auch aus der Zeit – 1976 –, als das Restaurant eingeweiht wurde. Damals vermutlich der letzte Schrei, sind sie heute ziemlich aus der Zeit gefallen. Dennoch hat das Ambiente nichts von seinem Reiz verloren. Wer keinen Hunger hat, kann sich für einen Drink an der Bar niederlassen und – vor allem am späten Nachmittag – beobachten, wie das wunderbar einfallende Sonnenlicht die Räume durchflutet (s. S. 106).

Mode in nostalgischem Ambiente: Shopping in Arrecife

Markt – **La Recova** 3: Mo–Sa 9–14 Uhr. Der kleine, in einem Innenhof gelegene Markt ist von der Kirche San Ginés über die Calle La Miranda oder von der Uferpromenade über ein Portal des alten Rathauses (Eingang Av. Vargas) zu erreichen (S. 100).

Groß – **Centro Comercial Atlántida** 4: León y Castillo 42, Mo–Sa 8.30–21 Uhr. Eines der ersten Warenhäuser in der Stadt, mit großem Supermarkt und reichlich Auswahl an Nippes, Haushaltswaren und Spielzeug.

Quirlig – **Av. José Antonio Primo de Rivera** 5: Junge Designerläden neben alteingesessenen Läden für Abendroben oder Eisenwarenhandlungen – die Mischung verleiht dieser Shoppingstraße das besondere Etwas.

Schuhe und mehr – **Desnudos** 6: Calle Quiroga 13, tgl. 10–20 Uhr. Gleich zwei Filialen dieses Geschäftes befinden sich an der Plaza de la Constitución, s. auch S. 105.

Für Spezialisten – **Centro Insular de Cultura El Almacén** 3: Calle José Betancort 33, Tel. 928 81 52 98 und 928 81 01 21, im Sommer 8–14 Uhr, im Winter 8–15 Uhr. Eine gute Adresse für spanischsprachige Bücher und Musik über die Kanarischen Inseln.

Aktiv

Am Meer entlang – **Joggen** 1: 12 km zieht sich die Strandpromenade von der Playa del Reducto in Arrecife bis nach Puerto del Carmen. Wer die Gelenke schonen will, kann weite Strecken direkt am Meeresufer entlanglaufen.

Erfrischend – **Schwimmen an der Playa del Reducto** 2: Der Stadtstrand von Arrecife wartet mit hellem Sand und flachem Einstieg auf und ist selten überlaufen.

Abends & Nachts

Wer das Nachtleben in Arrecife kennenlernen will, sollte dies am Wochenende tun und entweder erst spät losziehen oder die Zeit zwischen 20 und 24 Uhr mit einem guten Abendessen überbrücken. Denn in diesen drei bis vier Stunden wird man kaum jemanden auf der Straße und auch nur selten in den Bars antreffen. Lediglich die diversen Musikgruppen, deren rockige, jazzige oder auch karnevalistische Klänge aus Bretterbuden, Kellerräumen oder geöffneten Fenstern dringen, lassen vermuten, dass Arrecife nicht ausgestorben ist und die Bewohner ihre Aktivitäten in die häusliche Umgebung verlagert haben.

Doch ab 24 Uhr promenieren die Nachtschwärmer durch die **Calle San José Antonio** und aus den vielen kleinen Bars (wie z. B. das **La Calle** 6) dröhnt laute Musik: Pop, Rock, Jazz, aber auch Hip-Hop, Rap, House, Trance, Techno oder kanarische Folklore; alle Stile werden wild gemischt und kommen offenbar gleichermaßen gut an. Ist die Stimmung gut, und das ist sie oft, singen die Gäste inbrünstig mit und verstärken klatschend den Rhythmus. Andere erzählen sich wild gestikulierend den neuesten Tratsch oder einen alten Witz über die Bewohner von La Gomera (die auf Lanzarote einen ähnlichen Ruf haben wie in Deutschland eine Zeit lang die Ostfriesen).

Für jeden Geschmack – **Calle San José Antonio:** Hier findet man zahlreiche kleine Bars und Cafeterías eng beieinander, z. B. **Croisantería** 2, **Versión Original** 3, **La Antigua** 4, **Puerto de Arrecife** 5 oder **La Calle** 6. Die genannten Bars etc. sind vergleichbar mit deutschen Kneipen, einige von ihnen sind mit Billard und Flipper ausgestattet, getanzt werden kann überall.

Mein Tipp

El Doblón 1

Wenn die anderen Bars und Lokale schließen, fängt es hier meist erst richtig an! Daher sollte man im El Doblón (einer Disco-Bar im Erdgeschoss des Gran Hotel, s. S. 91) nicht zu früh eintreffen. Gerne begießt man an diesem Ort das Ende einer langen Nacht mit einem ›Absacker‹. Und natürlich gibt es für diese Form, die Nacht zum Tag zu machen, auch ein passendes Sprichwort im Spanischen: ›Vom vielen Frühaufstehen wird es auch nicht schneller hell‹. Gute Cocktails! Sonntags ist alles anders: Da kann man schon ab ca. 16 Uhr abtanzen oder die anderen dabei beobachten (Tel. 607 57 92 06, www.doblonlanzarote.com).

Man lauscht vor der Tür, welche Musik gespielt wird, und wählt dementsprechend das Etablissement.

Kino – Das Kulturzentrum **El Almacén** beherbergt das Programmkino **Cine Buñuel** 7. Es werden allerdings nur spanischsprachige Filme gezeigt. Ticket ca. 7 €.

Mit Ausblick – **Star's City, Piano Bar, Gran Snack Bar:** Im Hotel Gran Arrecife 1 können Sie hoch über der Stadt einen Drink nehmen oder der Livemusik lauschen.

Infos & Termine

Infos/Touristeninformation

Siehe Infokasten S. 90

Busverbindungen

Haltestelle: an der Av. Fred Olsen

Richtung Puerto del Carmen: Mo–Fr 6.20–23.15 Uhr ca. halbstdl., Sa, So und an Feiertagen ca. stdl., letzte Fahrt 23.15 Uhr

Richtung Costa Teguise: Mo–Fr 6.40 bis 23.40 Uhr ca. halbstdl., Sa, So, Fei 6.40 bis 23.40 Uhr ca. stdl.

Richtung Playa Blanca: Mo–Fr 6, 8, 11.30, 14, 17.30 und 20.15, Sa 7, 11, 13.30 und 18.30, So, Fei 8, 13.30 und 18.30 Uhr

Zum Flughafen: Mo–Fr 8.10–19.10 Uhr ca. halbstdl., Sa, So, Fei 8.10–17.40 Uhr ca. halbstdl.

Post

Calle La Marina, an der Uferpromenade, Mo–Fr 9–20, Sa 9–14 Uhr. Hier (bei Correo) kann man Briefmarken erstehen und Geld abheben. Hier gibt es auch eine Filiale der Deutschen Bank.

Banken

In Arrecife gibt es viele Banken mit Geldautomaten. Hier kann man mit EC-Karte und Geheimnummer Bargeld abheben (Gebühr max. 6 €, daher am besten die höchstmögliche Summe abheben).

Termine

Karneval: Weil die Anhänger finden, dass Carnaval das schönste und aufregendste aller Feste ist, kann sich die Faschingszeit durchaus auch mal vier Wochen hinziehen. Das größte Spektakel und das vielfältigste Programm bietet sich auf jeden Fall in Arrecife: Die drei ersten regulären Tage gehören den Murgas, den schrillen Straßenmusikanten-Gruppen, die nächsten sind ausgefüllt mit diversen Wettbewerben: Tennis-Open-Veranstaltungen, Segeltörns und Radrennen gehören ebenso dazu wie die viel beachtete Wahl der Karnevalskönigin und die Preisverleihung für die schönste und/oder originellste Verkleidung. Den Höhepunkt des Karnevals bildet jedoch zweifelsohne der hiesige ›Rosenmontagszug‹, hier Gran Desfile de Carrozas genannt (s. auch Essay S. 83).

Patronatsfest San Ginés: 14.–25. Aug. Das Bürgermeisteramt organisiert das ausgefeilte Programm, in dem es vom Angelwettbewerb zu Segelregatten, von Rockkonzerten zu klassischer Musik, von Radtouren zu Boulespielen, von Kinderfesten und Folkloredarbietungen bis zum abschließenden Feuerwerk an nichts fehlt.

Playa Honda ▸ E 8

Der Küstenort Playa Honda liegt nur 5 km von Arrecife und vom Flughafen entfernt. In den letzten zehn Jahren ist der Ort aufgrund touristischer Nachfrage von 7500 auf 10 000 Einwohner gewachsen. Im Unterschied zu den anderen Touristenorten hat Playa Honda jedoch vor allem Zuzügler aus Galicien und Andalusien,

Deutschland und England sowie einige wenige aus Chile, Kolumbien und Ecuador zu verzeichnen. Und die Urlauber, die Playa Honda als Feriendomizil wählen, stammen meist vom spanischen Festland. So konnte sich dieser Vorort von Arrecife seine Ursprünglichkeit bewahren.

Strandleben

Die Strandpromenade und der fast 12 km lange Strand, der sich von Arrecife über Playa Honda bis nach Puerto del Carmen erstreckt, bestimmen den Tagesablauf der Gäste und Einheimischen. Frühmorgens sind die ersten Jogger und Nordic Walker unterwegs, wobei dies hier eher als ›Lot-of-Talking‹ interpretiert wird.

»Der frühe Vogel fängt den Wurm«, denkt sich offenbar auch mancher Angler, wirft bereits in den Morgenstunden seine erste Schnur und breitet sein Equipment am Strand aus. Ab 10 Uhr belebt sich dann nach und nach der dennoch nie überlaufene Strand, finden sich Familien, Schulklassen und Senioren ein. Ab 11 Uhr treffen sich die Gäste in Cafeterías und Bars. Man zählt nur eine Handvoll davon entlang der Promenade. Und das ist völlig ausreichend. Geschäfte und Souvenirshops sucht man hier glücklicherweise vergebens. Es gehört zu den großen Vorteilen von Playa Honda, dass sich die Urlauber (bislang) an den Lebensgewohnheiten der Einheimischen orientieren und nicht umgekehrt.

Über die Mittagszeit hört man in Restaurants und Häusern geschäftiges Geschirrklappern und Kinderplappern. Danach zwingt die Sonne zur Siesta, im Liegestuhl vor dem Haus oder am stets leicht bis stark windigen Strand. Gegen 16 Uhr wird man nochmals aktiv: schwimmen, tauchen, schnorcheln, joggen, promenieren, den Hund ausführen, Carajillo (Café mit Cognac) trinken, Zeitung lesen, im Internet surfen, mit den Nachbarn plaudern, den Enkelkindern das Fahrradfahren beibringen, Boule spielen ... Es ist ein herrlich unaufgeregtes Dasein in Playa Honda.

Flughafen und Landebahn

Obwohl nur 5 km vom Flughafen entfernt, wo in Hochzeiten alle 20 Minuten Flieger starten oder landen, nimmt man den dadurch verursachten Lärm in Playa Honda kaum wahr. Weder Touristen noch Einheimische lassen sich dadurch in ihrem Rhythmus stören.

Für viele Urlauber scheint es eher faszinierend, wie nahe man hier den landenden Fliegern kommen kann. Am Ende der Strandpromenade nur ein paar Meter von der Landebahn entfernt (aber außerhalb des Fluggeländes) finden sich täglich Zuschauer ein, um das Spektakel aus nächster Nähe zu betrachten. Kaum 40 m über ihren Köpfen sinkt der Flieger tiefer und tiefer, um nur wenige Sekunden später auf der Landebahn aufzusetzen. In ganz Europa dürfte es keinen Ort geben, der solch eine Nähe und Perspektive erlaubt.

Museo Aeronáutico

Auf dem Flughafengelände, Öffnungszeiten Di–So 10–14 Uhr, Eintritt frei

Neugierig geworden vom Zuschauen? Wer noch mehr Luftfahrt schnuppern möchte, ist in diesem Museum richtig. Allerdings sind viele Exponate leider nur mit spanischen Erklärungen versehen.

Lieblingsort

Strandpromenade Playa Honda ▸ E 8
Zwölf Kilometer am Strand entlang. Die Promenade zwischen dem Gran Hotel von Arrecife über Playa Honda und den Flughafen bis nach Puerto del Carmen bietet zu jeder Tageszeit den passenden Laufsteg: für Jogger und Rollerblader, radelnde Kinder und Boule (span.: *bola*) spielende Señores, für stolze Jungeltern und nicht weniger stolze Hundebesitzer, tuschelnde Teenager und stilvolle Señoras. Man kommt, um zu sehen und gesehen zu werden. Das richtige Programm für einen entspannten Tag am Meer.

Übernachten

Es gibt nicht viele Apartmentanlagen in Playa Honda. Alternativ bieten sich private Unterkünfte an. Entlang der Promenade weisen Telefonnummern auf diese wechselnden Übernachtungsmöglichkeiten hin. Mit Englisch kommen Sie meist durch, mit Spanisch geht es allerdings wesentlich leichter. Fragen Sie in den Cafeterías oder Restaurants nach Unterkünften *(alojamiento, apartamentos),* man kann dort meist weiterhelfen.

Ruhig und zentral – verschiedene **Apartamentos:** direkt an der Uferpromenade, Calle Patrón 2, www.golanzarote.de/playasconcha, ab 35 €/2 Pers. Hell und freundlich ausgestattet, in schön gestalteter, privater Anlage mit 1 oder 2 Schlafzimmern, Wohnraum, Essecke, SAT-TV (deutsche Kanäle), Küche mit (Ceran-)Elektroherd, Kühlschrank, Kaffeemaschine, Bad mit Dusche/WC und Waschmaschine; Terrasse mit seitlichem Meerblick, gepflegter Pool; der Vermittler spricht Deutsch und bucht auf Wunsch auch gerne einen günstigen Mietwagen dazu.

Essen & Trinken

Auch zum Mitnehmen – **Bar Restaurante Mesana:** Calle Mesana 15, Tel. 928 82 36 64, Speisen tgl. 12–15, 17–22 Uhr, für Getränke und Tapas durchge-

›Gegenwartskunst‹ am Stadtstrand

hend geöffnet, 15–20 €. Auf der Wochenkarte steht von Linsen und Lamm über Kichererbseneintopf bis zu mariniertem Zicklein eine breite Palette. Aber natürlich kann man auch à la carte speisen. Üppige Vorspeisen!

Relaxed – **Restaurante Emmax:** Av. Playa Honda 21, direkt am Strand, Mi–Mo 10–23, Mittagessen ab 13 Uhr, Tellergerichte ab ca. 10 €. International die Belegschaft, international das Publikum. Emmax, das erkennt man auf den ersten Blick, ist kein Eigengewächs des Ortes. Man versteht sich als Lounge, spielt Chill-out-Musik, der Service ist freundlich, das Interieur schlicht und elegant. Hier lässt es sich gut sein, auch ›nur‹ auf einen Drink. Das Emmax bietet WLAN-Anschluss für Gäste, die ihren Laptop dabeihaben.

Gut und etabliert – **Bar/Restaurante La Marea de Barlovento:** Av. Playa Honda 54, mit Außenterrasse, direkt am Strand, Menü mit Wein, Wasser und Café ca. 20–25 €. Beliebt bei Einheimischen. Täglich wechselnde Gerichte, bisweilen ohne Speisekarte, dann ›muss‹ man sich auf die Empfehlung des Kellners verlassen. Fisch- und Fleischspezialitäten.

Ausgezeichnet – **Aguaviva:** Calle Mastil 31, Tel. 928 82 15 95, tgl. 13–16, 20–23 Uhr, So abends und Mo geschl., Menü ca. 40 €. Den Testern des Michelin hat das Lokal gut gefallen, das Ambiente ist angenehm, der Service freundlich, die Menüs sind außergewöhnlich. Das hat seinen – angemessenen – Preis!

Einkaufen

Das Größte – **Shoppingcenter Deiland:** Calle Chimidas 20, www.deilandplaza.com. Präsentiert sich mit 28 000 m^2 als größtes Einkaufscenter der Insel und ist sehr populär auf der Insel. Das Konzept von Deiland: verschiedene **Kinos,** ein riesiger **Supermarkt** neben vielen kleinen **Boutiquen, Schuhgeschäften** und **Sportswear-Läden** mit internationalen Marken. Vor allem Schuhe, Mode, Koffer und Sportkleidung sind hier meist zu günstigen Preisen zu haben. Wer will, kann mühelos einen halben Tag mit Schauen und Anprobieren verbringen.

Cafeterías und Hamburgueserías im Center selbst sowie zwei große Bars auf der großen Plaza sorgen für das leibliche Wohl zwischendurch; mehrere Bankautomaten gibt es auch. Im ersten Stock befindet sich eine für hiesige Verhältnisse gut sortierte Buchhandlung mit internationaler Presse.

Das Beste auf einen Blick

Der Osten und der Nordosten

Highlight!

Jameos del Agua: Das »achte Weltwunder« nannte Rita Hayworth dieses wunderbar erschlossene Höhlensystem. Darin integriert finden sich ein Restaurant, eine Bar, ein Pool, ein Auditorium und vieles mehr. Wer am späten Nachmittag kommt, entgeht dem großen Besucherstrom. S. 137

Auf Entdeckungstour

Lausige Zeiten – die Koschenillelaus: Bis vor einigen Jahrzehnten erntete man hier noch Läuse, um daraus einen roten Farbstoff, die Koschenille, zu gewinnen, der im Campari oder bei Lippenstiften zum Einsatz kam. Erlebt die Koschenille eine Renaissance? Die Entdeckungstour stellt die traditionelle Färberflechte vor. S. 132

Kultur & Sehenswertes

Jardín de Cactus: Ein Muss für Kakteenliebhaber. ›Schwiegermuttersitz‹ heißt eine der über 1000 hier versammelten Arten – in Form eines Puffs und mit Stacheln übersät. Ein Schelm, wer Böses dabei denkt. S. 129

Cueva de los Verdes: Das begehbare Höhlensystem liegt komplett unter der Erde. Die Dimensionen sind beeindruckend, die Temperatur angenehm und unten angekommen, wartet eine Überraschung auf die Besucher. S. 142

Mit dem Rad unterwegs

Radtour zum Kakteengarten: Diese schöne und nicht zu anstrengende Radtour durch Opuntienfelder und mit dem Ziel Jardín de Cactus lässt sich je nach Fitness auf das Doppelte verlängern. S. 128

Genießen & Atmosphäre

Am Strand von Arrieta: Ein breiter und einladender Holzsteg führt einige Meter ins Meer. Dort kann man häufig Angler antreffen, den Surfern am Strand bei ihren Künsten zuschauen oder einfach nur liegen und in die Sonne blinzeln. S. 131

Parque de las Pardelas: Vom Touristenrummel merkt man auf der einfachen Finca nichts – ein paar Gemüsegärten, Haustiere und einige wenige Gerichte auf der Speisekarte. Die Bewohner der Finca bei Órzola sind sehr gastfreundlich und auskunftsfreudig. S. 145

Abends & Nachts

Abendessen in einer Vulkanhöhle: Ein abendlicher Restaurantbesuch in den Jameos del Agua hat noch immer seinen Reiz, auch wenn die Kochkünste nicht immer auf der Höhe sind. Alternativ bietet sich ein Konzertbesuch an: Der Timplista Toñin Corujo spielt hier häufig mit seiner Band. S. 141

Sonne, Strand und Meer

Nicht weit von der Inselhauptstadt Arrecife entfernt liegt mit Costa Teguise eines der drei großen Urlaubszentren der Ferieninsel Lanzarote. Im Vergleich zu den anderen beiden touristischen Ballungsgebieten geht es hier aber vergleichsweise ruhig und etwas beschaulicher zu, ebenso wie in den vielen kleinen Dörfern im Inselosten. Kakteenliebhaber sollten unbedingt dem von Manrique gestalteten Jardín de Cactus einen Besuch abstatten, der knapp 10 000 Exemplare der stacheligen Gesellen versammelt.

Die größten Sehenswürdigkeiten befinden sich ein Stück weiter nördlich. Die Jameos del Agua und die Cueva de los Verdes gehören zu den längsten unterirdischen Vulkantunnels der Welt. In den kleinen Fischerdörfern entlang der Küste wie Arrieta oder Órzola schmeckt der fangfrische Fisch auf sonnigen Terrassen bei einem Glas Inselwein und mit Blick aufs Meer einfach wunderbar.

Infobox

Touristeninformation
Tourismusbüro in Costa Teguise, Av. Islas Canarias s/n (neben dem Pueblo Marinero), tgl. 10–17 Uhr

Im Internet
www.teguise.com
www.centrosturisticos.com

Anreise und Weiterkommen
Beachten Sie dazu bitte die Infos zu Mietwagen und Taxifahrten in der Rubrik »Anreise und Verkehrsmittel« (Reiseinfos, S. 22, 23, 24).

Costa Teguise ▸ F/G 7/8

Costa Teguise, einst Vorzeigeobjekt für Städteplaner, ist ein wenig in die Jahre geraten. Zwar findet man auch hier alles, was Urlauber brauchen, doch manche der Apartment- und Freizeitanlagen könnten eine Auffrischung gut vertragen. Dafür lassen es die Gäste hier ruhiger angehen. Nach ein bis zwei Tagen hat jeder seinen Platz an der Sonne gefunden, sei es am hauseigenen Pool, an der hellsandigen, windigen **Playa de las Cucharas** oder an der schwarzen, palmenbestandenen **Playa Bastián.** Letztere ist von Terrassenanlagen umgeben, die an kühlen Tagen vor der Meeresbrise schützen. Nach dem Sonnenbad heißt es, in einem der Supermercados einzukaufen oder in einem der zahllosen Souvenirläden das passende Mitbringsel zu finden. Das Sortiment ähnelt sich wie ein Ei dem anderen: Badeanzüge und Handtücher, jede Menge Nippes und natürlich die inseltypische Fankleidung vom Strohhut über das obligatorische ›I like Lanzarote‹-Shirt bis zu bunten Badelatschen.

Aus der Retorte – die Entstehungsgeschichte

Anfang der 1970er-Jahre erwarb der spanische Konzern Río Tinto, ein staatlich geführtes Unternehmen, die kaum besiedelte und karge Inselecke in einem ehemaligen Lavagebiet mit dem Ziel, sie touristisch zu erschließen. Der Bau des 5-Sterne-Hotels Las Salinas Sol (heute **Gran Meliá Salinas** **1**, s. S. 124) 1977 bildete den Anfangspunkt zur Urbanisierung der

Strandleben an der Playa de las Cucharas in Costa Teguise

Costa Teguise. Die Pläne für die Gartenanlagen und den Swimmingpool des Hotels stammen aus der Feder César Manriques; Fernando Higueras fungierte als leitender Architekt. Auch die restliche Urbanización entstand – unter Mitarbeit Manriques – am Reißbrett.

Natürlich beschränkten sich die Vorstellungen Manriques nicht darauf, die Außenanlagen des Hotels zu entwerfen, er wollte das gesamte Areal der Costa Teguise nach bewährter Manrique-Manier gestalten: Die Bauwerke sollten, soweit möglich, den natürlichen Gegebenheiten dieser vulkanisch geprägten Region angepasst werden und den Charakter der inseltypischen Architektur widerspiegeln.

Doch dann folgte der Einbruch: Der Touristenboom hielt nicht in dem Maße an, wie man es sich erhofft hatte. Zahlreiche Rohbauten und fertiggestellte, aber offenbar nicht bewohnte Apartments oder Hotels im ›Hinterland‹ von Costa Teguise zeugen heute von dieser Fehlkalkulation. 1988 verkaufte man das Gelände schließlich an eine ausländische Firma. César Manrique wurde entmachtet und seine Pläne nur teilweise umgesetzt (von ihm stammt das **Pueblo Marinero** 1, s. S. 122).

Das Gros der Unterkünfte aus den 1970er- und 1980er-Jahren passte sich dennoch der traditionellen Inselarchitektur an, ist verwinkelt und überschaubar. Es bleibt zu hoffen, dass die hier und dort mittlerweile fällige Renovierung nicht zu lange auf sich warten lässt, um den Ferienort wieder aufzuwerten. Denn generell hat man in Costa Teguise versucht, selbst die größeren Anlagen nicht zu dominant erscheinen zu lassen. Mit Ausnahme der in den 1990er-Jahren von der Hotelkette Beatriz errichteten Betonburg gleichen Namens. Dieser verschachtelte überdimensionierte Kas-

Costa Teguise

Sehenswert
1 Pueblo Marinero
2 Residencia Real La Mareta

Übernachten
1 Gran Meliá Salinas
2 Residencia Golf y Mar
3 Apartamentos Guarapo

Essen & Trinken
1 Neptuno
2 Mesón La Jordana
3 Villa Toledo
4 El Navarro
5 Beach Bar
6 Bar & Pastelería Bruno

Einkaufen
1 Trödelmarkt

Aktiv
1 Lanzarote Aquarium
2 Aquatis Diving Center
3 Diving Lanzarote
4 Calipso Diving
5 Tommy's Moutain Bikes
6 Bike Station
7 U.C.P.A., Centro Sport Away, Lanzarote Surf Company
8 Ocean Park
9 Club de Golf Costa Teguise

Abends & Nachts
1 Orient Express
2 Los Coyotes

tenbau hat sich am weitesten von der Inselarchitektur entfernt und wirkt dementsprechend fremd an diesem Standort. »Typisch, die hässlichsten Bauten stammen von Festlandspaniern«, so hört man Lanzaroteños ihrem Ärger Luft machen. Das Interieur im Hotel Beatriz genügt zwar gehobenen Ansprüchen, viel Fantasie war bei der Gestaltung jedoch nicht im Spiel.

Nach einigen Jahren der Ruhe kamen seit Beginn der Nullerjahre etliche neue und ebenfalls nur vereinzelt bewohnte Anlagen hinzu. Inzwischen wird zwar versucht, mit einer Reihe von Maßnahmen diesen Missstand zu beseitigen. Doch der Erfolg ist bisher nicht durchschlagend.

Sehenswert

Pueblo Marinero 1

Avenida de las Islas Canarias
César Manrique stand Pate, als es 1983 darum ging, in Costa Teguise ein ›Fischerdorf‹ en miniature zu entwerfen. Er verfolgte auch hier sein Ideal, einen öffentlichen Platz gemäß der traditionellen Inselarchitektur zu gestalten. Die nicht höher als zwei Etagen gebauten, weißen Häuschen umstehen einen zentralen Platz, außerdem gibt es mehrere kleine Innenhöfe. Das Pueblo Marinero ist – wenn auch in die Jahre gekommen – nach wie vor ein beliebter Treffpunkt in Costa Teguise. Vor allem freitags, beim *Mercadillo* (Kunsthandwerksmarkt), kommt man, um Souvenirs zu erstehen oder bei einem guten Cocktail den anderen beim Handeln zuzuschauen.

Luxus ohne Etikette – ein Blick in einige Hotels

Zu Beginn der Bebauung entstanden in Costa Teguise die ersten Luxusunterkünfte der Insel, deren Gestaltung im Vergleich zu den topmodernen Hotel- und Apartmentbauten in Playa Blanca heute schon wieder unmodern erscheinen. Dennoch lohnt ein Rund-

gang durch das ein oder andere dieser Hotels. Zum einen weil es in der Feriensiedlung Costa Teguise an anderen architektonischen Sehenswürdigkeiten mangelt, zum anderen weil viele dieser Anlagen durchaus sehenswert sind und beweisen, dass groß angelegte Unterkünfte für ein Massenpublikum nicht als gesichtslose Betonbauten enden müssen.

Zu den ersten Adressen am Ort gehört das Hotel **Gran Meliá Salinas** 1 (s. auch unter ›Übernachten‹). Schon der Eingangsbereich ist großzügig gestaltet und mit inseltypischer Vegetation aufgelockert. Nach Durchschreiten des eleganten Portals gelangt man vorbei an der Rezeption in den von Manrique gestalteten offenen Innenhof (Patio), der über und über mit Pflanzen bewachsen ist. Springbrunnen, kleine Teiche, Brücken und Pfade inmitten exotischer Flora verwandeln die Halle in ein tropisches Kleinod. Um den Patio herum gruppieren sich noble Bars, Restaurants, großzügige Terrassen- und Poolanlagen. Auch die Anlagen im Gran Teguise Playa sowie im Occidental Oasis lohnen einen Blick und einen Drink an der Bar.

Residencia Real La Mareta 2

Wer Costa Teguise Richtung Arrecife verlässt, stößt nach wenigen Kilometern auf den an der Küste gelegenen Ferienpalast der spanischen Königsfamilie, die Residencia Real La Mareta. Als das Anwesen noch König Hussein von Jordanien gehörte, beauftragte dieser César Manrique mit der Umgestaltung. Später schenkte Hussein die Residenz König Juan Carlos.

Übernachten

Die meisten Apartments sind ruhig gelegen, bis auf jene auf den ersten 300 m in der Avenida de las Islas Canarias, schräg gegenüber vom Pueblo Marinero, denn dort haben einige Diskotheken regen Zulauf. Sämtliche Anlagen sind mit Pool ausgestattet.

Die schöne Eingangshalle des Gran Meliá Salinas ist einen Blick wert

Hinweis: In den meisten Hotels sollte man bitte nicht in allzu leichter Kleidung zum Essen erscheinen (es wird u. a. darum gebeten, abends nicht in Strandrobe einzutreten).

Luxuriös – **Gran Meliá Salinas** **1**: Av. Islas Canarias s/n, Tel. 928 59 00 40, www.melia.com, DZ/ÜF ab 300 €. 1977 von Fernando Higueras und César Manrique gestaltet, 1998 renoviert, eine Ikone der Hotellerie, eines der ersten Häuser, das durch außergewöhnliche Gestaltung im Inneren überrascht: Überbordende Pflanzen und Blumen, kleine Teiche und Holzbrücken, Kunstwerke kanarischer Künstler wie Pepe Dámaso, Molezún und Paco Curbelo verleihen dem Haus den Hauch einer Galerie. Das Hotel bietet ein ausgedehntes Sport- und Animationsprogramm.

Familiär – **Residencia Golf y Mar** **2**: Calle las Piteras 6, Tel. 928 82 02 25, www.golanzarote.de/golfymar, 55–85 €. Attraktive, kleine Anlage in Costa Teguise. Acht komfortabel und stilvoll eingerichtete Apartments mit ein bis drei Schlafzimmern, alle mit freiem Meerblick von der Terrasse. Heller Wohnraum mit SAT-TV (alle deutschen Kanäle). Komplett ausgestattete Küche, Dusche/WC. Individuelle Unterkünfte und Angebote für Langzeitaufenthalte über info@golanzarote.de. Der Vermittler spricht Deutsch und kann in vielen Orten Lanzarotes das passende Angebot machen.

Günstig – **Apartamentos Guarapo** **3**: Tel. 928 82 02 25, www.golanzarote.de, Unterpunkt El Guarapo, ab 35 €. Klein und überschaubar, für Familien gut geeignet, 5 Min. zum Strand, allerdings kein Meerblick.

Essen & Trinken

In Costa Teguise kann man chinesisch, italienisch, mexikanisch oder englisch essen gehen und viele andere internationale Speiserichtungen testen. Hochgenüsse sind dabei leider die Ausnahme. Selten wird man hier hingegen ein Lokal mit kanarischen Gerichten finden. Im und rund um das Pueblo Marinero sowie in der Umgebung des Hotels Gran Meliá Salinas finden sich zahlreiche Restaurants und Kneipen.

Für Feinschmecker – **Neptuno** 1: Av. del Jablillo s/n, neben der gleichnamigen Apartmentanlage, Tel. 928 59 09 00, tgl. 18–22 Uhr, ab 12 €. Kleines, verstecktes Ecklokal, große Fleisch- und Fischkreationen, vom Michelin empfohlen.

Typisch kanarisch – **Restaurante El Pueblo:** im Pueblo Marinero 1, ab 19 Uhr, bis 25 €. Die heimische Küche und kanarische Spezialitäten stehen bevorzugt auf der Speisekarte. Allein das hebt das Restaurant von vielen anderen ab.

Authentisch – **Las Brasas:** im Pueblo Marinero 1, Tel. 928 59 07 61, Menü ca. 25 €, Reservierung empfehlenswert. Winziges Restaurant mit nur 8 Tischen. Die Speisen werden frisch – vor den Augen der Gäste auf einem Grill – zubereitet, der Besitzer spricht Deutsch. Ein kleines Schild im Fenster verdeutlicht die Philosophie des Hauses: »We don't have children menues, we don't have hamburguesas, we don't have chicken and french fries.«

Deftig zubereitet – **Mesón La Jordana** 2: Calle Los Geranios, beim Lanzarote Bay Hotel, Tel. 928 59 03 28, Mo–So 12.30–16, 18.30–24 Uhr, bis 25 €. Spezialisiert auf Kaninchen, Zicklein und Lamm, zubereitet im Ofen. Wer hier zum Brunch kommt, wird für den ganzen Tag gesättigt sein.

Schöne Lage – **Restaurante Villa Toledo** 3: Av. de los Cocederos s/n, Tel. 928 59 06 26, tgl. 9–23 Uhr, ca. 15 €. Sicher das am schönsten gelegene Restaurant in Costa Teguise. Ob *Paella mista,* Tintenfische, Langusten oder die typischen kanarischen *Papas arrugadas* – die Portionen sind reichlich und der Blick aufs Meer direkt an der Playa Bastián entspannend. Es lohnt sich, nach dem Tagesmenü zu fragen.

Schweizer Küche – **Il Ticino:** im Pueblo Marinero 1 (Nr. 7), 928 64 35 38, Mo–Sa 19–22 Uhr, 17 €. Schweizer Küche mit eindeutig italienischem Akzent: Spaghetti in vielerlei Variationen und zu moderaten Preisen. Das Restaurant teilt sich mit der Casa Matilde (s. u.) eine Terrasse im Innenhof.

Nicht verpassen – **Restaurante El Navarro** 4: Av. del Mar 13, Tel. 928 59 21 45, Di–So, 20–30 €. Wer es elegant haben möchte, sitzt hier richtig. Wenn Essen, Wein und Service rundum glücklich machen und dieses Niveau seit Jahren gehalten wird, bleibt nur eine Empfehlung: Reservieren!

Für Fußballgucker – **Beach Bar** 5: direkt an der Playa de las Cucharas, tgl. warme Küche 9–23/24 Uhr, Snack ab 8 €. BVB- oder Bayern-Fan? Der Wirt ist neutral, weil nicht aus Deutschland. Ansonsten findet man hier ein mehrsprachiges Publikum, das vor allem eines will: gute Spiele sehen. Zu essen bekommt man Curry-Wurst (schmeckt so lala) mit Pommes (gut) und ein Gericht, das eine gewisse Ähnlichkeit mit Wiener Schnitzel hat. Die Kommentare sind hitzig, und das Bier von Beck's, Heineken oder Budweiser ist gut gekühlt.

Für Naschkatzen – **Casa Matilde**: im Pueblo Marinero 1 (Nr. 9), Di–Sa 9.30–17.30, So 10–17.30 Uhr. Italienisch sind die Gastgeber, international ist das Angebot: Apfelstrudel, Sachertorte, Käsekuchen, Zitronentarte, Empanadas, Tostadas u. a. m. Dazu serviert man Säfte und echten Espresso oder Cappuccino mit viel Crema!

Zweites Frühstück? – **Bar & Pastelería Bruno** 6: Av. de las Islas Canarias 3, tgl. 7.30–20 Uhr. Wenige Tische, kuschelige Atmosphäre, der Service mehr rau als herzlich, aber die Sandwiches und Bocadillos sind es wert, auch zum Mitnehmen. WLAN-Zone.

Einkaufen

Kunsthandwerk ist Trumpf – Im Pueblo Marinero findet Fr ab 17 bis ca. 21/22 Uhr ein **Trödelmarkt** 1 statt. Viele kleine Stände bieten Mode, Schmuck und Nippes jeder Art zum Kauf an. Wer schon fündig geworden ist, pausiert in den angrenzenden Bars und Restaurants. Meist spielt mitten im Getümmel eine Liveband auf und sorgt für Feierabendstimmung. Bisweilen gelingt ihnen das sogar.
Lebensmittel – Gut zu wissen für Selbstversorger: Es gibt in Fußnähe zu allen Hotels und Apartmentanlagen große und gut sortierte **Supermercados.**

Aktiv

Tauchen – **Lanzarote Aquarium** 1: Av. de las Acacias s/n, im Centro Comercial El Trébol, Tel. 928 59 00 69, www.aquariumlanzarote.com, tgl. 10–18 Uhr, Erw. 12,50 €, Kinder bis 12 Jahre 8 €, Senioren 10 €. 33 Aquarien mit kanarischer und tropischer Meeresfauna, Schnorcheln und Schnupper-Tauchkursen. Die besonders Mutigen können sich auch auf ein Tête-à-tête mit Haien einlassen, natürlich nur unter fachkundiger Begleitung. Dafür sei nicht mal Taucherfahrung nötig, sagt das Mädel an der Kasse. Selbst probiert hat sie es allerdings auch noch nicht. **Aquatis Diving Center** 2: Playa de las Cucharas, Tel. 928 59 04 07, www.diving-lanzarote.net. Die Crew vom Aquarium bietet in dieser Tauchschule außerdem professionelle Kurse (ab 275 €), Kurse für Kinder ab 10 Jahren und Bootsexkursionen an. Im hauseigenen Shop können Sie Ihr Equipment erweitern. **Diving Lanzarote** 3: Urbanización Lanzatierra 2, Playa de las Cucharas. Dieser Stand am Strand ist ein Ableger, der zum Aquatis Diving Center gehört. Viele Urlauber tasten sich hier an den Tauchsport heran, Sie können auch diverse Zertifikate erwerben (ebenso in der Tauchschule).
Profitauchen – **Calipso Diving** 4: Av. de las Islas Canarias s/n, gegenüber dem Pueblo Marinero, Tel. 928 59 08 79, www.calipso-diving.com. Die BSAC- und PADI-zertifizierte Tauchschule besucht nicht nur Tauchplätze vor Costa Teguise und bietet Spezielleres wie z. B. Wracktauchen an. Verschiedene Zertifikate sind möglich.
Fahrradverleih – Bei **Tommy's Mountain Bikes** 5 (Calle de la Goleta 16, hinter der Anlage Galeón Playa, Tel. 928 59 23 27) und in der **Bike Station** 6 (Centro Comercial Las Maretas, nahe der Post, Tel. 628 10 21 77, tgl. 10–13 und 17–19 Uhr im Sommer, tgl. 10–12 und 18–19 Uhr im Winter) kann man jede Menge Fahrräder leihen (ab 11 €/pro Tag) sowie sich auch individuelle Touren zusammenstellen lassen.
Windsurfen – **U.C.P.A., Centro Sport Away** und **Lanzarote Surf Company** 7: www.lanzarotewindsurf.com. Alle an der Promenade der Playa de las Cucharas. Hier wird das nötige Equipment bereitgestellt; man kann sich auch für einen Kurs anmelden (ca. 4,5 Std. inkl. Brett für Anfänger rund 105 €, für Fortgeschrittene ca. 120 €).
Badespaß – **Ocean Park** 8: Calle del Tenderete, Tel 928 59 21 28, www.lanzaroteisland.com, Erw. ab ca. 19 €, Kinder (2–12 Jahre) ab 16 €. Der Wasserpark lockt mit einer großen Achterbahnrutsche, flachen Rutschen für die Ängstlichen, steilen und hohen für die Mutigen sowie acht parallel laufenden Bahnen für die Großfamilien. Das

Ambiente ist eher nüchtern – was die jungen Wasserratten nicht zu stören scheint. Für Kindergeburtstage gibt es ein gesondertes Programm.

Golfen – **Club de Golf Costa Teguise** 9: Av. del Golf, Tel. 928 59 05 12, www.lanzarote-golf.com, ganzjährig geöffnet. Gestaltet wurde der Platz von John Harris. Anfänger können hier einen Kurs machen. Wen weniger Spiellust als Neugierde treibt, der sollte bei einem der unregelmäßig stattfindenden Wettbewerbe zuschauen.

Platz an der Sonne – **Playa Bastián, Playa del Jablillo:** Beide Strände bieten schwarzen Sand und bisweilen steinigen Einstieg ins Meer. Die **Playa de las Cucharas** und **Playa de los Charcos** verfügen über hellen Sand und sanfte Einstiege, jedoch ist es hier häufig sehr voll und man muss sich die Bucht mit vielen Surfern teilen.

Abends & Nachts

In Costa Teguise geht es meist eher beschaulich zu – außer auf den ersten 500 m der **Avenida de las Islas Canarias** und im **Pueblo Marinero** 1. Hier haben Karaokebars, Diskotheken sowie diverse Pubs und Kneipen ein Stammpublikum gefunden, das bis spät in die Nacht feiert.

Generell gilt: Was diese Saison ›in‹ ist, kann die nächste schon ›megaout‹ sein. Wer auf dem neusten Stand sein will, fragt am besten an der Hotelrezeption nach den angesagten Locations.

In den großen Hotels ist man bemüht, mit karibischen Shows, Tanz oder Tombolas das Abendprogramm attraktiver zu gestalten. Doch der Zulauf ist gering. Wer jedoch in entspannter Atmosphäre einen kühlen Drink bei leiser Pianomusik bevorzugt, findet hier am späten Nachmittag oder frühen Abend mit Sicherheit den geeigneten Ort.

Gediegen – Viele Hotels bieten an den Wochenenden ein Abendprogramm mit Varieté und viel Livemusik oder zumindest einem Pianospieler an: z. B. das **Gran Meliá Salinas** 1 (s. S. 124). Die Musik erinnert je nach Interpret doch sehr an Kaufhausgedudel, und das ist nicht jedermanns Sache.

Entspannte Atmosphäre – **Orient Express** 1: In der Sackgasse gegenüber dem Pueblo Marinero, tgl. ganztägig geöffnet. Hier wird Lounge- und Chillout-Musik gespielt, manchmal gibt es auch Livekonzerte. Die Cocktails sind recht günstig.

Jung – **Los Coyotes** 2: Av. Islas Canarias s/n, tgl. ab 19 Uhr. In diese Bar zieht es vor allem die jüngere Klientel.

Infos

Verkehr

Busse: Nach Arrecife Mo–Fr 7–24 ca. halbstdl., Sa, So, Fei 7–24 Uhr stdl.; Bus zum sonntäglichen Markt nach Teguise: Hinfahrt 10 Uhr, Rückfahrt 13 Uhr.

Mietwagen: Je länger die Ausleihdauer, desto günstiger die Tarife (s. Reiseinfos S. 22).

Taxistand: s. Cityplan S. 122, Grundgebühr mind. ca. 2,50 €, plus ca. 0,70 € pro Kilometer. Fahrt nach Arrecife ca. 8 €.

Arzt

Eine **deutsch-britische Klinik** gibt es jeweils beim Hotel Barceló (Centro Comercial, Plaza Tandarena 25) und im Pueblo Marinero (Tel. 928 59 21 25). Außerdem gibt es die Praxis Dr. Mager, Av. Islas Canarias, Centro Comercial Tandarena 24, über der Banco Popular, Tel. 928 82 60 72. Bei schwereren Erkrankungen und Unfällen ist es empfehlenswert, ins Hospital Arrecife (s. S. 37) zu fahren.

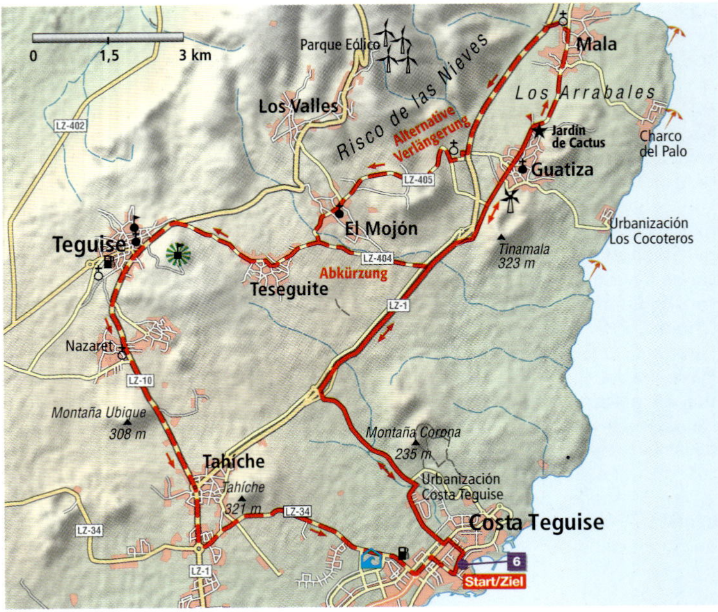

Radtour von Costa Teguise zum Kakteengarten

Radtour zum Kakteengarten

Strecke und Ausrüstung: ab Costa Teguise hin und zurück ca. 24 km. Wer möchte, kann bis nach Mala weiterfahren (hin und zurück ca. 30 km) oder den Rückweg über Teseguite, Teguise und Tahíche wählen und so die Strecke auf ca. 50 km verlängern. Wer bei Teseguite feststellt, dass es doch zu viel wird, kann im Ort die Querstraße nehmen, die nach ca. 2 km erneut auf die ursprüngliche Route nach Costa Teguise führt. Bitte genügend zu trinken, Sonnenschutz und Windjacke nicht vergessen.

Der Routenverlauf ist einfach und kaum zu verfehlen, allerdings sind im ersten Teilabschnitt bis zum Eingangsportal ca. 150 Höhenmeter zu bewältigen, die bis Mala dann wieder auf 100 Höhenmeter absinken. Wer die lange Route über Tahíche wählt, muss erneut kräftig in die Pedale treten (bis zu Höhenmeter 334). Leider gibt es auf Lanzarote so gut wie keine Radwege, aber der Verkehr hält sich in Grenzen und man nimmt Rücksicht auf Radler.

Einkehrmöglichkeiten: Entlang der Strecke laden kleine Bars und Restaurants zu Pausen ein.

Die Radtour

Wir starten von der **Bike Station** 6 in Costa Teguise (Centro Comercial Las Maretas, nahe der Post, s. S. 126), fahren auf der großen Avenida de las Islas Canarias Richtung Osten, biegen links in die Calle los Dragos und stoßen an deren Ende in einer Links-rechts-Kombination zunächst auf die große Avenida de las Palmeras und zweigen gleich darauf in die Calle Ruta del Norte ein. Hier geht es stetig bergauf, bis zum Eingangsportal der **Urbanización Costa Teguise,** das wie die Front einer Einsiedelei anmutet – auch dies eine Kreation von César Manrique. Dahinter zweigt rechts eine Straße (LZ1) ab und verläuft einige Kilometer parallel zur Landstraße. Die Landschaft wirkt unwirtlich, nur hier und da drängt niedriges Buschwerk ans Licht. Linker Hand kann man in der Ferne eine Reihe spindeldürrer Windräder erkennen, die zum **Parque Eólico** (s. S. 161) gehören. Die filigranen Gestelle ragen in den tiefblauen, wolkenlosen Himmel. Ob man die fragilen Gebilde schön findet oder nicht, ist Geschmackssache. Tatsache dagegen ist, dass sie nicht die gewünschte Energieleistung bringen.

Kurz vor **Guatiza** kommen links die ersten umzäunten Opuntienfelder in Sicht. Früher wurden die hier gepflanzten Feigenkakteen gehegt und gepflegt, denn sie dienten den Koschenilleschildläusen als Wirtspflanze. Nach diversen Prozeduren erhält man eine karminrote Substanz, die einst als Färbemittel für Stoffe und Kosmetika begehrt und daher gut bezahlt war (s. Entdeckungstour S. 132). Wenige Meter dahinter ist der **Jardín de Cactus** erreicht. Wer will, verlängert/verkürzt die Tour wie oben beschrieben.

Jardín de Cactus ▸ G 6

Guatiza, Tel. 928 52 93 97, www.centrosturisticos.com, Mo–So 10–18 Uhr, Juli, Aug. 9–18 Uhr, letzter Einlass 15 Min. vor Schließung, Erw. 5,50 €, Kinder 7–12 Jahre 2,75 €; im Kakteengarten gilt der Museumspass Bono 4 Centros (s. S. 40); Souvenirgeschäfte: tgl. 10–17 Uhr. Vorsicht: Die Kakteen stehen frei im Feld und sind terrassenförmig angebaut, Kleinkinder daher nicht unbeaufsichtigt lassen!

Am Ortsausgang von Guatiza liegt rechter Hand der Jardín de Cactus. Warum man bei all den natürlichen Prachtexemplaren im Garten vor dem Eingang ein künstliches Kakteenmonster aufstellen musste, bleibt ein Rätsel. Der 1990 eröffnete Kakteengarten geht u. a. auf die Initiative von César Manrique zurück. Es sollte die letzte touristische Attraktion sein, die der ambitionierte Künstler mitgestaltete. Der aufgelassene Steinbruch, in dem einst Vulkanasche abgebaut wurde, erstreckt sich auf einer Fläche von 5000 m^2 inmitten des für seine Opuntienzucht bekannten Landstrichs. Kakteenliebhaber werden hier ihre stachelige Freude haben.

An die 10 000 Exemplare und über 1000 verschiedene Arten will man gezählt haben. Selbst wenn es ein paar weniger sein sollten, die Formenvielfalt ist beeindruckend: lang und schlank oder klein und rund, stachelig oder flaumig behaart, fleischig oder ledrig-zäh, gelb oder rot blühend – bisweilen auch in hübschen Arrangements zusammengestellt. Allerdings lassen die Bestimmung und Bezeichnungen der Spezies zu wünschen übrig.

Zwar sind inzwischen botanische Namen angebracht worden, dennoch beflügeln die vielen Formen der Gewächse die Fantasie: Sieht der nicht aus wie ein praller Kürbis, der wie ein Garderobenständer oder jener wie Pinocchio? Wieder andere Ausprägungen wecken Assoziationen an phallische Formen, was nicht nur von Teenagern kichernd und tuschelnd zur Kenntnis genommen wird. Kinder fasziniert dagegen eher der kleine Tümpel mit den überaus trägen Goldfischen. Über dem Teich thront ein runder Pavillon aus

Stein, in dem die üblichen Souvenirs angeboten werden.

Am schönsten ist die Stimmung am späten Nachmittag zwischen 16 und 18 Uhr, wenn das Sonnenlicht schwächer wird und die Kakteen lange Schatten werfen. Dann suchen die meisten Besucher die Terrasse der Cafetería auf, unter deren sandfarbenem Baldachin der Café con leche noch besser schmeckt.

Links und rechts der Cafetería führen einige Stufen hinauf zur restaurierten **Mühle,** in der Mais zu *gofio* (s. S. 27) verarbeitet wird. Allerdings hält der Müller mehrmals pro Tag ausgiebig Siesta und ist daher selten anzutreffen.

Mala ▸ G 6

Die Felder in und um das 3 km entfernte Dorf Mala sind mit Opuntien übersät. Doch auch hier haben inzwischen viele Campesinos die Züchtung der nutzbringenden Koschenilleschildläuse auf den ›Blättern‹ der Feigenkakteen größtenteils aufgegeben (s. Entdeckungstour S. 132). Seit einigen Jahren versuchen sich in Mala einige ausländische Aussteiger (meist Deutsche) in biologischem Ackerbau.

Am Ortseingang zweigt rechts eine Straße zum **Charco del Palo** ab, einer der wenigen Nacktbadestrände Lanzarotes. Zwar ist der Bereich offiziell als Nacktbadestrand ausge-

Kakteen in den bizarrsten Formen im von Manrique mitgestalteten Jardín de Cactus

wiesen, es gibt aber auch Areale für Schwimmer, die dies bevorzugt bekleidet tun.

Übernachten

Ferienwohnungen – **Fincas Lanzarote:** Kontakt über Claudia Ehrmanntraut, Mala, Tel. 928 52 95 41, www.urlaub-anbieter.com/lanzarote-lanzarote.htm, ca. 40–74 € für 2 Pers., 74–94 € für 4 Pers., Sonderpreise Juni–Sept. Gepflegte Fincas in ruhiger Lage in Mala, ca. 1 km vom Meer entfernt. Separate Schlafzimmer, gut ausgestattete Küchen ohne Pool. Viele Ferienhäuser mit Internetanschluss auch über WLAN.

Essen & Trinken

Deutscher Koch, kanarische Küche – **Don Quijote:** Calle El Rostro 1, Tel. 928 52 93 01, So–Fr 12–22 Uhr. Das Restaurant an der Hauptstraße von Mala wird von deutschen Wirtsleuten betrieben. Auf der Speisekarte finden sich einheimische Gerichte: Der Koch verwöhnt u. a. mit Tintenfischsalat, Seehecht in Biermantelteig, Kürbislasagne.

Arrieta ▶ G 5

Zurück auf der Hauptstraße erreicht man nach wenigen Kilometern einen Kreisverkehr, in dessen Mitte eine große Manrique-Skulptur aufgestellt wurde. **›Windspiele‹ (»Juguetes del Viento«)** heißt das leuchtend rot bemalte Stahlmobile aus dem Jahr 1992. Vermutlich eines der letzten Werke des Künstlers, der im Sommer des gleichen Jahres bei einem Autounfall ums Leben kam.

Aloe-Vera-Finca

Calle El Cortijo 2, Tel. 928 84 82 03, Sommer Mo–Sa 10– 18 Uhr, Winter Mo–Sa 10–17 Uhr, kein Eintritt, www.aloepluslanzarote.es

Gleich nach Einfahrt in den Kreisverkehr Richtung Arrieta weist ein Schild auf die Finca und Showroom zum Thema Aloe Vera hin – ein lange verkanntes Heilmittel. Auf ca. 200 m² Fläche wird hier multimedial über Anbau und Produktion dieser vielseitigen Heilpflanze unterrichtet. Das Gewächs bzw. die daraus hergestellten Produkte sind offenbar Alleskönner: entzündungshemmend, beruhigend, keimtötend und schmerzstillend. Sie beugen Faltenbildung vor, wirken gegen Cellulite, Altersflecken und gegen vieles andere mehr. Man hat sich Mühe gegeben bei der ▷ S. 135

Auf Entdeckungstour:
Lausige Zeiten – die Koschenillelaus

Wer zum Jardín de Cactus fährt, kommt in den Dörfern Mala und Guatiza an großen Kakteenfeldern vorbei. Vereinzelt sieht man Bauern dort hantieren. Was es mit diesen Gewächsen auf sich hat, erschließt sich nur aus nächster Nähe. Läuse leben auf diesen Kakteen – als Schmarotzer, die ihren Wirt nicht nur nutzen, sondern ihm auch nützen: Aus den Läusen wird ein roter Farbstoff hergestellt, der allerdings immer seltener zum Einsatz kommt.

Reisekarte: ▶ G 6

Stationen: Mala (s. auch S. 130) und Guatiza (s. S. 129), Mühle im Jardín de Cactus (s. S. 129, die Mühle ist nur unregelmäßig geöffnet)

Opuntien, im Spanischen *tunas* genannt, sind im Osten der Insel wahrlich keine Seltenheit. Orte wie Mala, die von einer Vielzahl von Opuntienfeldern umgeben sind, gibt es aber mittlerweile nur noch hier. Und Lanzaroteños, die wie einst auf diesen Feldern arbeiten und sich damit ihren Lebensunterhalt verdienen, findet man selbst in Mala kaum noch.

Um genauer zu betrachten, was es mit den großen Kakteenfeldern auf sich hat, legt man am besten in Mala oder Guatiza einen Stopp ein. Es reicht ein erster Blick von den gepflegten Gehsteigen in einen der großen, mit niedrigen Kalkmauern umzäunten Gärten. Auch wenn die Anwesen in Privatbesitz sind, beschwert sich niemand, wenn man diese betritt. Mehr noch: Wer ein paar Brocken Spanisch bemüht (»Qué es ésto?«, »Was ist das?« oder: »Qué pasa aquí?«, »Was geschieht hier?« wird gerne auch von den Bauern herumgeführt und mit viel Gestikulation und ebenso viel Mimik in die Hintergründe der Zucht eingewiesen.

Das Geheimnis der einstigen Rentabilität der Feigenkakteen bzw. Opuntien offenbart sich auch heute noch auf ihren Blättern. Selbst ohne Führung erkennt man mit bloßem Auge, dass die Kakteen ›gepudert‹ sind. Wer noch genauer hinschaut, wird – je nach Jahreszeit – feststellen: Der Puder ›bewegt sich‹! Hier tummeln sich zahlreiche Läuse. Dabei handelt es sich um die Larven der Koschenille(schild)laus, die sich schon von Weitem durch ihre kräftige weiße Farbe vom Grün der Wirtspflanze abheben. Die *Dactylopius cacti*, so ihr wissenschaftlicher Name, ist beileibe keine gewöhnliche Laus. Denn aus ihren Larven wird Karmin gewonnen, das als roter Farbstoff einst reißenden Absatz fand.

Aus Mexiko eingeführt: die Opuntie und die Laus

Wie vieles andere wurde auch die Opuntie im 16. Jh. von Mexiko über Europa auf die Kanarischen Inseln gebracht. Die Läuse wurden allerdings erst um 1830 auf Lanzarote eingeführt. Schließlich hatte man erkannt, welch sinnvolles Tierchen sich hinter dem kleinen Schmarotzer verbirgt, der vom Saft seiner Wirtspflanze lebt. Im Jahr 1832 genehmigte Ferdinand VII. die Produktion von Koschenille per Erlass. Damals half diese Entscheidung, den Niedergang einst rentabler Wirtschaftszweige wie des Weinbaus zu verkraften, heute ist die Produktion natürlichen Farbstoffs fast selbst bereits Geschichte. Grund dafür ist die Erfindung synthetischer Farbstoffe auf Anilinbasis.

So funktioniert die Züchtung

Bei einem Besuch der Opuntienfarmen stellt man schnell fest, dass die Kakteen nur noch bearbeitet werden, um sie vor dem Austrocknen zu bewahren. Von der Koschenille allein können sich die Bauern nicht mehr ernähren und so suchen sich die meisten ein Auskommen in der Verwaltung oder im Tourismus. Dennoch: Werden die Larven nicht regelmäßig von den Blättern abgekratzt, saugen die Läuse die Pflanzen regelrecht aus. In den Monaten Februar und März stutzt man die Feigenkakteen, damit in den nächsten zwei bis drei Monaten ein neues Blatt wachsen kann. Danach beginnt die Prozedur des Züchtens. Auf die Spitze der Blätter wird ein unten geöffneter Sack gestülpt, der mit Muttertieren gefüllt ist. Diese wurden zuvor in den Bergen gesammelt. Die *madres* (Mütter) legen nun ihre Eier auf den dicken wulstigen Blättern der Kakteen ab, ohne dass sie dabei aus dem Sack herauskrabbeln.

Nach zwei bis drei Monaten sind die aus den Eiern geschlüpften Läuse ausgewachsen. Weißer Flaum bedeckt die rundlichen Halbflügler. Mit ihren kurzen Fühlern und einem fadenförmigen Rüssel orientieren sie sich auf dem Blatt. Zwischen September und November beginnt dann die Ernte. Früher waren es meist Frauen, die mit einer Kelle die Larven von den Kakteenblättern in einen Eimer abkratzten. Danach wurden die Larven in heißem Wasser abgetötet, zehn Tage lang zum Trocknen in der Sonne ausgelegt und nach einem aufwendigen Reinigungsprozess zu Pulver zermahlen, aus dem man durch ein besonderes Verfahren den roten Farbstoff gewann. Zur Anschauung betätigt man heute noch ab und zu für Touristen die **Mühle im Jardín de Cactus** (s. S. 129), ansonsten wird nur noch eine Mühle in Las Palmas auf Gran Canaria unterhalten.

Karminrot für Lippen und Campari

Das leuchtend rote Pulver wurde primär zum Färben von Kleiderstoffen verwendet. In Persien war es auch begehrt zum Einfärben von Teppichen, die Engländer sollen es Süßspeisen beigemischt haben, die Italiener ihrem Nationalgetränk, dem Campari. Aber auch der Kosmetikindustrie diente das Pulver als Farbstoff bei der Herstellung von Lippenstiften und Pharmabetriebe benötigten es bei der Produktion von Arzneien.

Doch die Entwicklung des synthetischen Farbstoffs Anilin machte dem erfolgreichen Absatz ein Ende. So richtig verstehen die Bauern diese Entwicklung nicht, der hier produzierte Farbstoff sei ein natürliches Produkt und absolut ungiftig, was im Falle des synthetischen Anilins zu bezweifeln sei. Dabei lege man doch in den letzten Jahren bei Nahrungsmitteln und Kosmetikartikeln so viel Wert auf natürliche Grundsubstanzen.

Dass der so erzeugte Farbstoff natürlich sei, bestätigen Wissenschaftler und Mediziner. Dennoch möchten sie dem Farbstoff keine hundertprozentige Unbedenklichkeit bescheinigen. In sehr seltenen Fällen kann es zu allergischen Hautreaktionen und Juckreiz kommen. So geschehen bei einer jungen Frau, nachdem sie ein Eis am Stiel verzehrte, das mit Koschenille eingefärbt war. Ähnliche Reaktionen zeigte die Betroffene auf Karmin in ihrem Lippenstift. Allergologen schließen nicht aus, dass es bei anderen Personen zu noch heftigeren Reaktionen wie einem allergischen Schock kommen könnte. Die Mediziner sind jedoch weit davon entfernt, den Einsatz von Koschenille in Nahrungsmitteln, Kosmetik und Kleidung verbieten zu wollen. Da gäbe es andere Stoffe, die viel eher auf den Index gehörten. Wichtig wäre ihnen für den wenn auch sehr kleinen Kreis an Betroffenen ›nur‹, auf den Produkten auszuweisen, dass diese mit Koschenille eingefärbt wurden.

Neubewertung der Koschenille

Noch haben die Koschenille-Bauern nicht aufgegeben, obwohl sich schon seit Jahrzehnten keine neue Absatzquelle auftut. Vielleicht führt das zunehmende Umweltbewusstsein in allen Bereichen schließlich auch zu einer Neubewertung der Koschenille? Auch bei Aloe-Vera-Produkten (s. S. 131) dauerte es Jahrzehnte, doch nun scheint sich die Wirksamkeit dieser Pflanze herumgesprochen zu haben. Inzwischen werden diese Produkte sogar in Supermärkten angeboten. Davon können die Koschenillebauern in Lanzarote im Moment nur träumen.

Gestaltung der Finca, nur leider artet das Ganze in ein reines Verkaufsgespräch aus.

Playa la Garita

Seit der Erschließung der Playa la Garita im Jahr 1993 bemüht man sich in dem hübschen Fischerdörfchen, das an sich mit wenigen Attraktionen aufwarten kann, die nötige Infrastruktur zu schaffen, um die Besucher für einen längeren Aufenthalt zu gewinnen. Denn bislang ist Arrieta eher als Ort bekannt, in dem sich trefflich speisen lässt. Wer Hunger hat, sollte hier (oder später in Órzola, s. S. 144) einkehren. Die kleine Bucht der Playa la Garita eignet sich zum Baden, aber auch Surfer kommen auf ihre Kosten und vom aufs Wasser hinausragenden Steg kann man angeln. Nach dem Essen bietet sich die Playa für eine Siesta an.

Das ›Blaue Haus‹

Das hübsche Privathaus auf der Spitze der ins Wasser ragenden Lavazunge war früher einmal ein kleines Museum und ein Restaurant. Erbauen ließ die Casa Juanita, wie sie eigentlich heißt, in den Jahren 1919/20 ein Lanzaroteño, der seiner lungenkranken Tochter ein Heim am Meer bieten wollte (s. auch Lieblingsort S. 139).

Das Gebäude fällt in Farbe und Gestaltung aus dem Rahmen der traditionellen Architektur. Dies und seine exponierte Lage machen die ›Blaue Ruine‹ (wie es die Einheimischen wohl nennen, weil das Haus lange dem Verfall preisgegeben war) zum begehrten Fotomotiv. 1978 diente es sogar als Schauplatz für einen deutschen Fernsehfilm. Regisseur Rainer Erler drehte hier »Die Quelle«, in dem ein junger Deutscher die Casa Juanita kaufen will, weil er von der außergewöhnlichen Lage fasziniert ist und weil er unter dem Haus eine Süßwasserquelle vermutet. Ganz entgegen den Fakten: Lanzarote verfügt über kein Grundwasser.

Übernachten

Wer in und um Arrieta eine Unterkunft sucht und diese nicht bereits von Deutschland aus gebucht hat (s. S. 25), kann außerhalb der Hochsaison direkt vor Ort nach einer Unterkunft fragen. Allerdings ist der Ort ca. 30 km vom Flughafen entfernt und Busse fahren nur selten.

Familiär – **Apartamentos Arrieta:** direkt am Strand, nur 20 m zur Playa la Garita, Tel. 928 84 82 30, www.lanzarote-apartamento.com, 45–60 €. Die Anlage stammt aus dem Jahr 1996. Sie liegt zwar direkt an einer Straße, diese ist jedoch kaum befahren.

Sonnenverwöhnt – **Apartamentos Casitas del Mar:** außerhalb von Arrieta, Richtung Punta Mujeres gelegen, Tel./Fax 928 83 51 99, ca. 45–65 €. Einsam gelegene, kleine Ferienanlage weitab vom Touristenrummel, allerdings nur zu empfehlen, wenn man ein Auto zur Verfügung hat.

Komfortabel – **Caleta Campos:** am Rand des Fischerortes Arrieta Richtung Órzola gelegen, direkt an der Uferstraße, Tel. 928 82 02 25, www.golanzarote.com, 70 m^2 große Bungalows mit zwei Schlafzimmern, Wohnraum, Küchenzeile und Essbereich, möblierte Terrasse, 55–75 € pro Tag. Der deutsche Vermittler lebt seit vielen Jahren auf Lanzarote und kümmert sich auf Wunsch auch um einen günstigen Mietwagen, z. B. VW-Fox 105 €/Woche inkl. Vollkasko. Zum Sandstrand des Ortes sind es zwar einige Fahrminuten (mit Auto oder Rad), dafür ist man hier weitab vom Rummel und genießt absolute Ruhe. Kleine Bungalowanlage mit zwölf Einheiten, Pool und Meerblick.

Essen & Trinken

Das Restaurantangebot ist vielfältig, alle liegen in der gleichen kleinen Hauptstraße La Garita und unterscheiden sich kaum in Angebot, Preis (ca. 15–20 €) und Service. Guten Fisch und Meeresfrüchte sowie Meerblick können Sie fast in jedem Lokal genießen. Der permanente Andrang in der Hochsaison lässt die Kellner bisweilen etwas ruppig agieren.

Fangfrisch aus dem Meer – **El Ancla:** Calle La Garita 7. Von der Terrasse hat man einen schönen Blick aufs Meer.

Mit kleiner Terrasse – **El Amanecer:** Calle La Garita 32, Tel. 928 83 54 84. Die Küche ist wirklich sehr gut und auch hier gibt es den Meerblick von der Terrasse gratis dazu.

Leger – **Casa Miguel:** Calle La Garita, Tel. 928 84 82 25, Di–Sa 12–19, So 12–17 Uhr. Ein einfaches und uriges Fischerlokal. Die Tische hier sind besonders begehrt, denn es ist am nächsten zum Ufer gelegen.

Mit Aussicht – **El Charcón:** Muelle de Arrieta, Tel. 928 84 81 10, www.elcharcon.com, Mo, Di, Do–Sa 12–21, So 12–20 Uhr. Vom Lokal an der Mole schaut man auf die Casa Juanita, wie das ›Blaue Haus‹ auch genannt wird. Serviert werden kanarische Spezialitäten.

Tolle Lage – **Casa de la Playa:** Playa de la Garita 1, Tel. 928 17 33 39, tgl. ca. 12–22 Uhr, ab 12 €. Dieses allein stehende Restaurant am Beginn des Dorfstrandes besticht durch seine Lage. Aber auch das Essen ist gut. Vater und Tochter servieren üppige Vorspeisen, Fisch des Tages und leckere Weine. Das wissen auch die Conejeros zu schätzen. Der Service ist flott. In der Hochsaison ist eine Reservierung ratsam.

Aktiv

Tauchen – **Northdiving Arrieta:** Calle Garita 33, www.northdiving-lanzarote.de. »Abseits des Massentourismus tauchen wir ab in eine heile Unterwasserwelt«, heißt es auf der Homepage. Sichtweiten bis zu 40 m werden versprochen; unter der Woche zwei Tauchgänge tgl. Uli Schönfelder gibt Auskunft und kann auch Unterkünfte vermitteln (ab ca. 35 €, Tel. 928 84 82 85, mobil 676 59 10 35).

Punta de Mujeres ▸ G/H 5

Entlang der Küstenstraße erreicht man bald das nächste Fischerdorf Punta de Mujeres. Warum dieser kleine Weiler ›Landspitze der Frauen‹ heißt, können die Einwohner den Besuchern leider nicht erklären. Dass das weibliche Geschlecht hier stärker repräsentiert sei, ist jedenfalls eine Mär. Punta de Mujeres ist ein wunderbar ruhiger und unaufgeregter Ort. Kinder spielen Fußball in den Gassen, hier und da geben handtuchbreite Strände den Blick auf das azurblaue Meer frei, Fischerboote dümpeln vor sich hin. Und

Mein Tipp

Churros con chocolate

In der Churrería in Arrieta, direkt an der Hauptstraße, werden sonntagnachmittags (häufig) *churros* serviert: frisch frittiertes Spritzgebäck in Stangenform. Der Teig erinnert an Berliner, allerdings ist er ohne Füllung. Richtig süß wird es, wenn man die *churros* in eine dicke, heiße Schokolade tunkt.

Fast alle Restaurants von Arrieta befinden sich direkt am Meer oder lassen einen Blick darauf zu

es ist immer genug Zeit für ein Geplauder mit den Nachbarn.

Da der Weg entlang der Küste nicht asphaltiert und nur für Fußgänger geeignet ist, fährt man besser zunächst wieder auf die Hauptstraße zurück und zweigt nach etwa 5 km zu den Jameos del Agua ab, der meistbesuchten touristischen Attraktion auf Lanzarote.

Essen & Trinken

Beliebt bei Einheimischen – **Bar/Restaurant El Lago:** Calle de los Morros 27, Tel. 928 84 81 76, tgl. 12–9 Uhr. Leider nicht direkt am Meer gelegen, aber günstige Preise für kanarische Speisen (drei Gänge zwischen 20 und 25 €) und bekannte spanische Weine.

Jameos del Agua!

▶ H 5

Tel. 928 84 80 20, www.centrosturisticos.com, tgl. 10–18.30, Sa bis 22 (Juli–Sept. bis 0.30, letzter Einlass 23.45) Uhr, Eintritt 9 € tagsüber, Kinder (7–12 Jahre) 4,50 € tagsüber, es gilt die Bono 4 und 6 Centros, s. S. 40,

Lieblingsort

Badepause in Arrieta ► G 5
Hier dominiert die Farbe Blau: das ›Blaue Haus‹, der blaue Himmel, das blaue Wasser. Ein herrlicher Platz, um nach dem Mittagsmenü die Siesta am Strand zu verbringen. Nur vereinzelt Besucher, eine wunderbare Ruhe und das quadratische Haus, das in Form, Farbe und der Gestaltung aus dem Rahmen fällt. Vater und Sohn kümmert das wenig: Wo sonst hat man einen öffentlichen Strand ganz für sich alleine?

Der ›Jameo Grande‹ genannte oberirdische Teil der Jameos del Agua

Cafetería 10–18.30, Tapas 10–18 Uhr, Restaurant 11–16.30, Sa 19–22 (Juli–Sept. bis 23) Uhr

Man sollte die Jameos – das Wort stammt aus dem Arabischen und bedeutet ›Kamine‹ – zweimal besuchen: einmal am Tag und einmal abends. Dann nämlich mutet das ›achte Weltwunder‹, wie sie Rita Hayworth einmal nannte, besonders geheimnisvoll an. Das unterirdische Vulkangewölbe mit einem Lavatunnel wird zu beiden Seiten von einer Grotte eingerahmt, durch die natürliches Licht einfällt.

Die Höhle

Über eine steile, schmale und spärlich beleuchtete Treppe gelangt man in eine natürliche und sehr geräumige Grotte hinunter, die zu einem Restaurant umfunktioniert wurde. Zahlreiche Tische gruppieren sich um eine kleine Tanzfläche. Welch außergewöhnlicher Ort für ein Restaurant (s. Tipp S. 141)!

Doch damit sind die Kuriositäten der Jameos noch lange nicht erschöpft. Eine zweite Treppe führt im Zickzack an tropischen Pflanzen vorbei zu einem natürlichen Tümpel hinunter, der durch Gesteinsklüfte mit Meereswasser versorgt wird. Unten angekommen, verlangsamt sich der Schritt automatisch, denn nur ein schmaler Steinpfad führt an der Lagune entlang, die durch ein wenig vertrauenerweckendes, niedriges Geländer umzäunt ist. Darüber wölbt sich ein geschlossener Lavatunnel; kein Mond- oder Sonnenlicht dringt mehr herein. Die Illumination – raffiniert und sehr vereinzelt eingesetzt – verstärkt die geheimnisvolle Atmosphäre.

Lagunensee

Wer die Jameos del Agua tagsüber besucht, geht zwar der mystischen Atmosphäre verlustig, dafür taucht die Sonne Ausschnitte des Lavagebildes in ein wunderschön warmes Licht. Außerdem gewinnt man andere Einblicke und weiß die Dimensionen des Höhlensystems besser einzuschätzen. Wer ein wenig Geduld hat, kann im überdachten Lagunensee der Grotte die blinden Albinokrebse entdecken, die bei einer Vulkaneruption aus 2000 m tiefen Meeresgründen in diesen Tümpel gewirbelt wurden. Inzwischen vermehren sich die Tierchen wieder. Damit das so bleibt, sollte man der Aufforderung, keine Münzen in den Teich zu werfen, folgen. Denn die Korrosion der Münzen hatte zu ihrer Dezimierung geführt.

Jameo Grande

Am Ende des kleinen Sees betritt man wieder sicheres, da breiteres Terrain. Hier ist eine größere Tanzfläche angelegt und eine kleine Bar in den Vulkanfels geschlagen. Über aufwärts führende Treppenstufen gelangt man schließlich wieder in einen zum freien Himmel geöffneten Raum.

Der Blick nach oben zeigt einen von Sternen übersäten, wolkenlos klaren Himmel, wie er nur in der sauberen Luft der Kanaren zu finden ist. Bei einem abendlichen Besuch und nach der Durchquerung des dunklen Lavatunnels erscheint das Funkeln und Strahlen am Firmament noch intensiver. Von meterhohen Vulkanmauern umrahmt, findet man sich man sich vor einem nierenförmigen, blütenweiß getünchten Swimmingpool wieder, der in den Boden eingelassen ist. Ein leichter Wind kräuselt

Mein Tipp

Candle-Light-Dinner in einer Grotte

Wer sich etwas Besonderes gönnen möchte, sollte abends einen Tisch im Grottenrestaurant der Jameos del Agua reservieren. Livrierte Kellner eilen beflissen hin und her, um Bestellungen aufzunehmen oder Sektkübel und Silbertabletts zu den Gästen zu jonglieren. Oft ist kein einziger Tisch frei, der Oberkellner zuckt bedauernd die Schultern. Auf dem Grund einer Grotte zu speisen, windgeschützt im Kerzenlicht, tiefschwarz der Himmel mit glitzernden Sternen übersät – das ist einmalig. Gegen 22 Uhr leert sich das Restaurant in der Eingangsgrotte zusehends. Die Küche wird geschlossen und die Tanzfläche in der hinteren Grotte für das anstehende Konzert präpariert. Nur vereinzelt sitzen noch Grüppchen beisammen und unterhalten sich leise. Vor allem in der Nebensaison kommen zu dieser Stunde nur wenig mehr Gäste in die Jameos. Im Sommer kann es hier hingegen schon mal eng und turbulent werden. Doch für Luftaustausch ist dank der ausladenden Höhlenöffnungen gesorgt. Wenn ab 22 oder 23 Uhr die Bands zu spielen beginnen, kommt die wunderbare Akustik erst richtig zum Tragen. Selbst wenn die Art der Musik, mal kanarische Folklore, mal Soft-Jazz, mal Klassik, vielleicht nicht ganz den eigenen Geschmack trifft, kann der Abend kaum entspannter ausklingen als in diesem ›achten Weltwunder‹ (Öffnungszeiten s. Jameos del Agua S. 137, bitten Sie jemanden im Hotel, für Sie zu reservieren: Tel. 928 84 80 20; Abendveranstaltungen Juli–Sept. Sa 19–23, Okt.–Juni bis 22 Uhr).

die Wasseroberfläche. Vulkanfindlinge, Palmen und hoch aufragende Kandelaberkakteen säumen den abgerundeten Poolrand. Lichtdurchflutet das Ensemble. Man glaubt, sich in eine Filmkulisse der 1960er- oder 1970er-Jahre verirrt zu haben. Und es würde kaum überraschen, hier James Bond anzutreffen, der sich mit einer seiner zahllosen Schönheiten zum Dinner verabredet hat.

Das Auditorium

Viele Jahre war es geschlossen, weil sich ein Stein aus dem Gewölbe gelockert hatte, nun hat es endlich wieder die Pforten geöffnet: Das Auditorium in den Jameos ist über eine Treppe, die hinter der künstlichen Lagune liegt, zu erreichen. Der an das Innere einer Kirche erinnernde große Saal bietet Platz für 600 Zuschauer und garantiert eine ausgezeichnete Akustik. Hier, in dieser Oase der Ruhe, schalten selbst leidenschaftliche Videofilmer ihre Kamera eine Zeit lang aus. Gebannt lauschen die Besucher den sphärischen Klängen von Brian Eno, die im Hintergrund laufen. Für kulturelle Veranstaltungen, vor allem musikalische Vorführungen, gibt es keinen passenderen Rahmen.

Auch die Audiovisionsschau über die Insel Lanzarote, die von dem vielseitigen Künstler Ildefonso Aguilar gestaltet wurde, soll wieder zu sehen sein (s. auch S. 73; meist freitags, für Gruppen nach Vereinbarung).

Casa de los Volcanes

Vom Auditorium gelangt man zum Haus der Vulkane, einer Ausstellung zum Thema Natur und Umwelt, die bei ihrer Eröffnung in den 1970er-Jahren hochmodern und futuristisch anmutete, heute jedoch ein wenig den Charme einer veralteten Filmkulisse aufweist. Per Knopfdruck, wobei nicht mehr alles funktionstüchtig ist, kann man an diversen Monitoren bestimmte Programme zum Vulkanismus aufrufen oder sich mittels illuminierter Schautafeln über seismografische Zonen, die weltweit aktiven Vulkane und die historischen Ausbrüche (die letzte Eruption in Lanzarote ereignete sich im Jahr 1824), aber auch über Flora und Fauna der Kanarischen Inseln sowie über Umweltzerstörung etc. informieren.

Die Casa de los Volcanes geht auf die Idee und die Pläne von Jesús Soto zurück. Soto setzte sich schon beizeiten – ebenso wie César Manrique – dafür ein, dass das über 3000 Jahre alte Höhlensystem der Jameos del Agua von den Einheimischen nicht länger als Müllkippe benutzt wurde. Im Jahr 1966 konnte ein erster Abschnitt zur Besichtigung freigegeben werden, seither ist der Besucherstrom nicht mehr abgerissen.

Cueva de los Verdes

▶ H 5

Abzweig nach links von der Hauptstraße LZ-1 Richtung Norden, Tel. 928 84 84 84, www.centrosturisticos.com, nur mit Führung zu besichtigen: tgl. 10–18 Uhr zur vollen Stunde, bei großem Andrang auch öfter, letzte Führung 17 Uhr, Erw. 9 €, Kinder (7–12 Jahre) 4,50 €, hier gelten Bono 4 und 6 Centros (s. S. 40). Bitte beachten: Der Tunnelgang hat kein Geländer und ist für Gehbehinderte schwer zu bewältigen

Knapp 1 km von den Jameos del Agua entfernt (ausgeschildert) befindet sich ein weiteres, sehr ausuferndes Höhlensystem: die Cueva de los Verdes. Beide Vulkangebilde sind riesig und doch nur Glieder einer 7 km langen Kette aus Höhlen und Tunnels, die ausgehend vom Vulkan Monte Corona an der Nordspitze Lanzarotes bis zum Meer reichen. Der letzte Abschnitt der Vulkanröhre hinter den Jameos del Agua verläuft ca. 50 m unter dem Meeresboden. Seit Taucher auch dieses letzte Verbindungsstück ausfindig gemacht haben, gilt der Lavakanal (auch **Atlántida-Tunnel** genannt) als einer der längsten der Welt.

Etwa 2 km des unterirdischen Höhlensystems sind seit den 1960er-Jahren dem Publikum zugänglich. Außer der Beleuchtung, der Musik und kleinen Pfaden hier und da, die zur besseren Begehbarkeit angelegt wurden, ist die Cueva de los Verdes jedoch völlig naturbelassen. Im Gestein finden sich Spuren aus weißem Calciumkarbonat, rötlichem Eisen, gelbem Phosphor und schwarzem Magnesium. Die Temperaturen in der gesamten Höhle sind konstant und liegen bei 18 °C, die Luft ist weder feucht noch stickig, eher angenehm.

Geschichte

Die Bezeichnung ›Höhle der Grünen‹, wie Cueva de los Verdes übersetzt lautet, ist nicht auf die spärliche Vegetation am Eingang zurückzuführen, sondern auf eine Familie namens Verde, die dieses unterirdische Refugium im 17. Jh. wiederentdeckte und für sich zu nutzen wusste. Hier konnten sich die Sippenmitglieder (mit ausreichend Grundnahrungsmitteln versorgt), sollte es notwendig sein, mehrere Tage oder gar Wochen aufhalten, ohne

Unterirdisches Farbenspiel in der Cueva de los Verdes

dass die Piraten auch nur ahnten, wo sie Zuflucht gesucht hatten. Auch bei Unwettern kamen ihnen und ihren Weidetieren die Höhlen zupass. Vermutlich wussten schon die Altkanarier von der Existenz der Vulkantunnel und fanden hier Schutz.

Das Auditorium

Die verschieden großen Höhlen des Systems gehen in schmale und niedrige Gänge über, münden dann wieder in großzügigere Grotten und geben den Blick auf bis zu drei übereinander gelagerte Vulkanröhren frei. Die Höhlenführer lotsen ihre Gruppen schließlich in eine geräumige Grotte, die mit einer kleinen, erhöhten Bühne ausgestattet ist und gut 200–300 Sitzplätze bietet. Welch exzellente Akustik! Man könnte die berühmte Stecknadel fallen hören. Die getragene, leise Hintergrundmusik überzeugt selbst Skeptiker von der herausragenden Klangwirkung. Die Akustik ist nicht zu übertreffen, auch nicht vom Auditorium in den Jameos del Agua. Und so finden hier in unregelmäßigen Abständen Konzerte statt, Jazz, Klassik und Gesang. Häufiger werden jedoch die Jameos del Agua für Veranstaltungen genutzt. Vermutlich weil es in der Cueva de los Verdes weder Restaurant noch Bar gibt. Tief unten erwartet die Besucher noch eine Überraschung, die keiner erklärenden Worte bedarf. Welche, wird hier natürlich nicht verraten.

Malpaís de la Corona und Órzola ▸ G/H 4/5

Nach so viel Höhlenerkundung ans Tageslicht zurückgekehrt, weiß man die angenehmen Sonnenstrahlen zu schätzen. Wieder an der Straßenkreuzung angelangt, führt die Hauptstraße Richtung Norden durch das **Malpaís de la Corona.** Der Name ›Malpaís‹ (›Schlechtes Land‹) ist vermutlich auf die mangelnde Nutzbarkeit dieser zwar niederschlagsreichen, jedoch nicht kultivierbaren Region zurückzuführen. Dort, wo sich einst glühende Lava in gewaltigen Strömen über Felder und Äcker ergoss, wachsen heute nur noch die widerstandsfähigen Wolfsmilchgewächse (span.: *Tabaiba*).

Nach etwa 9 km erreicht man das an der Nordspitze Lanzarotes gelegene **Órzola.** Von hier starten dreimal täglich (sofern die See nicht zu wild ist) die Fährboote auf die bewohnte Nachbarinsel La Graciosa (s. S. 268). Das Meer zwischen beiden Eilanden ist besonders tief und fischreich (hier soll es auch Haie geben, sagen die Einheimischen, doch mit eigenen Augen gesehen hat sie noch keiner). Viele Lanzaroteños fahren am Wochenende mit ihren Booten zum Angeln und Fischen vor die Küste von Graciosa und verbringen auch die Nächte auf dem Meer.

Übernachten

In Órzola gibt es mittlerweile vereinzelt Übernachtungsmöglichkeiten (www.fewo-direkt.de).

Im Hafen – **Los Vientos:** Tel. 928 84 25 57, www.casas-lanzarote.de/orzola, Mindestaufenthalt 3 Nächte, ca. 25 € pro Nacht und Person. Das Haus selbst fällt nicht auf, der Garten drumherum schon eher. Hier vermieten Deutsche 4 Apartamentos mit je zwei Schlafzimmern. Alles ist wohnlich eingerichtet und gepflegt.

Abgeschieden – **Apartamento Waldero:** Am Dorfrand von Órzola, www.islas-canarias-reisen.de, 1. Etage in einem zweistöckigen Haus, ca. 68 m^2, 2 Schlafzimmer, nur wenige Meter Fußweg zum Strand und Meer, TV und Internetzugang.

Essen & Trinken

Zahlreicher sind die Restaurants und Bars. Frischer Fisch ist hier kein Luxus, die Portionen sind meist üppig, die Preise gemäßigt. Selbst wer (noch) keinen Hunger verspürt, sollte auf einer der Terrassen rund um die Hafenbucht Platz nehmen, sich einen Aperitif gönnen und dazu eine kleine Portion marinierte Sardinen, frittierte Calamares oder gebratene Tintenfische, gekochte Miesmuscheln oder gedünstete Garnelen kosten.

Mit Meerblick – **Casa Arraez** und **Perla del Atlántico:** beide Calle Peña de Dionisio, Tel. 928 84 25 88 und 928 84 25 89. Beide bieten hervorragende Küche, Fisch und Meeresfrüchte, leckere Nachspeisen. Da auch hier in der Hochsaison enormer Andrang herrscht, wird der Ton der Kellner bedauerlicherweise etwas unangenehm, ca. 15–20 €.

Typisch kanarisch – **Punta Fariones:** Das Lokal füllt sich morgen, mittags und abends schlagartig, immer wenn die Fähre nach Graciosa ablegt. Viele Einheimische trinken hier schnell noch einen Café, bevor sie an Bord gehen, oder kommen sonntags zum Familienessen hierher.

Aktiv

Boote zu mieten – Wer privat ein Boot (meist nur mit Fahrer) mieten oder die unbewohnten Eilande **Alegranza** oder **Montaña Clara** erkunden will, kann die Fischer von Órzola fragen. Um die kleinen Inseln zu besuchen, braucht man allerdings eine Genehmigung von der Delegación Insular del Medio Ambiente in Arrecife, Castillo de las Coloradas, zweiter Stock, Tel. 928 81 46 16.

Infos

Fähre nach La Graciosa
In Órzola legt die Fähre zur Nachbarinsel La Graciosa ab (Details s. S. 268).
Wassertaxi: Das Wassertaxi La Graciosa offeriert ebenfalls eine schnelle und günstige Überfahrt bzw. Exkursionen zur Isla Alegranza, Isla Montaña Clara sowie zu verschiedenen Stränden auf La Graciosa (bis max. 8 Pers. pro Tour, ca. 8–12 € pro Pers., abhängig von der Länge der Route, Tel. 928 84 20 51 und 676 90 18 45).

Parque de las Pardelas ▸ G 4

Tgl. 10–18 Uhr, Tel. 9 28 84 25 45, www.pardelas-park.com, Erw. ca. 3 €, Kinder ca. 2,50 €, Eselreiten 3 €
Kurz hinter dem Ort Órzola – auf dem Weg zum Mirador del Río – liegt der Parque de las Pardelas (auf Deutsch: Gelbschnabelsturmtaucher). Bei einem Spaziergang durch das Terrain dieser Farm lernt man nicht nur die gesamte Flora und Fauna der Insel kennen. Kinder kommen beispielsweise beim Kneten in einer traditionellen Töpferei oder beim Eselreiten besonders auf ihre Kosten. Für Erwachsene werden Wanderungen zum nahe gelegenen Volcán de Quemadita angeboten. Außerdem: günstige Mittagsmenüs unter 10 €.

Auf der Weiterfahrt säumen aufgegebene Opuntienfelder und neu angelegte Weinfelder die Straße. Nach einigen Serpentinen treffen wir auf die Hauptstraße. Hier gilt es zu entscheiden, ob man die Inselrundfahrt fortsetzt oder den Heimweg antritt.

Das Beste auf einen Blick

Der Nordwesten

Highlights!

Mirador del Río: Dieser Aussichtspunkt im äußersten Norden Lanzarotes ist eine der wichtigsten Sehenswürdigkeiten der Insel. Ebenso beeindruckend ist die architektonische Gestaltung, die sich so nahtlos in die Landschaft einfügt, dass man den Eingang fast übersieht. S. 149

Haría: Das malerische Dorf liegt mitten im »Tal der 10 000 Palmen«. Kein anderer Ort der Insel kann mit dieser Palmenpracht mithalten. S. 152

Auf Entdeckungstour

César Manrique: Er ist der bekannteste Sohn der Insel, seine Spuren sind hier überall zu finden. Zwei Kunstwerke des Multitalents werden hier ausführlicher vorgestellt. Auf Manriques Engagement ist außerdem ein nahezu einzigartiges Phänomen auf Lanzarote zurückzuführen. Vielleicht ist es Ihnen schon aufgefallen? S. 156

Kulinarischer Streifzug: Neue Geschmackserlebnisse versprechen einige einheimische Spezialitäten, die man vor allem auf Wochenmärkten aufspüren kann. Hier findet man biologisch hergestellten Ziegenkäse, selbst gemachte Marmelade oder auch ein uraltes Grundnahrungsmittel der Kanaren: den *gofio.* S. 164

Kultur & Sehenswertes

Casa Museo César Manrique: Auch sein letztes Domizil war alles – nur nicht gewöhnlich. Seit 2013 zeigt man der Welt sein Refugium. Wir schauen nicht ohne Scheu: Sollte manches nicht *privatissimo* bleiben? S. 153

Ermita de las Nieves: Ein kleiner Abstecher führt zu dieser einsam auf einem Plateau gelegenen Kirche. Es braucht ein wenig Zeit, bis man wahrnimmt, wie wunderbar still es an diesem Ort ist. S. 160

Genießen & Atmosphäre

Panoramarestaurant im Mirador del Río: Die Überraschung ist groß, im Mirador auf ein Restaurant bzw. eine Cafetería zu stoßen, die einen solch fantastischen Ausblick bietet. Das Essen und Trinken kann dabei fast zur Nebensache werden. S. 150

Wildspezialitäten in Haría: Nahezu alle Restaurants in diesem Ort bieten marinierte Kaninchen und andere Wildspezialitäten an. Die Zubereitung variiert und bleibt (natürlich) das Geheimnis des jeweiligen Kochs. S. 159

Die Panoramaroute

Die Route führt vom Küstenort Arrieta in den Norden – über Haarnadelkurven und auf Berge. Von Anhöhen (wie dem Mirador del Río) sind die Aussichten ins Tal und auf das endlos scheinenden Meer naturgemäß die besten, so auch hier. Von der Nordspitze verläuft die Strecke über Guinate und den Tropical Parque, der in erster Linie Kinder begeistern dürfte, bis zum Palmendorf Haría. Wer gerne fotografiert, sollte diese Tour an einem klaren Tag vornehmen. Schöne Motive sind allemal zu finden.

Infobox

Internet
www.centrosturisticos.com

Verkehrsmittel
Für diese Route benötigen Sie einen Leihwagen oder Sie lassen sich recht preisgünstig von einem Taxi kutschieren. Die meisten Taxifahrer bieten diesen Service an und wissen darüber hinaus auch Spannendes über Lanzarote zu berichten. Allerdings scheitert die Vermittlung oft an den Sprachkenntnissen auf beiden Seiten. Wer gerne Kurven fährt, wird sich auf die Strecke freuen. Bisweilen sind die Straßen sehr eng und es empfiehlt sich, ab und zu die Hupe zu bedienen, um Entgegenkommende zu warnen.

Wetter
Das Wetter im Norden kann innerhalb weniger Stunden mehrfach umschlagen: von Sonnenschein und klarem Himmel zu dichtem Nebel, der Autofahrer dazu zwingt, die Geschindigkeit auf 30 km/h zu drosseln. Glücklicherweise hält diese Schlechtwetterphase meist nur eine halbe Stunde an und löst sich dann wieder überraschend auf.

Von Arrieta in die Nordspitze ▸ G 4/5

Am Kreisverkehr von **Arrieta** mit dem roten Mobile von Manrique geht es durch die dünn besiedelte Landschaft Richtung Mirador del Río. Das Mobile mit dem Namen **»Juguetes del Viento«** (»Windspiele«) ruft ebenso wie das **Monumento al Campesino** nördlich von San Bartolomé (s. S. 208) bei den Einheimischen nicht nur Begeisterung hervor. Ihnen, so empören sie sich, wurde jahrzehntelang gepredigt, bei ihren Häusern auf die traditionellen Farben und Formen zurückzugreifen, Manrique hätte sich bei seinen Kunstwerken jedoch nicht daran gehalten. Und warum, so fragt sich hier manch einer, stammen fast alle öffentlichen Kunstwerke von Manrique, gibt es doch eine Reihe junger Bildhauer, die nur auf ihre Chance warten, um ihre gestalterischen Ideen der Öffentlichkeit zugänglich zu machen?

Torrecilla de Domingo

▸ G 4

Hinter der Abzweigung zu den Jameos del Agua erstreckt sich eine Region, in der Weinanbau betrieben wird. Rechts zweigt eine schmale Straße nach Órzola ab, wir bleiben jedoch weiterhin auf der Hauptstraße und sehen bald darauf links oben auf einem stattlichen Hügel das Schloss **Torrecilla de Domingo** thronen. Das Kastell war jahrzehntelang trotz seiner traumhaften Lage herrenlos: Inzwischen hat sich ein neuer Besitzer gefunden, der sein Anwesen jedoch nicht für die Öffentlichkeit zugänglich macht.

Wenig später weist links ein Schild auf die **Bodega Herederos** (Weinprobe und Verkauf) hin. Sie ist über eine kurze Schotterpiste zu erreichen.

Yé ▸ G 4

Die kleine Ortschaft Yé mit nur wenigen Einwohnern liegt am Fuß des **Monte Corona,** an dem auch Wein angebaut wird. Die meisten Touristen durchfahren Yé, um direkt den wenige Kilometer entfernten Mirador del Río anzusteuern.

Übernachten

Blick auf den Vulkan – **Finca de la Corona:** Calle Las Rositas 8, Tel. 928 52 80 19, www.rural-villas.com, DZ ab 140 €. Erschwinglicher Luxus, wunderschön gestaltet und weit ab von allem Lärm.

Essen & Trinken

Landgasthaus – **El Volcán de la Corona:** in Yé direkt an der Abzweigung zum Mirador del Río, Do geschl., 9.30–18.30 Uhr, ab ca. 15 €. Restaurant mit deftigem Essen und schönem Innenhof.

Mirador del Río ! ▸ G 4

Tgl. 10–18, 15. Juli–15. Sept. 10–19 Uhr, letzter Einlass 15 Min. vor Schließung, Eintritt 4,50 €, Kinder ca. 2,50 €, Kinder unter 7 Jahren Eintritt frei. In den Sommermonaten wird aufgrund des hohen Andrangs der späte Nachmittag als Besuchszeit empfohlen. Im Mirador del Río kann das Kombiticket 3, 4, 6 Centros (s. S. 40) genutzt werden

Um zum Mirador del Río zu gelangen, biegt man von der LZ-202 nach rechts ab. Wäre der Aussichtspunkt nicht ausgeschildert und deuteten die parkenden Mietautos nicht auf eine Sehenswürdigkeit hin, man würde glatt vorbeifahren. Nirgendwo sonst scheint Manriques Konzept, Kunst und Architektur den natürlichen Gegebenheiten anzupassen, so perfekt umgesetzt wie hier. Von außen lässt sich eine dreisstufige Terrassenmauer aus braunen Vulkansteinen erkennen. Das zyklopenhafte Fensterauge in der Mitte deutet dezent den Eingangsbereich an.

Zunächst betritt man einen hellen Gewölbegang. An den Wänden wurden hier und da Nischen ausgespart, in denen Töpfereien ausgestellt sind. Dunkle Holzdielen und Grünpflanzen setzen Akzente. Der Höhlengang führt in einen großen Saal, in dem eine Cafetería untergebracht ist. Dass sich hinter den bescheidenen Eingangsmauern solch lichte und weite Räumlichkeiten auftun, ist verblüffend. Wie magnetisch angezogen läuft man in diesem Saal zum Fenster hin, das fast die gesamte Wandbreite einnimmt und eine grandiose Aussicht bietet.

Einen noch besseren Blick hat man nur noch draußen! Hier pfeift zwar meistens ein kalter, heftiger Wind, doch das Panorama lässt dies vergessen: Aus knapp 500 m Höhe bricht die Küste jäh ab. Tief unten sind die aufgelassenen **Salinenfelder von El Río** auszumachen. Vom Sonnenlicht angestrahlt, schimmern sie in verschiedenen Braun- und Rottönen und erinnern an die Farbpalette eines Malers. Daneben liegt der lange, helle Sandstrand **La Punta,** weit und breit kein Badender in Sicht. Jenseits der Meerenge scheint die kleine Schwesterinsel La Graciosa zum Greifen nah. Dahinter liegen die unbewohnten **Islotes Montaña Clara** und **Alegranza,** zwischen denen der schmale **Roque del Oeste** aufragt. An die Brüstung gelehnt, fällt beim Blick zurück auf den Mirador wiederum auf, wie sehr die Integration der Architektur in die Natur gelungen ist und wie wenig hier draußen vom Innenleben des Gebäudes verraten wird.

Angesichts der exponierten Lage des Mirador del Río und des Ausblicks, den man genießt, wird klar, warum sich an dieser Stelle jahrhundertelang ein wichtiger strategischer Beobachtungsposten befand, der 1898 im spanisch-amerikanischen Krieg auch als Kanonenstützpunkt genutzt wurde (daher auch der frühere Name: La Batería). 1973 wurde La Batería dann von César Manrique zum **Panoramarestaurant** umfunktioniert. Viele hal-

ten es für sein Meisterwerk (s. auch S. 156).

Zurück ins Innere: Bei Kaffee und Sandwich an einem der fensternahen Plätze im Restaurant kann man eine der drei Eisenskulpturen (zwei davon befinden sich in den Gängen) des Meisters in Augenschein nehmen. Sie erinnert manchen Betrachter allerdings an eine überdimensionale, mutierte Spinne und ruft daher eher wechselhafte Gefühle hervor. Doch auch hierbei hat Manrique auf die Kombination von Kunst und Funktionalität geachtet. Das Metall der Skulpturen, so heißt es, vermag Geräusche zu dämpfen – und trägt so zur kontemplativen Stimmung des gesamten Ensembles bei.

Etwas lebhafter geht es allerdings im oberen Stockwerk zu, wo Kunsthandwerk, Bücher, Musik-CDs und andere inseltypische Souvenirs verkauft werden.

Vom Mirador del Río scheint die Nachbarinsel La Graciosa zum Greifen nah

Von der Nordspitze nach Haría ▸ G 4/5

Vom Mirador aus wählen wir die rechte, schmalere Straße entlang der Küste (falls dieser Straßenabschnitt wegen Renovierungsarbeiten gesperrt sein sollte, wählen Sie den gleichen Weg wie bei der Hinfahrt). Immer wieder lockt der fantastische Ausblick zu kurzen Pausen. Nach etwa 4 km weist rechts ein Schild in das **Dorf Guinate** und zum **Guinate Tropical Parque** (tgl. 10–17 Uhr, Eintritt 14 €, Kinder ab 4 Jahre 6 €, Tel. 928 83 55 00, http://guinatetropicalpark.com). Der 1990 eröffnete Park, am Rande der Famara-Klippen gelegen, bietet etwa 1300 exotischen und weniger exotischen Tieren aus aller Welt ein Gehege (u. a. Pfauen, Pfefferfressern, Flamingos, Eulen und Fischreihern).

Der zahlreiche Nachwuchs habe sich ganz von allein eingestellt, versichern die Parkbesitzer, was darauf schließen lässt, dass sich die Tiere (meist Vögel) inzwischen eingelebt haben und wohlfühlen. Ob dies auch bei den Kakadus und Papageien der Fall ist, die zwischen 11.30 und 16.30 Uhr stündlich im Restaurant Kunststücke vorführen und ihre Pfiffigkeit beweisen müssen, wollten uns auch die sprachbegabten Vögel nicht verraten. Die Show fängt pünktlich an und dauert lediglich 15 Min. – ein (zu) teures Vergnügen.

In der Nähe des Vogelparks, am Ende der Straße, kann man am **Mirador de Guinate** (Eintritt frei) einmal mehr die hervorragende Aussicht genießen: Steil fällt die **Risco de Famara** ab, tief unten befindet sich ein schmaler Küstensaum mit vereinzelten Häusern, im Süden wiederum sind die beinahe gleich hohen Gipfel des **Quemada** (562 m) und der **Helechos** (581 m) auszumachen.

Haría ! ▸ G 5

Zurück auf der Straße Richtung Süden passiert man zunächst die kleine Ortschaft Máguez, die beinahe nahtlos in das Palmendorf Haría übergeht. Haría liegt eingebettet in einer fruchtbaren und wasserreichen Gegend. Vieles in dem Ort erinnert an die spanisch-maurische Architekturtradition: die kleine **Plaza de la Constitución** (am Ortsausgang), deren hohe Mauer allmählich von violett und orange blühenden Bougainvilleen erobert wird, die gepflegten Gärten und Bürgerhäuser oder die überdachten Holzbalkone mit ihren kunstvollen Schnitzereien.

Nicht weniger einnehmend ist die Gelassenheit der Einwohner, die sich auch bei großem Besucherandrang nicht aus der Ruhe bringen lassen. Don Pedro ist einer von ihnen. Sein Großvater, der noch im ausgehenden 19. Jh. geboren wurde, erzählte ihm oft von der Zeit, als Haría bei Sommerfrischlern hoch im Kurs stand. »Todo por el buen clima« – »Alles wegen des guten Klimas« –, sagt er stolz und lässt sich auf einer der Bänke an der lang gestreckten **Plaza León y Castillo** nieder. Je nach Saison und Tageszeit präsentiert sie sich als ruhiger oder umtriebiger Dorfplatz. Immer wenn eines der Restaurants seine Pforten öffnet und die Gäste unter den bunten Sonnenschirmen Platz nehmen, belebt sich der Ort in Windeseile.

An der Längsseite der Plaza reihen sich wohl geordnet Eukalyptusbäume und prächtiger Indischer Lorbeer aneinander. Ihre ausladenden Äste und das üppige Laubwerk formen ein natürliches Sonnendach, das selbst in der heißen Mittagshitze kühlen Schatten verheißt. Die weiß gekalkte Mauer entlang der Plaza zieren einige naive Malereien sowie ein pathetisches Gedicht, in dem der Autor seine Liebe zu den Kanarischen Inseln zum Ausdruck bringt. Andere Graffiti fordern zur Solidarität mit den nordafrikanischen Brüdern auf.

Am Ende der Plaza steht eine kleine Bühne, vermutlich für die nächste Tanzveranstaltung. »Ach was«, winkt Don Pedro ab, »das sind noch die Aufbauten vom Karneval.« Der ist aber schon vier Wochen vorbei. »Nicht auf Lanzarote, hier ziehen sich die närrischen Tage inzwischen bis zu einem Monat hin. Erst wird in Arrecife gefeiert und dann ist Woche für Woche eine andere Gemeinde an der Reihe.«

Nuestra Señora de la Encarnación

Die wuchtige Pfarrkirche am Ende der Plaza León y Castillo erhielt ihre heutige Form, nachdem die Vorgängerkirche im Jahre 1956 durch einen Sturm zerstört worden war. Es ist ein seltsamer und nüchterner Bau mit untypischen hellen Bänken und ebenso untypischer, äußerst sparsamer Innendekoration. Das Retabel des kanarischen Bildhauers Luján Pérez aus dem 18. Jh. konnte vor dem Sturm gerettet werden und krönt noch heute den Altar. Die angenehmen Lichtverhältnisse stimmen ein wenig versöhnlich mit diesem zu groß geratenen Sakralbau. Rechts der Pfarrkirche befindet sich das Kirchenmuseum **El Museo de Arte Sacro Popular.** Das 1975 eröffnete Haus hat keine festen Öffnungszeiten. Doch man verpasst hier nicht allzu viel: Die Exponate – liturgische Werke aus der ursprünglichen Kirche, Kandelaber, Monstranzen, Kelche – sind rar und werden in einem sehr dunklen Raum aufbewahrt. Das Ganze stimmt eher traurig. Lustiger und lauter geht es in der Bar **La Tegala** nebenan zu, ein Treffpunkt der Gemeinde.

Tienda y Taller de Artesanía

Sommer 10–13.30 und 16–19, Winter 15–18 Uhr, Eintritt frei

Von der kleinen Plaza de la Constitución führt eine Seitenstraße an der Dorfbibliothek vorbei zur Tienda y Taller de Artesanía. Es handelt sich um ein Kunsthandwerkszentrum, in dem Häkelarbeiten, Keramik und Korbwaren gefertigt werden.

Es gibt keine festen Zeiten für die Handwerker. Sie arbeiten, wann es ihnen passt, wodurch die Räume zuweilen ein wenig verwaist wirken. Schöner ist es, wenn überall gebastelt wird, dann kommt Leben ins Haus.

Die Kunsthandwerker erlauben es gerne, dass ihnen jemand beim Arbeiten über die Schulter schaut: z. B. den flinken Korbflechtern oder den traditionellen Keramikherstellern, die ganz ohne Töpferscheibe auskommen. Es ist jedoch von Vorteil, wenn man die Leute (auf Spanisch, hier spricht man kein Deutsch) um Erlaubnis fragt, bevor man durch die kleinen Werkstätten wandert.

Direkt neben der Tienda y Taller de Artesanía befindet sich der Mercado de Abastos, s. S. 159.

Casa Museo César Manrique

Tgl. 10.30–14.30, letzter Einlass um 13.30 Uhr, Besucherzahl begrenzt, daher ist es empfehlenswert, die Tickets vorzubestellen, Tel. 928 84 31 38, www.fcmanrique.org, Erw. 10 €, in Kombination mit der Fundación 15 €, Kinder 5 €. Es wird auch ein 45-minütiger Film über den Künstler und sein Leben mit englischen Untertiteln gezeigt

1988 zog es César Manrique nach Haría. Nachdem er in Taro de Tahíche seine Traumvilla vollendet hatte (s. S. 190), konnte sich der Künstler vor neugierigen Besuchern kaum mehr retten und wurde ständig in seiner Arbeit unterbrochen. Er entschloss sich daher, einen weniger bekannten Wohnsitz zu suchen. In Haría fand er ein altes Anwesen, das er nach seinen Vorstellungen restaurierte.

Seit 2013 kann man sein letztes Domizil besuchen, weitestgehend im Originalzustand, um die Authentizität des Ortes zu bewahren: Dekorations- und Ausstellungsstücke, Souvenirs aus Japan und New York, afrikanische Masken, Keramikgefäße sowie viele Dinge des Alltags bringen uns sein Leben und Schaffen näher. Man schaut – bisweilen mit gemischten Gefühlen – auf das, was bislang verborgen blieb, wie etwa beim Blick in Kleiderschränke, sein Schlafzimmer oder in die Bäder, in denen man sogar seine Parfümflakons und eine uns allen bekannte Tagescreme ausmachen kann. Doch meist siegt die Neugier über die Scheu, etwa beim Betrachten der Spirituosen in seiner Bar oder beim Anblick der vielen Bildbände und Romane. Ebenso familiär, fast intim wirken die Fotos, die Manrique mit Prominenten aus Politik, Kunst und Gesellschaft zeigen: Altkanzler Helmut Kohl und Felipe González sind ebenso darunter wie Nelson Rockefeller, Josephine Baker oder der Dichter Rafael Alberti, nicht zu vergessen sein Freund und Förderer Pepín Ramírez. Er war offensichtlich stolz auf all diese Begegnungen und hielt die Schnappschüsse hübsch gerahmt in Ehren. So zieren sie bis heute Regale und einen eleganten Flügel im Wohnbereich.

Berührend ist auch ein Blick in seine Werkstatt und auf das letzte unvollendete Gemälde: Farben, Pinsel, Tuben, Dosen, so als wäre er nur mal kurz nach draußen gegangen und würde bald daran weiterarbeiten. Dazu der immer wiederkehrende Satz aus seinem Tagebuch: »Montag: den ganzen Tag über gemalt. Dienstag: den ganzen Tag über gemalt. Samstag: den ganzen Tag über gemalt.«

Den bunten VW im Vorgarten fuhr der Künstler selbst (verunglückt ist er in seinem Jaguar). Die Pop-Art-Bemalung des Golfs ist dem BMW nachempfunden, den Manrique 1990 zum Art Car umgestaltete. Auch hier ging es ihm darum, Kunst und Technik zu versöhnen, indem er die Karosserie aufhübschte und dabei bunte Farben in weichen Rundungen ineinanderfließen ließ.

Wer ähnlich viel zu sehen hofft wie in der Fundación, wird hier enttäuscht. Für Manrique-Liebhaber ist es dennoch ein besonderes Erlebnis: Man glaubt einen Moment lang, der Maestro könnte aus

dem Nichts wieder auftauchen und seinen Gästen einen Drink anbieten.

Am Grab von César Manrique

Nicht weit entfernt von seiner letzten Wirkungsstätte in Haría befindet sich der Friedhof des Ortes. Dort wurde César Manrique, der 1992 im Alter von 73 Jahren bei einem Verkehrsunfall ums Leben kam, beerdigt. Meist schmücken frische Blumen sein Grab.

Das Tal der 10 000 Palmen

Was die Gegend in und um Haría so reizvoll macht, sind nicht zuletzt die vielen wild wachsenden Palmen. Warum gerade diese Inselregion so üppig damit bestückt ist und woher sie ihren Namen hat, dafür haben die Einwohner verschiedene Erklärungen. So erzählen sie immer wieder gern, dass ein Lehrer vor etlichen Jahren seine Schüler damit beauftragt habe, die Palmen zu zählen. Als die Schützlinge beim 10 000. Exemplar angekommen seien, hätten sie zu zählen aufgehört. Seither trage die Region den Namen »Tal der 10 000 Palmen«.

Etwas bescheidener, aber ebenfalls nicht verbürgt, ist die zweite Version. Dieser zufolge wird mit ▷ S. 159

Eine Palme für jedes neugeborene Kind – eine schöne Legende rund um Haría

Auf Entdeckungstour: César Manrique – Maler, Bildhauer, Architekt

Ob in seinen abstrakten Gemälden, seinen farbenfrohen Windspielen, seinen architektonischen Entwürfen oder seiner Vision einer prosperierenden Insel – immer ging es dem Maestro darum, die Schönheit Lanzarotes zu bewahren und über die Landesgrenzen hinaus bekannt zu machen.

Reisekarte: ▶ G 4/5

Mirador del Río: tgl. 10–17.45 Uhr, Eintritt: 4,50 €, Kinder 2,25 €

Internet: www.fcmanrique.org

Als César Manrique nach 23 Jahren in der Fremde im Jahr 1968 nach Lanzarote zurückkehrt, geht er an die Umsetzung seiner Träume. Er wünscht, der Welt die Schönheit seiner Insel zeigen zu können und Lanzarote in ein Bollwerk gegen die zerstörerischen Kräfte der Zivilisation umzugestalten. Zudem möchte er den Beweis dafür erbringen, dass die Symbiose zwischen Kunst und Natur, Natur und Kunst möglich ist. Seine Energie und sein Ideenreichtum sind unerschöpflich. Es gibt keinen Ort auf der Insel, für den Manrique nicht sofort einen Entwurf parat hat – hier ein Fischerdorf nach traditionellem Muster, dort ein außergewöhnliches Hotel, hier ein Panoramarestaurant, dort ein Kakteengarten.

Auch im Norden Lanzarotes kann man sich von der künstlerischen Bandbreite Manriques überzeugen, die in den Juguetes del Viento und dem Mirador del Río zwei Ausdrucksformen gefunden hat. Die **Casa Museo César Manrique** bei Haría ist auf S. 153 ausführlich besprochen.

Juguetes del Viento

Unsere Entdeckungstour beginnt auf der Hauptstraße LZ-1 Richtung Norden. Auf der Höhe von Arrieta, an einem Kreisverkehr, treffen wir auf ein Rondell, in dessen Mitte eine große Manrique-Skulptur aufgestellt wurde. »Windspiele« (»Juguetes del Viento«) heißt das karminrote Stahlmobile aus dem Jahr 1992, dessen Querachsen mit Spiralen und kegelförmigen Formen versehen sind und durch den häufig wehenden Passat in Bewegung gehalten werden.

Die überdimensionierten Skulpturen verändern nach Einfluss von Wind und Wetter ihr Aussehen. Die unterschiedlichen geometrischen Formen reagieren jede für sich anders auf die wechselnden Windstärken und Richtungen. Da die meisten Windspiele Manriques jedoch auf Kreuzungen stehen, nimmt man diese Veränderung im Vorbeifahren nur selten wahr.

Mirador del Río

Mit kaum einem anderen Projekt ist Manrique seinem Ideal, Kunst und Natur zu vereinen, so nahe gekommen wie mit dem Mirador del Río. Inmitten einer unwirtlichen Landschaft entstand im äußersten Norden Lanzarotes eine Aussichtsplattform, die viele für das Meisterwerk César Manriques halten (s. auch S. 149). Als der Mirador 1974 offiziell eröffnet wurde, galt er als das modernste Bauwerk der Welt. Mitstreiter bei der Umsetzung waren Jesús Soto und der Architekt Eduardo Cáceres.

Das Entree zum Mirador ist so perfekt in eine halbkreisförmige Vulkanmauer integriert, dass man leicht daran vorbeifahren könnte: Die dazugehörigen Seitenflügel links und rechts des Eingangs scheinen die geologischen Geländeformationen – hier die steil abfallenden Klippen der Risco de Famara, dort den Volcán de la Corona – miteinander verbinden zu wollen.

Durch einen gewundenen Gang ähnlich einem Schneckengehäuse gelangt man ins wunderbar helle Innere. Oberlichter, offene Mauernischen sowie meterhohe und -breite Fensterfronten versorgen das mehrstöckige Ensemble mit natürlichem Tageslicht. Die horizontal gewölbte und leicht vertikal geneigte Glasfront im Bereich der Cafetería verstärkt den Panoramaeffekt des Ausblicks.

Durch einen Lichtschacht der Dachterrasse, der sich am Scheitelpunkt des Gebäudes befindet, gelangt man in den Außenbereich. Die Brüstung befindet sich unmittelbar über dem Abgrund. Stets weht eine steife Brise. Der Blick nach unten flößt auch Schwindelfreien Respekt ein. Manch einer flüchtet schnell wieder ins geschützte Innere und nimmt die Gestaltung des umlaufenden Geländers aus Eisen und Holz kaum wahr. Die Anordnung erinnert an den Bug eines Schiffes, das sich dem Chinijo-Archipel nähert, die Inseln La Graciosa, Alegranza, Montaña Clara und den Felsen Roque del Oeste fest im Blick. Wer die berühmteste Szene des Titanic-Streifens nachstellen will, hat hier Gelegenheit dazu. Apropos Film: 1979 wählten Filmemacher den Mirador del Río zum zentralen Drehort für die Fernsehserie »Timm Thaler«. Hier hauste der teuflische Baron del Lefouet, gespielt von Horst Frank. Das Ziel des Barons war mehr als perfide: Er wollte Timm Thaler sein Lachen abkaufen. Die 13-teilige Fernsehserie wurde mit großem Erfolg im ZDF ausgestrahlt.

Zurück in der Cafetería fallen die schlichten Materialien auf, die für das gesamte Gebäude verwendet wurden: weißes Mauerwerk, dunkles Vulkangestein, massives Holz; Grünpflanzen setzen hier und da Akzente. Und wer erneut die Wendeltreppen rauf- oder runtersteigt und die Räumlichkeiten genauer betrachtet, wird keinen rechten Winkel finden. Aussichtsplattform, Treppen und selbst der Parkplatz vor dem Mirador: alles rund!

Sieht man nur, was man weiß?

Einigen wenigen fällt es sofort auf. Die meisten merken es nie. Und warum auch? Selten hat sich ein Mangel so positiv ausgewirkt. Dabei ist es doch mehr als ungewöhnlich. Wo mag es dies sonst noch geben? In abgelegenen Dörfern der Mongolei oder in den einsamen Weiten Patagoniens? In stärker besiedelten Regionen wohl kaum, schon gar nicht in gut erschlossenen Touristenparadiesen. Da ist Lanzarote, unbestritten eines der beliebtesten Urlaubsziele der Mitteleuropäer, wirklich einzigartig.

Nur, warum fällt es den meisten Urlaubern nicht auf? Spätestens bei einer Inselrundfahrt müsste die Unberührtheit der Landschaft es augenscheinlich machen. Und dann, nachdem man die ganze Insel erkundet hat und weder in der Hauptstadt Arrecife noch bei den touristischen Attraktionen darauf gestoßen ist, geschweige denn in den kleinen Dörfern, gibt man sich geschlagen.

Unglaublich, aber wahr! Auf Lanzarote verschandeln keine Reklametafeln die Landschaft. Wenn Schilder vorhanden sind, weisen sie lediglich auf in der Nähe gelegene Sehenswürdigkeiten hin. Es gibt auch Plakate an offiziellen Gebäuden, die auf Veranstaltungen hinweisen. Doch: Kommerzielle Werbung ist verboten. Dass dies so ist, verdanken wir dem Willen der Lanzaroteños und César Manrique. Denn das Werbeverbot wurde u. a. auf seine Veranlassung hin beschlossen und gilt seit 1968 für die ganze Insel. Doch ohne das Einverständnis und den aktiven Einsatz der Lanzaroteños wäre Manriques Anliegen nicht durchsetzbar gewesen.

Auch nach dem Tod des Architekten und Malers hat sich daran nichts geändert, wie das engagierte Einschreiten der Inselbewohner beweist. Als ein internationales Automobilunternehmen 1992 große Plakatwände entlang der Straße aufstellte, forderten zahlreiche Bürger die Inselbehörde auf, diese zu entfernen, wenn nicht, würden sie es selbst tun. Der Protest der Bürger zeigte den gewünschten Erfolg. Seither ist von keinem ähnlichen Vorfall zu berichten.

jedem neu geborenen Kind auch eine neue Palme gepflanzt. Inzwischen habe man auf diese Weise die Zahl 1000 erreicht und spricht – etwas bescheidener – vom »Tal der 1000 Palmen«. Anfang des 16. Jh., als noch keine brandschatzenden Piraten die Region verunsicherten, soll der Palmenbestand noch viel größer gewesen sein.

Essen & Trinken

Spezialitäten in Haría sind Kaninchenbraten und kanarische Eintöpfe. Nahezu alle Restaurants haben diese Gerichte auf der Speisekarte.

Mariniertes Wild – **El Cortijo:** am Ortsausgang Richtung Teguise, Tel. 928 83 56 86, Hauptgericht ca. 20 €. Kanarische (in Beize eingelegte Kaninchen, Wild, Zicklein etc.) und internationale Küche.

Leckere Kaninchen – **Los Cascajos:** am Ortsausgang Richtung Máguez, Tel. 928 83 54 71, www.restaurantelos cascajos.com, ca. 20 €. Auf Touristen eingestellt, empfehlenswert sind die Kaninchen.

Gesund – **La Puerta Verde:** Calle Fajarco 24, Do–So 13–22 Uhr, ab ca. 25 €. Die Argentinierin Maria betreibt das Restaurant. Es ist ihr sehr wichtig, Leckeres und Gesundes auf den Tisch zu bringen und dabei dennoch fantasievoll zu kombinieren. Die Speisekarte klingt wie eine Wundertüte: Kaninchen mit Schokosoße, knusprig-frische Rösti mit Lachstartar und Apfelmus, Zwiebelkuchen aus dem Ofen, karamellisierter Ziegenkäse mit Salatbouquet, hausgemachtes Kaktusfeigen-, Aloe-Vera- oder Gofio-Eis … Auch für Allergiker gibt es geeignete Kost.

Bürgertreffpunkt – **Bar La Tegala:** Plaza de Haría, schräg gegenüber der Kirche, tgl. 12–22 Uhr oder länger, wenn die Gäste einfach nicht gehen wollen, Glas Wein ca. 2 €, Tapas ab ca. 6 €. Angenehme Atmosphäre, einheimisches Publikum, geboten werden Tapas und andere Snacks.

Mein Tipp

Restaurante Mesón la Frontera
Hier steht noch *gofio* auf der Karte: ein aus geröstetem Mais hergestellter, vielseitig verwendbarer Teig. Heute meist als Beigabe serviert, war er einst Grundnahrungsmittel der Ureinwohner. Zu empfehlen ist besonders der gebackene Ziegenkäse mit Feigenmarmelade sowie die zarten Fleischgerichte (Wild, Rind, Schwein) in Speck-, Paprika- und Zwiebelsoße. Und zur Abrundung des Essens sollten Sie nach dem hausgemachten Dessert des Tages fragen *(postre de la casa).* Die Süßspeisen wie z. B. *Torrijas de Lanzarote* (Fettgebackenes in Palmenhonig) sind eine Sünde wert (Calle Casa de atrás 4, Tel. 928 83 52 65, tgl. 12.30–21.30, So 12–17 Uhr, Hauptgericht ca. 20 €).

Einkaufen

Frisch und fruchtig – **Mercado de Abastos:** Calle de la Longuera, Mo–Sa 9–14 Uhr. Der Markt der Gemeinde bietet Obst und Gemüse, Fisch und Fleisch, Brot und Käse. Vieles davon ist hausgemacht und stammt aus ökologischem Anbau.

Kunsthandwerk – **Mercado de Haría Artesanal:** Sa 10–14 Uhr. Puppen, Flechtwaren, Gehäkeltes, begleitet von kanarischer Livemusik und kulinarischen Spezialitäten aus der Region wie Ziegenkäse, Kakteen- und Feigenmarmelade.

Infos & Termine

Extreme: Anfang Okt., www.hariaex treme.com. Laufwettbewerb in unterschiedlichen Distanzen: 10, 22,5, 32,5 oder 56 km, außerdem sind Höhenunterschiede von bis zu 1450 m zu überwinden.

Von Haría nach El Mojón ▸ G 5–F 6

Von Haría (278 m hoch gelegen) geht es nun in Richtung Süden weiter bis zum Mirador de Haría. Die Straße windet sich in zahlreichen engen Kurven das Tal empor. Es ist die serpentinenreichste Strecke auf der Insel (hupen Sie zur Sicherheit vor engen und unübersichtlichen Kurven). Hier, im **Valle Malpaso,** präsentiert sich die Insel – dank der reichlichen Niederschläge in dieser höchsten Region – von ihrer grünen Seite.

Nach ca. 2 km kann man links eine kleine Ansammlung von Kiefern entdecken, die von den Lanzaroteños in maßloser Überschätzung ›Der Wald‹ genannt wird. Am Wegesrand gedeiht wilder Fenchel; verschiedene Aussichtspunkte werden passiert, wobei der erste den besten Blick zurück auf das Tal Haría bietet – eine Oase mit Palmen und schmucken weißen Häusern.

Mirador de Haría ▸ F/G 5

Es geht weiter steil bergauf. Am Mirador de Haría ist dem Namen zum Trotz die Aussicht auf das Tal nicht ganz optimal (der zum Mirador gehörende Kiosk ist seit Jahren geschlossen, man plant jedoch, hier ein kleines Informationszentrum zu Flora und Fauna der Insel zu eröffnen).

Drei Kurven und wenige Höhenmeter weiter erreicht man erneut einen Aussichtspunkt (mit Restaurant Los Helechos und Souvenirgeschäft). Hier befindet man sich in der Nähe der Doppelgipfel **Peñas del Chache** und damit annähernd auf dem höchsten Punkt Lanzarotes (671 m). Eine Einkehr ins Restaurant lohnt sich (wenn nicht gerade mehrere Busse davor parken). Das Angebot reicht von frischen Salatvariationen über diverse Tapas bis hin zu den klassischen kanarischen Gerichten. Das Ambiente ist jedoch sehr schlicht (Plastikdecken, einfaches Besteck).

Ermita de las Nieves ▸ F 6

Etwa 3 km hinter dem Mirador de Haría zweigt rechts eine geteerte Straße zur Ermita de las Nieves (608 m) ab. Früher wurde die Einsamkeit der Einsiedelei zumindest alle vier Jahre unterbrochen, wenn zu Ehren der heiligen Schneejungfrau (Virgen de las Nieves) eine Prozession stattfand – als Dank für die winterlichen Niederschläge.

Mit diesen Feierlichkeiten war zugleich die Bitte verbunden, die Jungfrau möge auch weiterhin für genügend Regen sorgen (Schnee ist auf Lanzarote unbekannt, daher müsste sie vielmehr als heilige Wasserjungfrau bezeichnet werden). Trotz der stets verschlossenen Pforten wirkt die Ermita nicht verlassen – eher beruhigend, einnehmend still. Selten trägt der Wind matte Töne aus der Ferne hierher. Man kann nur hoffen, dass dies auch in Zukunft so bleibt.

Wer die Aussicht auf die **Playa de Famara** genießen will, sollte sich 200 m weiter Richtung Küste wagen (gefahrlos). Unten sieht man den langen, hellen Küstensaum, daneben die kleine Urbanización La Famara mit ihren ovalen Flachdächern. Es handelt sich um die älteste Feriensiedlung auf der Insel, die sich jedoch nie großer Beliebtheit erfreut hat.

Links des Strandes schließt sich das kleine Fischerdorf **La Caleta de Famara** an und in der Ferne kann man **La Isleta** (kleine Insel) ausmachen, auf der inzwischen Teile einer großflächigen, modernen Sportanlage (La Santa, s. S. 184) errichtet wurden.

Nach diesem kleinen Abstecher geht es zurück auf die Hauptstraße Richtung Süden. Immer wieder eröffnen sich zur rechten Seite schöne Ausblicke auf **Los Valles,** das ›Kartoffeldorf‹, wie es die Einheimischen nennen, weil es hier die besten Kartoffeln der Insel geben soll. Wenn die Felder frisch bestellt sind (auf Lanzarote kann man mehrmals jährlich ernten) und aus dem tiefschwarzen Gestein die neuen kräftig grünen Pflanzen sprießen, bietet die Landschaft ein besonders pittoreskes Bild.

Parque Eólico ▶ G 6

Noch vor Los Valles befindet sich linker Hand der Eingang zum Parque Eólico. Der Park ist zwar nicht zu besichtigen, dennoch lohnt es sich, bis zur Absperrung zu fahren, um die Windmühlen aus der Nähe zu betrachten. Der Standort ist gut gewählt: Stets bläst eine kräftige Brise ohne allzu große Turbulenzen und lässt die Propeller mit erstaunlicher Geschwindigkeit rotieren.

Im April 1993 wurde der Park mit insgesamt 48 Windrädern eröffnet. Man erhoffte sich davon 5 MW Energieleistung stündlich zu gewinnen. Diese hätten seinerzeit 35 % der Energie gespendet, die die Entsalzungsanlagen Anfang der 1990er-Jahre benötigten. Die kleinen Molinos sollten 100 kW pro Stunde liefern, die großen 180 kW. Nur etwa 1 Mio. € soll das Projekt bis zur Installation gekostet haben. Allerdings hat die Erfahrung gezeigt, dass die Molinos nicht zu nah beieinander stehen dür-

Kirchlein mit schönem Ausblick: Ermita de las Nieves

fen, um die Leistung nicht zu mindern. Inzwischen wurden die ursprünglichen Windräder durch modernere ersetzt, dabei auch der nötige Abstand eingehalten und die Anzahl auf neun große Mühlen reduziert. 2014 beschloss die Inselregierung, ein zehntes Windrad aufzustellen, um so die Leistung auf 8,4 MW zu steigern. Die Installation des zehnten Rades soll ebenfalls knapp 1 Mio. € kosten. Viele Lanzaroteños begrüßen das, denn sie wollen aus Lanzarote eine Insel machen, die sich zu hundert Prozent aus nachhaltigen Energien speist. Hierfür hat der Inselrat Investitionen in einer Höhe von 40 Mio. € veranschlagt. Ob dieser – im Verhältnis zu vergleichbaren Großprojekten – doch sehr überschaubare Betrag dafür ausreicht?

Los Valles ▸ F/G 6

Auf die Hauptstraße zurückgekehrt, hält man sich links Richtung Los Valles. Kurz vor dem Ortseingang in einer Kurve liegt links das Restaurant Los Valles, von dem aus man die beste Aussicht auf das lang gestreckte Dorf genießt: eine sanft geschwungene Hügellandschaft, beinahe unnatürlich grün die Felder, strahlend weiß die Häuser, von einem azurblauen Himmel überspannt. Los Valles, ein beschaulicher, hübscher Ort, wurde von den Überlebenden des Ortes **Santa Catalina** gegründet, die aus ihrem Dorf im Gebiet von Timanfaya fliehen mussten, als die vulkanische Aktivität der Feuerberge begann: Sechs Jahre lang (1730–36) wurde ein Areal von 17 km^2 immer wieder mit glühen-

Beinahe unwirklich grün leuchten die Felder rund um Los Valles

den Lavaströmen übergossen und unter grauem Ascheregen begraben.

Die Pfarrkirche in ihrem neuen Domizil erhielt in Erinnerung an das verlassene Dorf den Namen Santa Catalina. Zu Ehren der Schutzpatronin finden jährlich im November mehrtägige Feiern statt, während derer das ruhige Los Valles kurzfristig aus dem Dornröschenschlaf erwacht. In einer gemeinsamen Aktion schmücken die Bewohner ihr Dorf, dann beginnen die Festlichkeiten.

Tagsüber stehen neben Fahrradrennen, Kindertheater und Verlosungen auch Filmvorführungen auf dem Programm, am Samstagabend heizt dann eine Liveband mit kanarischer Folklore und südamerikanischen Rhythmen ein. Die Lanzaroteños tanzen dazu gern und ausdauernd bis in die frühen Morgenstunden – ein ausgelassenes Fest!

Essen & Trinken

Mit Ausblick – **Los Valles:** Calle Celemín 21, Di–So 12–20 Uhr, Tel. 928 52 81 14, ab 18 €. Kurz vor Ortsbeginn befindet sich der Aussichtspunkt Los Valles mit dem gleichnamigen Restaurant. Auf der windgeschützten Terrasse genießt man meist deftige Gerichte und einen wunderschönen Blick auf das ›Kartoffeldorf‹ Los Valles.

El Mojón ▸ F 6/7

Kurz hinter Los Valles (ca. 1 km) zweigt links eine schmale Straße zum Weiler El Mojón ab. Einst Zentrum der traditionellen Keramikherstellung ohne Töpferscheibe, ist El Mojón heute ein kleines, verlassenes Nest. Touristen verirren sich nur selten hierher, fotografieren die **Ermita de San Sebastián** aus dem 17. Jh. und schwirren in den nahtlos angrenzenden Ort **Teseguite** ab. Auch dieses von ehemaligen Maurensklaven gegründete Dorf hat mit einer zunehmenden Abwanderung der jungen Bewohner zu kämpfen.

Zurück an der Kreuzung biegt man nun rechts ab und gelangt nach 3 km wieder zur Hauptstraße, an der es links nach **Arrieta** – dem Ausgangspunkt der Panoramaroute – geht. Wer nach **Costa Teguise** weiterfahren möchte, biegt hier rechts und nach weiteren 4 km links zur Küste ab. Am späten Nachmittag, wenn die schräg einfallende Sonne rötliche, braune, gelbe und graue Schimmer auf die einförmige Vulkanwildnis der **Montaña Corona** wirft, entfaltet diese Strecke einen besonderen Reiz.

Auf Entdeckungstour: Auf dem Markt – kulinarischer Streifzug

Wer die einheimischen Spezialitäten auf Lanzarote kosten möchte, fährt in die Dörfer, besucht die Wochenmärkte oder eine der weit abgelegenen Fincas. Vor allem auf dem Wochenmarkt in dem von Landwirtschaft geprägten Haría findet man biologisch hergestellten Ziegenkäse, selbst gemachte Marmelade oder auch das Grundnahrungsmittel der Kanaren, den Gofio, in vielerlei Varianten.

Wochenmarkt in Haría (▶ G 5): Sa 10–14 Uhr
Weitere besuchenswerte Märkte:
Haría: Mercado de Abastos, Calle de la Longuera, tgl. 9–14 Uhr
Teguise (▶ F 7): So 9–14 Uhr, Trödelmarkt, auch frische und ökologisch zubereitete Lebensmittel
Mancha Blanca (▶ D 7): So 9–14 Uhr, Bauernmarkt
Tías (▶ D 8): Sa 10–14 Uhr, Wochenmarkt
Arrecife (▶ F 8): Fr 9–15 Uhr, Obst- und Gemüsemarkt

Immer wieder samstags wird es lebhaft auf der Plaza León y Castillo in Haría. Bio- und andere Bauern bieten ihre Waren feil, Goldschmiede und Kunsthandwerker stellen ihre Kostbarkeiten aus. Doch im Vergleich zum Markt in Teguise ist der Wochenmarkt in Haría überschaubar, ursprünglich und mehrheitlich von Einheimischen besucht.

Gutes aus erster Hand

Neben Kunsthandwerk findet man auf dem hiesigen Wochenmarkt vor allem **selbst produzierte Nahrungsmittel.** Ihr Genuss lohnt, denn sie werden traditionell, d. h. auf natürliche Weise hergestellt. Gleichzeitig werden dadurch die Bemühungen einer ökologischen Landwirtschaft unterstützt.

Auch Anke von der **Finca Atalaya** hat hier ihren Stand und bietet natürlich hergestellte Naturjoghurts und Ziegenkäse an. Seit einigen Jahren lebt sie mit Maribel auf der Finca. Die beiden Bäuerinnen erledigen alles in mühsamer Arbeit. Die Ziegen bekommen reines Naturfutter: Gras und wild wachsende Kräuter. Ob die Erzeugnisse deshalb so intensiv und lecker schmecken?

Bunte Warenvielfalt

Wer **Ziegenkäse** mag, wird sich über die vielen unterschiedlichen Sorten und Reifegrade freuen: Es gibt frischen *Queso de Cabra* (wegen seiner Farbe auch *Queso blanco* genannt, 3–4 Tage), halbweichen *(semi tierno,* 7–8 Tage), halbtrockenen bzw. gereiften *(semi seco, semi curado,* bis zu 20 Tage) oder den mehr als zwei Monate alten *(Queso durado).* Um den Ziegenkäse haltbarer zu machen, wird er mit einem Mix aus Paprika und Olivenöl bestrichen. Die Einheimischen kombinieren ihn übrigens am liebsten mit süßem Quittengelee, dem *Dulce de Membrillo* – eine interessante Mischung für den Gaumen.

Bisweilen werden auf den Wochenmärkten (sowie in Supermärkten) auch die typischen **Lanzarote-Linsen** angeboten (fragen Sie nach *Lentejas de Lanzarote;* sprich: *lentechas).* Die hier angebaute Sorte ist klein, sonnenverwöhnt und daher besonders schmackhaft. Meist braucht man sie nicht lange einzuweichen. Es genügt, die Linsen ca. 20–30 Min. zu kochen und mit Essig, Salz und Thymian zu würzen, um den Eigengeschmack nicht zu überdecken.

Eine weitere Besonderheit, auf die man fast nur auf Wochenmärkten stößt, sind die **Papas Crias** – Inseltrüffel. Sie werden in der feuchten Jahreszeit in der sandigen Region von **El Jable** (s. S. 179) gesammelt. Die Sandtrüffel *(Terfezia arenaria),* die mehr nach Pilzen schmecken als nach Trüffel, heißen *papas,* weil sie die Form von Kartoffeln haben. Sie werden nur wenige Zentimeter groß, doch manche erreichen auch das Zehnfache an Gewicht und Größe.

Gesunder Appetit

Wen bei all den angebotenen Leckereien der Appetit überkommt, hat es nicht weit zum Restaurante **Mesón la Frontera** (s. S. 159, ca. 300 m nördlich vom Wochenmarkt). Hier kann man den für Lanzarote typischen *gofio* kosten – eine Speise, die schon die Guanchen schätzten: Gersten-, Mais- oder Weizenkörner werden geröstet und dann fein gemahlen zu *gofio* verarbeitet. So entsteht ein ballaststoffreiches Vollkornmehl, das mit Wasser, Milch oder Honig vermengt zu Kügelchen geformt wird. Da *gofio* wenig Eigengeschmack besitzt, wird er etwa zum Panieren von Fisch, als Mehlersatz für Pfannkuchen, als Brei mit Obst für Kinder oder für diverse süße Nachspeisen verwendet.

Das Beste auf einen Blick

Die Inselmitte

Highlight!

Fundación César Manrique: Nach seiner Rückkehr auf die Heimatinsel entdeckte Manrique bei Taro de Tahíche zunächst die Spitze eines Feigenbaums und darunter ein versteinertes Lavabett mit fünf Vulkanblasen. In diesen fünf geräumigen Höhlen wollte er sein Zuhause errichten. Verrückt, meinten die Leute. Er tat es dennoch und erlangte Berühmtheit. Sein Haus wurde später in die Fundación César Manrique umgewandelt. S. 190

Auf Entdeckungstour

Sonntagsmarkt in Teguise: Wer Trubel sucht und gerne handelt, sollte sich sonntags zum Markt in Teguise einfinden. Es ist der beliebteste und der größte aller Wochenmärkte auf der Insel. S. 174

Ein Abend bei den Luchadores: Für Laien sieht es aus wie Judo. Und wer Judo kann, wird die Regeln dieser typischen kanarischen Sportart leicht verstehen. Aber auch wer weder die Regeln des einen noch des anderen beherrscht, wird sich hier in der Arena von Tao gut unterhalten. S. 186

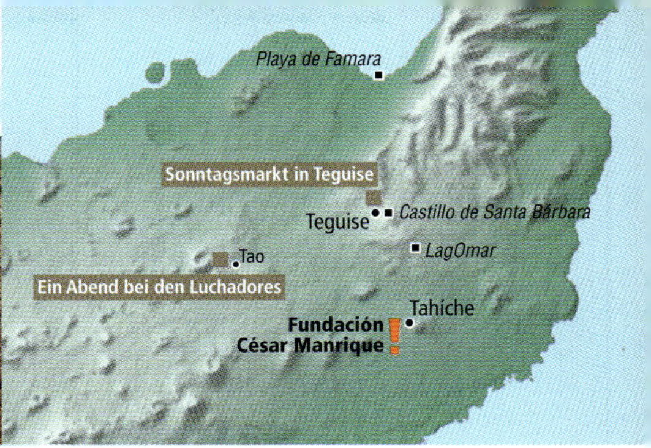

Kultur & Sehenswertes

Castillo de Santa Bárbara: Der Standort für dieses Kastell wurde bewusst gewählt. Früher hielt man nach Piraten Ausschau, um rechtzeitig gewappnet zu sein, heute ist in der Burg, von der man einen weiten Rundumblick genießt, den Bösewichten ein Piratenmusem gewidmet. S. 178

Aktiv unterwegs

Playa de Famara: Etwa 45 Min. von Teguise entfernt befindet sich dieser bei Wellenreitern beliebte, da stets windige Strand. Schaulustige bekommen hier immer etwas zu sehen. Badende sollten allerdings Vorsicht walten lassen, denn die Strömung ist tückisch. S. 181

Genießen & Atmosphäre

Bodegas und Cafeterías in Teguise: Ob während oder nach dem Sonntagsmarkt – eine Pause in einer der vielen Bars, die auf großes und internationales Publikum eingestellt sind, weckt neue Lebensgeister. S. 173

Abends & Nachts

Essen bei Omar Sharif: Die Legende wird eifrig genährt. Omar Sharif soll die wunderbare Villa LagOmar bei einem Kartenspiel verzockt haben. Das heutige Restaurant ist stilvoll und elegant, die Speisen außergewöhnlich. Ein Teil der Anlage wird tagsüber als Museum genutzt. S. 194

Rund um Teguise

Teguise ▸ F 7

Teguise ist eine der ältesten Siedlungen der Ureinwohner auf Lanzarote und zugleich eine der ältesten Städte auf den Kanarischen Inseln. Bereits 1418 von Maciot de Béthencourt, dem Neffen des ersten kanarischen Kolonisators Jean de Béthencourt, gegründet, erhielt der Ort bald darauf den Titel »Villa Real« (Königliche Stadt). Und noch heute sprechen selbst die jüngsten Einwohner von ›La Villa‹, wenn sie Teguise meinen. Seinen jetzigen Namen verdankt das traditionsreiche Städtchen dem Gründer Maciot, der damit seiner Gattin Teguise – einer Prinzessin der Ureinwohner – eine besondere Ehre erweisen wollte.

Teguise war (und ist immer noch) eine wohlhabende Stadt. Von spanischen und portugiesischen Baumeistern im Schachbrettmuster angelegt, fand sie mit ihren gepflegten Palästen und ausladenden Plätzen in den südamerikanischen Kolonien reichlich Nachahmer. Auch die verschiedenen Sakralbauten – der **Convento de San Francisco** (16. Jh.), die Pfarrkirche **Iglesia de San Miguel** (seit dem 15. Jh. bis Anfang des 20. Jh. immer wieder neu aufgebaut) und das Kloster **Santo Domingo** (18. Jh.) – zeugen von der einstigen Bedeutung als Bischofssitz.

Bis 1852 war Teguise die Hauptstadt der Insel. Da Lanzarote dem nordafrikanischen Festland näher liegt als alle anderen Kanarischen Inseln, hatten die Einwohner am häufigsten unter Piratenangriffen zu leiden. Um der Hauptstadt besseren Schutz zu gewährleisten, wählte man als Kapitale eine Stadt im Inselinnern. Zudem installierte man Beobachtungsposten im nahe gelegenen Castillo de Santa Bárbara (s. S. 178), damit die Bevölkerung rechtzeitig gewarnt werden konnte. Dennoch gelang es berberischen Seeräubern mehrmals, bis nach Teguise vorzudringen, wo sie brandschatzend und plündernd durch die Straßen zogen.

Die Blutgasse *(Callejón de la Sangre)* erinnert an zwei besonders schwere Attacken. Der Überfall im Jahr 1569 ging glimpflich für die Teguiser aus. Frühzeitig durch die Glockenschläge der Franziskaner in Alarm versetzt, trieben sie die einfallende Horde in die schmale Gasse und kesselten sie ein. 170 Piraten sollen damals den Tod gefunden haben. Vom zweiten Angriff, im Jahr 1586, wurde die Bevölkerung überrascht. Der Anführer Morato Arraez und seine Meute richteten ein grausames Gemetzel unter der Bevölkerung an.

Die schlimmsten Verwüstungen erlitten Stadt und Bewohner jedoch

Infobox

Internet

www.teguise.com: Seite mit vielen Infos und einer Straßenkarte (auch deutsch)

www.fcmanrique.org: offzielle Homepage der Fundación César Manrique (nur spanisch)

Tourismusbüro

Das Tourismusbüro Villa Teguise liegt neben dem Palacio Spínola, an der Plaza de la Constitución s/n, und ist täglich von 10–17 Uhr geöffnet.

Blick in die Tienda Mundo Natural: Wer Teguise bislang nur vom Sonntagsmarkt kennt, wird überrascht sein, wie ruhig und beschaulich es hier sonst zugeht

32 Jahre später, 1618, als eine von Solimán und Xabán aufgewiegelte Seeräuberbande 900 Einwohner gefangen nahm und deren Häuser sowie die umliegenden Äcker in Brand steckte.

Die vermeintlich geschützte Lage im Inselinnern, die Teguise Anfang des 14. Jh. zur Hauptstadt prädestinierte, erwies sich ab Mitte des 19. Jh. als Nachteil. Bei dem florierenden weltweiten Handel kam als Kapitale nur eine Hafenstadt infrage und so löste 1852 Arrecife die alte Inselhauptstadt ab.

Sonntags, wenn sich Scharen von Touristen in Teguise tummeln, um auf dem Markt Souvenirs zu erstehen, kann man sich kaum vorstellen, wie ruhig und gelassen der Ort unter der Woche wirkt. Ohne Marktrummel kommt die in sich geschlossene, harmonische Architektur Teguises voll zur Geltung. Erst dann fällt die Ähnlichkeit zur andalusischen Architektur auf: Fenster, Türen und Balkone versehen mit kunstvollen Schnitzereien; angenehm kühl und mit liebevoll gehegten Grünpflanzen geschmückt die Patios (offene Innenhöfe); breit die Straßen und Plätze für öffentliche Anlässe; schmal die schattigen und verwinkelten Gassen zwischen den Wohnhäusern; schlicht und traditionell die Bars und Restaurants.

Convento de Santo Domingo 1

Ausstellungen in der Kirchenhalle: unregelmäßige Öffnungszeiten, meist So–Fr 10–14 Uhr, Eintritt frei

Der Convento de Santo Domingo an der gleichnamigen Plaza datiert aus dem frühen 18. Jh. Dominikaner und Franziskaner erhielten bereits im 16. Jh. als erste Ordensgemeinschaften die Erlaubnis, auf den Kanarischen Inseln missionieren zu dürfen. Heute

Teguise

Sehenswert
- 1 Convento de Santo Domingo
- 2 Plaza Camilo José Cela
- 3 Pfarrkirche de San Miguel
- 4 Casa Museo del Timple
- 5 La Cilla
- 6 Convento de San Francisco
- 7 Palacio Marqués de Herrera
- 8 Theater
- 9 Gran Mareta

Übernachten
- 1 Finca Mimosa

Essen & Trinken
- 1 La Cantina
- 2 Acatife
- 3 Crêpería al Patio
- 4 Hespérides
- 5 La Tahona
- 6 La Bodeguita del Medio
- 7 Bodega Santa Bárbara

Einkaufen
- 1 Tienda Mundo natural
- 2 Timples-Werkstatt

ist im ehemaligen Kloster das Rathaus *(Ayuntamiento)* untergebracht. Die Kirchenhalle hat seit 1988 umfangreiche Restaurierungsarbeiten hinter sich. Bei den sehr umstrittenen Arbeiten wurden Freskenmalereien, mehrere Retabel, der Treppenaufgang zur Kanzel und die ursprünglichen Keramikfliesen zerstört. Im Untergeschoss entdeckte man während der Umbauarbeiten ein Beinhaus mit mehr als 100 Skeletten, von denen einige teilweise mumifiziert waren. Eine interessante Entdeckung, da in den historischen Grabstätten der Lanzaroteños zwar Beigaben wie diverse Gefäße, aus Knochen gefertigte Punzen, Steinketten und Muscheln gefunden wurden, es jedoch bislang keinerlei Indizien für Mumifizierungen gegeben hat.

Seit Mitte der 1990er-Jahre werden in der Kirchenhalle des Convento wechselnde Ausstellungen präsentiert. Ein Blick lohnt sich immer wieder. Das Spektrum, das hier gezeigt wird, ist breit gefächert: von sakraler alter Kunst – etwa Gemälde und Skulpturen zur Jungfrau Maria – über aktuellen Fotorealismus aus dem Amazonas bis hin zu Fragen des Umweltschutzes, die insbesondere die Inselkünstler umtreiben und daher immer wieder zum Motto der Ausstellungen werden. Ebenso frei wie die Themen sind die Kunstformen (Gemälde, Videoinstallationen oder Ready-Mades) und Materialien wie Leinwand, Holz, Bronze, Plastik oder Papier. Manchmal lassen die nur knapp beschriebenen Stücke die Besucher etwas ratlos zurück, und man würde sich eine kuratierende Hand wünschen. Andererseits hat diese offene Programmpolitik den Charme des Unprätentiösen, Unkonventionellen und Unfertigen.

Plaza Camilo José Cela 2

Die Plaza gegenüber dem Convent ist dem spanischen Nobelpreisträger für Literatur (1989) gewidmet, Camilo José Cela. Die Inschrift unter der Skulptur lautet: »A través del pensamiento el hombre puede ir descubriendo la verdad que ronda oculta por el mundo« – »Durch seine Gedanken kann der Mensch die Wahrheit entdecken, die verborgen in der Welt umgeht«.

Iglesia de San Miguel 3

Einige Straßen weiter, im Zentrum des Ortes, steht die Pfarrkirche San Miguel an der gleichnamigen Plaza. Das Gotteshaus mit dem markanten Turm, Mitte des 15. Jh. im gotischen Stil errichtet, wird auch Nuestra Señora de Guadalupe genannt und zählt zu den ältesten Sakralbauten der Kanarischen Inseln. Vom ursprünglichen, wahrscheinlich sehr schlichten Gebäude, in das nur durch das Eingangs-

portal Licht eindrang, ist heute nichts mehr zu sehen. Piratenüberfälle und mehrfache Brände – der letzte im Jahr 1909 durch die Nachlässigkeit eines Messdieners ausgelöst – zerstörten immer wieder große Teile des Gotteshauses und des Inventars. Heute zeigt sich die (nur selten geöffnete) Pfarrkirche frisch renoviert. Im Inneren des dreischiffigen Baus wird die Statue der hoch verehrten Jungfrau von Guadalupe aufbewahrt.

Mein Tipp

Natürlich schön – Tienda Mundo natural 1

Diese Kleider, Hosen, Hemden und Strickjacken aus hochwertiger, natürlicher Baumwolle sind alle in Handarbeit gefertigt – schlichte und zeitlose Modelle zu erschwinglichen Preisen. Der Besitzer wirkt auf den ersten Blick etwas mürrisch, kompetent ist er dennoch. Und wer nicht die passende Größe findet, kann auf www.canarycotton.es sein Lieblingsstück ordern, muss aber mit Wartezeit rechnen, denn auch dieses Stück wird nach Ihren Wünschen und Maßen von Hand gefertigt (Calle Reyes Católicos, gegenüber der **La Cilla** 5, Mo–Sa 10–15, Do 9–14.30 Uhr).

Casa Museo del Timple 4

Mo–Sa 9–16, So und Fei 9.30–15.30 Uhr, Eintritt ca. 3 €

An der Plaza San Miguel befindet sich der ehemalige **Palacio Spínola**. Zwischen 1730 und 1830 erbaut, wechselte der Stadtpalast in der Folgezeit mehrmals seine adligen Besitzer, bis er 1974 vom multinationalen Konzern Río Tinto aufgekauft wurde. Auch der Präsident der Kanarischen Inseln weiß offenbar das Ambiente zu schätzen und residiert bei seinen Aufenthalten auf Lanzarote im Palacio.

Heute ist hier die Casa Museo del Timple untergebracht. Die Timple, eine Gitarre mit fünf Saiten, ist ein urkanarisches Instrument. Viele Timples, z. B. eine kuriose Ausführung, deren Körper eine Zigarrenkiste der Marke Churchill bildet, und verwandte Saiteninstrumente aus aller Welt werden hier ausgestellt. In den schön gestalteten Räumen finden regelmäßig Konzerte statt.

La Cilla 5

Gegenüber dem Palacio steht das ehemalige Zehnthaus *(La Cilla)* aus dem 17. Jh. Hier mussten die Bauern einst einen Teil ihrer Getreideernte abliefern. Bereits Jean de Béthencourt hatte diese Form der Steuer zugunsten der Kirche eingeführt. Als der spätere Inselherrscher Diego de Herrera glaubte, der Klerus könne gut auch ohne diesen Obolus auskommen und die Abgaben kurzerhand einbehielt, wurde er prompt vor Papst Sixtus IV. zitiert. Auch heute werden hier Zinsen eingetrieben und Gewinne verbucht – vor einigen Jahren hat sich eine Sparkassenfiliale in dem historischen Gemäuer niedergelassen.

Convento de San Francisco 6

Vom 1590 eingeweihten Convento de San Francisco (direkt an der Hauptstraße nach Arrecife gelegen) ist heute nur noch die Kirche erhalten. Auch dieser Franziskanerkonvent fiel den brandschatzenden Piratenhorden von Solimán im Jahr 1618 zum Opfer, das kostbare Inventar wurde geraubt. Mithilfe von Spendengeldern konnte der auch **La Madre de Dios de Maríaflores** genannte Konvent bereits zwei Jahre später wieder aufgebaut werden. Heute wird die großzügige Kirchenhalle für Ausstellungen einheimischer und ausländischer Künstler genutzt.

Palacio Marqués de Herrera 7

Wenige Meter entfernt von der Kirche, in der José Betancort, befindet sich der 1929 auf den Grundmauern eines Hauses aus dem 18. Jh. vorbildlich restaurierte Palacio Marqués de Herrera y Rojas (auch: Casa de los Herrera). Der Palast mit überdachtem Innenhof beherbergt eine Tapasbar, die leider nicht mehr zu empfehlen ist. So schön der gestaltete Patio ist, so ungehalten sind die Kellner, wenn man nicht genug konsumiert. Diese Erfahrung wurde leider auch von Lesern mehrfach bestätigt.

Theater 8

Das alte Theater von Teguise nahe der Casa de los Herrera hat im Verlauf seiner Existenz schon unterschiedlichsten Zwecken gedient. Im frühen 18. Jh. ersetzte der Bau eine Einsiedelei, dann diente er als erstes Hospital auf der Insel, später als Waisenhaus. Erst 1825 erhielt das Gebäude seine ursprüngliche Bestimmung als öffentliches Theater zurück. Nach jahrzehntelanger Pause belebt sich das Theater mittlerweile wieder: Am populärsten sind Lustspiele und volkstümliche Stücke.

Gran Mareta 9

Nordöstlich der Plaza de la Constitución befindet sich die Gran Mareta, ein großer runder Platz, der an Sonntagen von Markt- und Imbiss-Ständen eingenommen wird. Hierbei handelt es sich um eine ehemalige Zisterne von 40 m Durchmesser und über 9 m Tiefe. Das Wasserbecken diente während der häufig auftretenden Trockenperioden als Notdepot und war für alle Einwohner zugänglich.

Übernachten

Teguise wird nur selten als Domizil ausgewählt, weil man hier keinen Zugang zum Meer hat. Wer hier wohnt, hat andere Wünsche.

Für Leseratten – **Finca Mimosa** 1: am Südrand der Stadt, Buchung mind. 1 Woche, Tel. 0621 41 49 74, helmut.benze@brecht-benze.de. Hier gibt es nur zwei Wohneinheiten (Casa Principal 140 m², ca. 80 €, und Apartment Pánama, 70 m², ca. 65 €) auf 200 m² Gartenfläche; elegant gestaltet, mit gut sortierter Bibliothek.

Essen & Trinken

Den Reiz von Teguise machen neben dem harmonischen Stadtbild nicht zuletzt die zahlreichen alten Bars und Restaurants aus, hier eine Auswahl zu treffen fällt schwer. Es dominieren rustikale dunkle Möbel, weiß getünchte Wände und die einladenden, geräumigen Fensternischen: hier die Beine ausstrecken, die wärmende Sonne genießen und ein zweites Frühstück einnehmen – was will man mehr?

Zutaten der Region – **La Cantina** 1: Calle León y Castillo 8, Tel. 928 84 53 32, Di–So, Hauptgericht ca. 25 €, zahlreiche Tapas zu günstigen Preisen. Reichhaltiges Angebot guter Gerichte, auch kanarischer Herkunft, in angenehmer, lebhafter Atmosphäre. ▷ S. 177

Mein Tipp

Kanarische Musikinstrumente 2

In Teguise wohnt und arbeitet einer der letzten Hersteller von **Timples** (kleine Gitarren mit fünf Saiten). Die Werkstatt von **Antonio Lemes Hernández,** eine Garage, liegt ein wenig versteckt: Man biegt links neben dem Palacio de Spínola in die Seitenstraße ein und an der ersten Straße wieder nach links. Auf Wunsch baut er auch in wenigen Tagen eine individuelle Timple zusammen. Glücklicherweise findet die Tradition der Timplespieler in den letzten Jahr wieder mehr Aktive; z. B. mit Alexis Lemes oder Toñin Corujo, der seine Werkstatt in Arrecife (Calle Figueroa 20) hat, s. auch Konzerte in Jameos del Agua S. 141).

Auf Entdeckungstour: Sonntagsmarkt in Teguise – schauen, handeln, kaufen

Kein Markt auf Lanzarote ist größer, bunter und beliebter als der Sonntagsmarkt in Teguise. Wer gerne schaut, prüft und feilscht, wird hier sein Vergnügen finden. In der Hauptsaison kann es in den engen Gassen jedoch recht kuschelig werden. Dann heißt es, sich geduldig vorwärts schieben zu lassen oder in eine der vielen Bars zu flüchten, um danach gestärkt wieder in den Strom einzutauchen.

Cityplan: s. S. 170

Öffnungszeiten: So 9–14 Uhr. Der Markt zieht sich mit über 800 Ständen durch die gesamte Innenstadt.

Busse: So von Costa Teguise und Puerto del Carmen 9–11 Uhr alle 30 Min. hin und 12–14 Uhr zurück; von Playa Blanca 9 Uhr hin und 13.30 Uhr zurück.

Mitten ins Getümmel

Sonntagmorgen. Von 9 bis 14 Uhr ist Markt in Teguise, der ehemaligen Inselhauptstadt Lanzarotes. Selbst in der Nebensaison strömen die Besucher in Scharen aus den Touristenorten herbei, um diesem traditionellen und beliebten Ereignis beizuwohnen. Schon viele Kilometer vor der Stadt schleicht eine lange Schlange Mietautos vorwärts. Vor dem Ortseingang kommt der Verkehr zum Erliegen, denn jeder sucht einen Parkplatz möglichst in der Nähe des Marktes; Taxi- und Businsassen schauen hämisch grinsend zu, sie dürfen weiterfahren – mitten ins Getümmel hinein.

Der jeden Sonntag einsetzende Besucherstrom hat die Inselbewohner auf eine neue lukrative Einnahmequelle aufmerksam gemacht: überwachte Parkplätze. Zwar findet man hinter dem Ortsausgang meist noch problemlos einen kostenlosen Stellplatz, auch sind Diebe bei diesem Rummel kaum zu erwarten, aber wo bekommt man sonst noch für wenige Euros den ganzen Vormittag einen bewachten (wenn auch nicht gerade schattigen) Parkplatz?

Noch bevor man an einem der Marktstände die Ware genauer in Betracht nehmen kann, ertönt es abwechselnd von beiden Seiten: »Luk i'r, luk i'r, speschel prai'« – die inseltypische Variante des englischen Lockrufs: »Look here, look here, special price.« Und wer verkauft hier was? Das Angebot ist international – ebenso wie die Anbieter. Deutsche, Engländer und Belgier, Afrikaner, Araber und Gitanos und viele andere mehr preisen mitunter lautstark ihre Waren an und versuchen, die Aufmerksamkeit der Marktbesucher auf sich zu ziehen. Die Lanzaroteños unter den Standbesitzern dürften hingegen in der Minderheit sein.

Zu kaufen gibt es den grünen Olivinstein, zu Ketten in allen möglichen Größen verarbeitet, handgefertigte Spitzendecken in diversen Ausführungen, Leder-, Holz- und Korbwaren, (unechte) Elfenbeinarbeiten, Keramik, Spielzeug, Schuhe, Jeans, Bilder, Christusfiguren aus allen Materialien, Musikinstrumente und, und, und. Doch die Vielfalt der angebotenen Waren kann nicht über die oft mangelnde Qualität hinwegtäuschen.

Feilschen unter heißer Sonne

Ab 11 Uhr wird es meist unübersichtlich. Man schiebt und wird geschoben und von einem Stand zum anderen Stand gespült. Lachsalven und Sprachfetzen hängen in der Luft. Hände, Füße und der ganze Körper werden beim Feilschen zu Hilfe genommen. Die Worte »más barrato« (»günstiger«) lernen die Interessenten schnell. Ein paar Brocken Englisch und Deutsch beherrschen andererseits fast alle Budenbetreiber. So geht es hin und her, bis sich die Parteien handelseinig sind und das Geld seinen Besitzer wechselt. Die Sonne bleibt davon völlig unbeeindruckt, sie scheint unerbittlich stark auf Käufer und Verkäufer. Andererseits beflügelt sie das Geschäft: Sonnenhüte und Badeaccessoires finden reißenden Absatz.

Gestärkt in die zweite Halbzeit

13 Uhr. Es wird immer noch voller. Wo kommen all die Menschen her? Die erste Aufregung, einen ›echten‹ Markt zu besuchen, hat sich gelegt. Übermüdete Kinder, quengelnde Teenager, genervte Mütter, gelangweilte Väter, erschöpfte Omas ...

Wem das Ganze zu turbulent wird, weicht in eine der zahlreichen Bars aus, die alle sonntags ihre Tore öffnen. Denn an diesem Tag machen sie mehr Umsatz als die ganze restliche Woche. Auch hier gilt es daher, bisweilen Geduld für den Service aufzubringen. Wozu auch die Eile?

Gestärkt mit Tortilla, Tapas und einem herben kühlen Wein geht es weiter. So aufgeheitert entdeckt man Dinge, die einem zuvor entgangen sind. Lecker zubereiteter Ziegenkäse, selbst gemachte Feigenmarmelade und selbst gebackenes (Vollkorn-) Brot, die typischen kanarischen Soßen *(mojo rojo* und *mojo verde)* in vielerlei Varianten. Es gibt ausgefallenen Modeschmuck, wertvolle Gürtel aus stabilem Leder, zu denen man sich aus verschiedenen Schnallen die passende aussuchen kann.

Seit einigen Jahren ist außerdem eine neue Generation an Baumwollbekleidung in Mode. Schlicht, schick und garantiert hautverträglich. Teresa aus Teneriffa arbeitet seit Jahren an dieser Idee und hat die Modelle dazu entwickelt. Kleider, Kostüme, Hosen, Boleros ... Inzwischen hat sie Geschäfte auf mehreren Kanarischen Inseln eröffnet. Die Modistin betreibt auch zwei Geschäfte auf Lanzarote: eines davon in Teguise, gegenüber von La Cilla, das andere an der Hafenpromenade von Playa Blanca. Wer auf dem Markt nicht das Passende gefunden hat, wird vielleicht dort fündig.

Die deutschen Frauen, so meint sie, würden meist unauffällige Modelle wählen, die wenig körperbetont sind. Die Italienerinnen liebten es genau umgekehrt, eng anliegend und mit vielen Verzierungen. Engländerinnen zögen – unabhängig von ihrer Körperfülle – alles an, was ihnen gefiele. Teresa hat für alle genügend Auswahl zur Hand.

Wie laufen die Geschäfte?

14 Uhr. Plötzlich wird die Zeit knapp. Es reicht nicht aus, alles zu betrachten. Der Markt ist offiziell zu Ende. Die Budenbesitzer bauen ab. Manche von ihnen sind schon seit 5 Uhr auf den Beinen. Die meisten scheinen zufrieden, obgleich die Krise der letzten Jahre auch vor ihrem Geschäft nicht Halt gemacht hat. Zwar kommen in den letzten Jahren wieder mehr Urlauber auf die Insel als im Jahr 2009 – damals hatte man einen kolossalen Einbruch bei den Gästezahlen von mehr als 20 % zu verzeichnen. Doch das aktuelle Wachstum wirkt sich fast nur für die internationalen Reiseveranstalter positiv aus, weil die Haupteinnahmen des Tourismus in An-, Abreise und Unterkunft fließen und immer mehr Personal im Hotelgewerbe von außerhalb kommt. Die vielen kleinen Gewerbe, Kunsthandwerker und Bauern oder die Angestellten im Tourismus profitieren kaum oder gar nicht vom Umsatz durch die steigenden Besucherzahlen. Dennoch nehmen die Canejeros, wie die Lanzaroteños sich selbst nennen, die immer wiederkehrenden Krisen mit bewundernswertem Gleichmut. Man hört weitaus weniger Klagen als hierzulande, obwohl die Arbeitslosigkeit im Jahr 2014 einen Höchststand von 30 % erreicht hat. »Ja, es läuft nicht besonders gut. Doch den Luxus eines Souvenirs gönnen sich fast alle Urlauber. Außerdem sind andere viel schlimmer dran. Das wird schon wieder.« Es ist dieser Gleichmut und Optimismus der Inselbewohner, der die Urlauber immer wieder positiv überrascht. »Así es la vida.« – »So ist das Leben eben.«

Die Stille nach dem Sturm

15 Uhr. Die Stände sind weg, die restlichen Waren werden in Kombis verstaut, hier und da fegt noch eine leere Tüte über das Pflaster. Nur in den Bars wird noch ein letztes Bier getrunken, bevor das sonntägliche Mittagessen nach Hause lockt. Die Stille nach dem Sturm ist ungewöhnlich, die Straßen menschenleer. La Villa, wie die Einheimischen die Stadt nennen, wirkt einsam. Man könnte fast ein wenig melancholisch darüber werden. Nächsten Sonntag ist zum Glück wieder Markt in Teguise.

Traditionell – **Acatife** 2: Calle San Miguel 4, Tel. 928 84 50 37, Di–So, Hauptgerichte ab 15 €. Angeblich älteste Bodega der Insel mit schönem Innenhof. Im Angebot sind u. a. Kaninchen in Rotwein oder diverse Fischgerichte.
Süße Sünden – **Crêpería al Patio** 3: Die Crêpería liegt ein wenig versteckt und windgeschützt im Callejón de la Sangre 2. Hier werden leckere Crêpes und andere süße Stückchen für den kleinen Hunger serviert.
Biorestaurant – **Hespérides** 4: Calle León y Castillo 3, in der Casa León, Tel. 928 59 40 12, So–Di 10–17, Mi–Fr 10–23, Sa 17–24 Uhr. Schlemmen ohne Reue mit vollwertigen Zutaten in schönem Ambiente. Selbst für Veganer und Glutenallergiker steht etwas auf der Speisekarte. Es gibt Biokaffee, viele Sorten Tee und Ökobier. Vieles davon gibt's ›to go‹ im Bioladen.
Tapasvielfalt – **La Tahona** 5: Calle Santo Domingo, Tel. 928 84 58 92, tgl. ab 9 Uhr, Hauptgerichte ab 10 €. Original kanarische Küche und Kellner. Auch bei Einheimischen beliebt.
Weinfässer als Blickfang – **La Bodeguita del Medio** 6: Plaza Clavijo y Fajardo. Kleine, angenehme Bar mit Weinfässern vor der Tür, an denen man speisen kann. Hier können auch Weine der Insel verköstigt werden. Bieten Internet/WLAN.
Die Burg im Blick – **Bodega Santa Bárbara** 7: Calle La Cruz 5, Di–So 11–21 Uhr. Wer im Urlaub keine Berührungsängste mit Landsleuten hat, ist hier gut aufgehoben: Es gibt Käse und Kuchen, Schinken und Schnaps, Tapas und Tees, Kaffee.

Einkaufen

Natürlich schön – **Mundo natural** 1: s. Tipp S. 172
Timples – **Werkstatt von Antonio Lemes Hernández** 2: s. Tipp S. 173
Höhepunkt – **Sonntagsmarkt in Teguise:** s. Entdeckungstour S. 174. Wer hier nichts findet, sollte auf die kleineren Märkte ausweichen. Die Auswahl dort ist geringer, dafür sind die Waren exquisiter.

Abend & Nachts

Buntes Kulturprogramm – **La Cantina** 1: http://cantinateguise.com. In der Cantina (s. S. 173) wird So nachmittags im Garten Livemusik (Stilrichtung Chill out) geboten – ein angenehmer Ausklang mit Café cortado oder einer Flasche Wein. Auch Fr abends wird Livemusik gespielt, das Repertoire umfasst hauptsächlich Musical-Songs. Wer Filmklassiker in englischer Sprache schauen möchte, ist im **Secret Cinema** (1. Stock) ebenfalls richtig. Kaum zehn Sitzplätze versprechen die kuschelige Atmosphäre eines Heimkinos. Außerdem werden hier Ausstellungen von jungen unbekannten Künstlern gezeigt und Feste gefeiert oder organisiert. Ein bisschen gewöhnungsbedürftig: Alles ist (noch?) auf Englisch gehalten.

Infos

Verkehr

Busse: Wochentags fahren Linienbusse mehrmals täglich von Arrecife nach Teguise. **Zusätzliche Verbindungen zum Sonntagsmarkt:** s. Entdeckungstour S. 174.
Taxiruf: Tel. 928 84 55 33

Termine

Fiesta de la Nuestra Señora del Carmen: Sie gilt als Schutzheilige aller Seeleute und Fischer. Und obwohl beide Berufe kaum noch eine Bedeutung auf der Insel haben und Teguise in der Inselmitte ohne Zugang zum Meer gelegen ist, findet Mitte Juli zu Ehren der Señora del Carmen ein großes Fest statt. In ei-

Mein Tipp

Kunst im Chaos
Das Anwesen von José García Martín am Ortsausgang von Teguise Richtung San Bartolomé macht neugierig: Viele fantasievolle Geschöpfe bevölkern den Garten von **Don Pillimpo,** so sein Künstlername. Die übergroßen Figuren, meist bunt gekleidet oder bemalt, erinnern entfernt an die Skulpturen von Niki de Saint Phalle. Daneben ausrangiertes Spielzeug, Schutt und Wohlstandsmüll zwischen grob gehauenen Wesen. Für die einen Kunst, für die anderen Kitsch oder gar störender Unrat. Bleibt zu hoffen, dass der Künstler hier weiterhin gestalten kann und die Stadtverwaltung in Teguise Toleranz walten lässt.

ner feierlichen Prozession wird eine Madonnenfigur durch die Stadt getragen.

Castillo de Santa Bárbara ▸ F 7

Hinter dem Ortsausgang von Teguise (Richtung Haría) zweigt rechts ein Weg zum Castillo de Santa Bárbara ab, das am Rand des Kraters Guanapay thront und daher auch den Namen **Castillo de Guanapay** trägt. Von hier genießt man an klaren Tagen einen imposanten Blick über die ehemalige Inselhauptstadt im Westen sowie auf den riesigen Krater unterhalb der Festung und die in der Ferne gelegene Küstenregion im Osten. Vermutlich im 14. Jh. errichtet, wurde das Castillo 1551 unter der Leitung von Sancho de Herrera zum ersten Mal und etwa 40 Jahre später von Leonardo Torriani, der im Auftrag des spanischen Königs Felipe II. unterwegs war, ein zweites Mal erweitert.

Museo de la Piratería
Montaña de Guanapay, Tel. 928 84 50 01, Sommer Mo–Sa 9–15 Uhr, So und Fei 9.30–14, Winter Mo–Fr 9–16, So und Fei 9.30–15.30 Uhr, Eintritt ca. 3 €
Die Piraten sind zurück. Allerdings mausetot. Man hat ihnen in der ehemaligen Burg ein Museum gewidmet: das Museo de la Piratería. Früher diente das Kastell – das dank seiner exponierten Lage einen grandiosen Weitblick ermöglicht – als Wachturm, um die Bevölkerung rechtzeitig vor See- und anderen Räubern zu warnen, die regelmäßig die wohlhabende ehemalige Inselhauptstadt Teguise heimsuchten. Heute sind sie Legende.

Über 100 000 € waren nötig, um die alten Gemäuer aus dem 16. Jh. auf den Stand des 20. Jh. zu bringen, sie wasserdicht zu gestalten und mit Strom zu versorgen. Danach konnte es an das inhaltliche Konzept gehen: 21 Räume handeln nun vom Leben und den Umtrieben der Piraten auf den Kanarischen Inseln, mit Focus auf Lanzarote bzw. Teguise. Alte Karten und Dokumente, Gemälde, die historische Ereignisse aufgreifen, mannshohe Papppiraten und authentische Totenschädel, historische Schusswaffen und Kanonen sind hier mit viel Mühe zusammengetragen worden. Auf diversen Videoclips und Touchscreens kann man sich die Geschichte jener Plage veranschaulichen, die jahrhundertelang die Bevölkerung in Angst und Schrecken versetzte.

Die Liebe zum Detail der Ausstellungsmacher zeigt sich auch in den Nachbildungen der großen Segelschiffe, die damals die Meere bereisten, und nicht weniger in der getreuen Nachbildung des Zentrums von Teguise in Miniatur. Der Museumsleiter, Sebastián Hernández, ist sichtlich stolz auf dieses Werk: Die Kirche Iglesia Nuestra Señora de Guadalupe, La Cilla oder der Palacio Spínola sind bis ins Kleinste in ihrer historischen Form aufgebaut worden. Sogar die Uhr am Kirchturm hat man nicht vergessen.

Bei so vielen aufregenden Geschichten gerät die frühere Ausstellung über die Emigration und Reemigration (leider) schnell in Vergessenheit. Die Exponate des ehemaligen Museo del Emigrante sind ins historische Archiv von Teguise umgezogen. Wer mehr darüber wissen will, wie es den Auswanderern ergangen ist, die vom 15. Jh. an die Reise Richtung Kuba und Südamerika über den großen Teich wagten, kann sich dort anhand von Fotografien, Korrespondenz und Reisepapieren ein Bild machen (**Archivo Histórico de Teguise** in der Casa Perdomo, Calle Carnicería 6, nach Voranmeldung, Tel. 928 84 54 67, www.teguise.es/tema.asp?idTema=242).

Von Teguise an die Nordwestküste

Zwischen der einstigen Hauptstadt Teguise und den Küstenorten La Caleta und La Santa liegt die sandige Ebene El Jable. Kaum zu glauben, dass in dieser steppenartigen Gegend Felder zur landwirtschaftlichen Nutzung angelegt werden.

El Jable ▸ E 6/7

Um El Jable zu erkunden, fährt man von Teguise Richtung Monumento al Campesino und biegt nach rund 3 km rechts auf die LZ-402 ab. Das Gebiet zu beiden Seiten der Straße weist plötzlich eine andere Oberflächenstruktur auf. Assoziationen mit der Sahara liegen nicht fern. Hier befindet sich die sandige Ebene von El Jable, die sich quer durch die Insel zieht und im Strand von Famara ausläuft. Die Wanderdünen sind im Pleistozän entstanden. Damals wirbelte der Wind zerriebene Kalkschalen von Meerestieren vom Ozeanboden auf, als dieser aufgrund eines niedrigen Wasserstandes freilag.

Erstaunlicherweise finden sich inmitten dieser lebensfeindlich anmutenden Landschaft auch Ackerflächen: So haben einige Bauern beispielsweise Getreidefelder angelegt. Das Bemühen, die kargen Böden Lanzarotes zu bewirtschaften, hat dabei durchaus Tradition. Rückschläge gab es immer wieder, denn aufgrund der vorherrschenden klimatischen Bedingungen und zahlreicher Vulkanausbrüche, die große Flächen Agrarland zerstörten, vor allem aber wegen des fehlenden Grundwasserreservoirs blieb den Lanzaroteños in Hungerjahren oft nichts anderes übrig, als die Insel zu verlassen oder aber neue, feinere Anbaumethoden zu entwickeln, die der Dürre, der Winderosion und der zum Teil unfruchtbaren Lavaerde besser angepasst sind. Dazu zählt auch der sogenannte Trockenfeldbau.

Seit alters praktizieren die Bauern den *secano,* den Feldbau auf unbewässertem Land. Auf den Kanarischen Inseln hat diese Form der Agrikultur noch eine Modifikation erfahren, sodass man von einem speziellen kanarischen Trockenfeldbau sprechen kann, dem *enarenado* (span.: *enarenar* = mit Sand bestreuen), bei dem die fruchtbare Erde mit vulkanischen Auswürflingen, den basaltischen Lapilli, bedeckt wird.

Das Vulkangestein – auch *picón* genannt – vereinigt mehrere Eigenschaften, die den Erfolg des Trockenfeldbaus ausmachen. Aufgrund seiner starken Porosität besitzt es zunächst einmal eine hydroskopische, d. h. wasserbindende, Wirkung. Zudem verursacht eine geschlossene Lapillidecke über dem Erdreich eine Art Glashauswirkung. Sie schützt nicht nur die Erde vor der direkten Sonneneinstrahlung und vor einer durch die seltenen, aber ausgiebigen Niederschläge hervorgerufenen Erosion, sondern sie verhindert zusätzlich eine zu schnelle Verdunstung der Feuchtigkeit.

Auf Lanzarote sind zwei Arten des *enarenado* bekannt: Von *enarenado natural* spricht man, wenn eine natürliche Lapillischicht fruchtbare Erde bedeckt. In diesem Fall werden kreisrunde Vertiefungen im Boden ausgehoben und die Pflanzen eingesetzt. Die Wurzel bahnt sich dann ihren Weg durch die Lapillischicht bis zur fruchtbaren Erde. Diese Kulturform ist vor allem im Süden und Südwesten der Insel verbreitet und am besten in den ausladenden Weinfeldern von La Geria zu sehen.

Enarenado artificial ist die künstliche Variante des Trockenfeldbaus und eher im Zentrum um Teguise und im Norden um Tinajo und Haría zu finden. Hierbei muss die fruchtbare Unterlage teilweise manuell vorbereitet

Dünen von El Jable mit Windrad, im Tal liegt die Urbanización La Famara

werden. An einigen Stellen auf Lanzarote, etwa beidseitig der Straße durch das Valle de Femés, wird der mineralhaltige, rotbraune Boden abgebaut und danach an die entsprechenden Orte transportiert. Dort verteilt man die fruchtbare Erde gleichmäßig und breitet darüber als zweite Schicht den Picón aus. Letzterer wird zuvor an Vulkankegeln der Insel abgetragen. Darauf weisen die Löcher an zahlreichen Erhebungen hin.

Die 10–30 cm dicke Picón-Lage muss allerdings alle zehn Jahre erneuert werden. Zudem ist die Bearbeitung der Felder mit der Deckschicht sehr aufwendig, denn zunächst muss das vulkanische Gestein beiseite geräumt werden, bevor man die darunterliegende Erde pflügen kann. Nicht selten dienen hier Esel und Kamele als Zugtiere. Danach wird das Feld erneut mit der Lapillischicht bedeckt. Um den Boden vor der Winderosion zu schützen und gleichzeitig die Feuchtigkeit der Winde auszunutzen, bauen die Campesinos an flachen Stellen zusätzlich halbkreisförmige Mauern aus porösem Material auf. Manchmal verwenden sie auch einfach Obstkisten oder ähnlich zweckdienliche Utensilien als Windfang. Hier kondensieren die Wassertropfen, perlen ab und gelangen bis zu den Wurzeln der Pflanzen.

Eine zweite Form des *enarenado artificial* wird in dem 3–5 km breiten Dünengebiet El Jable zwischen San Bartolomé und Teguise praktiziert. Der Sand, dessen Schicht nicht tiefer als 40 cm sein darf, übernimmt hier die Funktion des Picón. Die Pflanze (in diesem Fall Weizen) wird im Sand ausgesät und ihre Wurzel wandert bis zur fruchtbaren Bodenschicht unter dem Sand. Allerdings dient diese Methode in El Jable nicht primär der landwirtschaftlichen Nutzung. In erster Linie hat der Anbau von Weizen den Zweck, den Flugsand besser unter Kontrolle zu bekommen.

Neugierigen, die das Innere des Sandstreifens erforschen möchten, sei der Fußweg empfohlen; Mietwagen sind für den Sandboden ungeeignet.

Playa de Famara ▸ F 5/6

Die Straße LZ-402 führt direkt auf einen der längsten natürlichen Strände der Insel zu: die Playa de Famara. Der Wind – meist aus Nordwesten – bläst hier kräftig über den Strand, sodass selbst die angrenzende Teerstraße mit Sand bedeckt ist. Um sich vor der starken Brise zu schützen, ziehen sich die Strandgänger häufig hinter die Steinburgen zurück, während Surfer gerade diese Witterungsbedingungen auskosten. Doch Vorsicht: Selbst gute Schwimmer und Surfer sollten die Meeresbrandung am scheinbar flachen Ufer nicht unterschätzen! Dass sie hier tückisch sein kann, beweist ein gestrandeter Frachter direkt vor der Küste.

Über dem Strand ragen die steilen Klippen *(riscos)* von Famara auf. Vor Wanderwegen, die angeblich an der Steilwand entlang nach oben auf das Plateau führen, sei gewarnt. Ebenso reizvoll, aber ungefährlich ist es, die moosbewachsenen Steilwände von unten zu betrachten, die oft in dicht gedrängten Passatwolken enden. An manchen Tagen tauchen aus diesen Drachenflieger auf, die aus der Ferne wie kreisende Vögel erscheinen. Wer dennoch nach oben will, kann dies bei einer geführten Tour gefahrlos tun und doch ein wenig den Kitzel dabei spüren (www.lanzatrekk.com, s. auch S. 34, 245).

Urbanización La Famara

Unterhalb der Risco liegt die Urbanización La Famara, eine von einer norwegischen Gesellschaft errichtete Feriensiedlung (Tel. 928 84 51 32, www.bungalowsplayafamara.com oder www.airbnb.de). Die Architektur und Anordnung der flachen Bungalows, um die Schutzmauern errichtet wurden, mutet – obwohl ca. 40 Jahre alt – futuristisch an. Diese älteste Feriensiedlung der Insel steht bei Skandinaviern hoch im Kurs, dennoch ist hier kaum etwas vom Touristentrubel zu spüren, der Puerto del Carmen oder Costa Teguise auszeichnet.

Vielleicht waren es gerade diese Abgeschiedenheit, der wilde Strand und das stets raue Klima an dieser Inselecke, die den spanischen Regisseur Pedro Almodóvar bewogen, Teile seines Films »Zerrissene Umarmungen« (2009) mit seiner Lieblingsaktrice Penélope Cruz hier spielen zu lassen.

Bereits zehn Jahre vor den Dreharbeiten auf Lanzarote wusste er, dass er diese Insel irgendwann in einem seiner Filme unterbringen würde. Er wollte dies auch als eine Verbeugung vor César Manrique verstanden wissen. Manrique sei es in seiner Zeit gelungen, Verschandelungen wie beispielsweise in Benidorm zu verhindern. Dafür gebühre ihm Dank. Man möchte Almodóvar bedingungslos zustimmen. Leider zeugen die letzten Bautätigkeiten im Naturschutzgebiet um Los Ajaches nicht davon, dass Manriques Vermächtnis heute noch immer Bestand hat.

Übernachten, Aktiv

Rundum sorglos – **Surfcamp und Calima Surfschool:** gleich links am Ortseingang von La Caleta, Tel. 928 52 85 28, 626 91 33 69, www.bluejuicecamps.de, z. B. 1 Woche 425 €. Wer will, kann alles aus einer Hand bekommen: Unterkunft, Mietwagen, Yoga, Massagen. Aber natürlich können Anfänger wie Fortgeschrittene auch einfach nur surfen. Und wenn frau es mal für sich probieren will, kann sie das im Girlscamp tun.

La Caleta de Famara ▸ F 6

Am anderen Ende des Sandstrandes liegt La Caleta. Ort und Umgebung erinnern an andalusische bzw. nordafrikanische Dörfer. Die schlichten Häuser, ihr gleißendes Weiß in der Mittagssonne und die verlassenen Straßen verstärken diesen Eindruck. Noch heute zieht

La Caleta de Famara – hier trifft sich die Surferszene

es die Einwohner aufs Meer hinaus. Ihr Fang landet meist in den Kochtöpfen der ortsansässigen Restaurants und Bars, deren Besuch durchaus lohnt.

Essen & Trinken

Fisch im Visier – **Casa García:** El Marinero 1, Tel. 928 52 85 76, ca. 20 €. Anders als in der gegenüberliegenden Snackbar García speist man im Innern des Lokals in gehobenem Ambiente an schön eingedeckten Tischen. Hoch im Kurs stehen die diversen Fischgerichte.

Mit herrlichem Blick – **El Risco:** Montaña Clara, 15–25 €. Das Lokal mit dem schönsten Blick auf die Klippen von Famara und auf La Graciosa – allerdings ohne Terrasse. Dafür gibt es zur Straße hin einen kleinen Innenhof.

Kanarisch-mexikanische Begegnung – **Las Bajas:** El Marinero 25, Tel. 928 52 86 17, Fr–Mi, 10–15 €. Bei der Auswahl der Gerichte hat man sich auf die kanarische Küche mit Schwerpunkt Fisch sowie mexikanische Gerichte spezialisiert.

Auf einen Café solo – **Bar El Sol:** Salvavidas 48. Gut besuchtes Fischlokal unmittelbar an der Uferpromenade.

Sóo ▶ E 6

Die Straße nach Sóo führt wieder durch die Sandebene El Jable (die Staubpiste, die am Ortsausgang abzweigt, endet an einem Campingplatz am Strand). Je mehr man sich dem Ort nähert, umso offenkundiger wird, dass die Bewohner den sandigen Untergrund tatsächlich zum Ackerbau nutzen. Das Prinzip ist das Gleiche wie beim Trockenfeldbau mit vulkanischem Gestein, nur dass hier Dünensand die verdunstungshemmende Funktion übernimmt.

Sóo ist auch heute noch ein landwirtschaftlich geprägter Ort. Das 600-Seelen-Dorf war im 16./17. Jh. vor allem von Maurensklaven bewohnt. An diese Zeit erinnern einige Häuser, die statt Glasfenstern nur eine holzumrahmte Öffnung aufweisen und der arabischen Bauweise nachempfunden sind. Inzwischen sind jedoch nahezu alle Häuser mit ›echten‹ Fenstern ausgestattet.

An der Hauptkreuzung in Sóo geht es geradeaus weiter. Wer möglichst schnell das Ferienzentrum »La Santa Sport« erreichen möchte, biegt am Ortsausgang rechts ab. Kurz vor La Costa führt die Straße direkt zu der überdimensionalen Sportanlage. Bleibt man auf der Ausfallstraße von Sóo, fährt man durch ein Picón-Trockenfeldbau-Gebiet, wo im Frühjahr auf zahlreichen Feldern Zwiebeln geerntet werden.

Nach wenigen Kilometern ist die winzige Ortschaft **El Cuchillo** erreicht. Dort hält man sich an der ersten Kreuzung rechts und stößt dann auf die Hauptstraße Richtung La Santa.

La Santa ▸ D 6

Auf dem Weg hinab zum Meer begegnet man häufig Radlern in knallig bunten Trikots: die ersten Vorboten von »La Santa Sport«. Auf der ehemaligen Insel La Isleta in einer öden Landschaft sollte einst ein riesiges Sport- und Freizeitzentrum entstehen. Die heutige Anlage »La Santa Sport« repräsentiert lediglich einen Teil des ursprünglichen Projekts.

Welch großzügiges Areal im einstigen Entwurf vorgesehen war, zeigen die bereits angelegten Straßen, die sich im Nichts verlieren. Dennoch gibt es hier jetzt eine Ferienanlage, die sowohl Familien als auch Sporttouristen ein reichhaltiges Programm bietet. Für mehr als 20 Sportarten – u. a. Tennis, Squash, Fußball, Handball, Volleyball, Leichtathletik in eigenem Stadion, Surfen, Tauchen, Fahrradfahren etc. – gibt es in La Santa hervorragende Voraussetzungen und ausreichend Trainer. Wen wundert es da, dass sich Spitzensportler aus aller Welt während der Wintermonate hier immer wieder auf große Wettkämpfe vorbereiten?

Als man La Isleta durch zwei Dämme mit Lanzarote verband, entstand eine künstliche Lagune, die heute als Übungsterrain für Surfer und als Badebucht genutzt wird. Mutige Surfer sieht man mit ihren Brettern jenseits der Dämme auf den mitunter Respekt einflößenden Wellen Richtung Küste schießen. Vom großen Club auf La Isleta profitiert auch das benachbarte Fischerdorf La Santa, in dem sich heute bereits mehrere Restaurants und Bars auf die Wünsche der Aktivurlauber eingestellt haben.

Infos

Club La Santa
Buchungen für die Clubanlage unter Tel. 040 87 40 84 74 (Nummer in Hamburg), lasanta@t-online.de. Auch Fahrradverleih und Surfkurse.

Von La Santa zurück nach Teguise

Der Weg von der Nordwestküste zurück in die Inselmitte führt zunächst über die Dörfer Tinajo, Tiagua und Tao, wobei noch einmal die Wüste El Jable ins Blickfeld rückt. Mit dem Monumento al Campesino bei Mozaga und der Fundación César Manrique in Tahíche liegen dann noch zwei kulturelle Höhepunkte auf dem Weg nach Teguise.

Tinajo ▶ D 6

Tinajo ist die zentrale Ortschaft der gleichnamigen Gemeinde. Die Umgebung Tinajos zeugt einmal mehr von den landwirtschaftlichen Bemühungen auf Lanzarote. In Tinajo selbst ist einerseits das große **Lucha-Canaria-Stadion** an der Straße nach Mancha Blanca erwähnenswert – Tinajo ist stolz, eines der erfolgreichsten Teams der Insel hervorgebracht zu haben –, andererseits der schön gestaltete Ortskern um die Plaza, die einige der selten gewordenen Drachenbäume säumen. Hier findet sich unter Palmen und zwischen Hibiskuspflanzen ein Platz zum Verweilen. Restaurants und Bars bereichern die Plaza um kulinarische Angebote. Die **Dorfkirche San Roque** wurde Ende des 18. Jh. errichtet. Sie beherbergt zwei sehenswerte Heiligendarstellungen: eine aus Holz geschnitzte Statue der Virgen de la Candelaria des Bildhauers Esteve und ein Christusbild, das Luján Pérez gemalt haben soll.

Tiagua ▶ E 7

Der Ort liegt unterhalb der **Montaña de Clérigo Duarte**. Hier nahmen die letzten großen Eruptionen, die das Timanfaya-Gebiet am 31. Juli 1824 heimsuchten und insgesamt 76 Jahre andauerten, ihren Anfang.

Bemerkenswert in Tiagua sind die zwei intakten Windmühlen. In früheren Zeiten, als Tiagua ein großes landwirtschaftliches Zentrum war, prägten noch weitere Windmüh- ▷ S. 188

Auch rund um Tinajo werden die schwarzen Vulkanböden landwirtschaftlich genutzt

Auf Entdeckungstour: Kampf der Giganten – ein Abend bei den Luchadores

Wie bei vielen Sportarten kann der Laie auch hier nicht auf Anhieb erkennen, warum der eine Griff beim Kanarischen Ringkampf gekonnter sein soll als der andere. Sobald jedoch einer der beiden Luchadores am Boden liegt, ist die Runde auch für Nichtkenner entschieden.

Reisekarte: ▶ F 8

Ort: Lucha-Canaria-Arena, Tao (weitere Arena z. B. in Tinajo)
Eintritt: ca. 5 €

Informationen: www.federaciondeluchacanariadelanzarote.com, leider nur in Spanisch. Auf der Startseite nach unten scrollen, dann erscheinen die Termine zu den aktuellen Wettbewerben.

Es mutet an wie der Einzug der Gladiatoren, wenn die 24 Kämpfer der Teams von Tao und Unión Norte in die Arena von Tao einmarschieren. Wie an so vielen Freitag-, Samstag- oder Sonntagabenden ist das Stadion der kleinen Gemeinde Tao um 21 Uhr gut gefüllt. Bereits seit zwei Stunden strömen Anhänger der Lucha Canaria aller Altersklassen herein und lassen sich laut diskutierend auf den kalten Steinbänken im weiten Rund des Stadions nieder. Nach einer freundlichen

Verbeugung zur Begrüßung des Publikums und des Gegners kann das mit Spannung erwartete erste Match beginnen.

Die richtige Position

Dann stehen sich die beiden ersten Kämpfer gebückt gegenüber. Die Finger der linken Hand krallen sich in den kurzen hochgekrempelten Hosen des Gegners fest, mit der rechten Hand suchen sie einen Halt an seinem Rücken. Das ganze Unterfangen ist nicht einfach, da den Luchadores oft die eigene Körperfülle im Weg ist. Auf den ersten Blick scheint es für die Kämpfer günstig zu sein, viele Kilos in das mit Sand bedeckte Kreisinnere zu bringen – zumal es keine unterschiedlichen Gewichtsklassen gibt wie etwa beim Freistilringen. Doch hier wird man im Laufe des Abends eines Besseren belehrt. Kleinere Athleten gewinnen nicht selten durch ihre Gewandtheit und Schnelligkeit.

Mit einem Pfiff eröffnet der Schiedsrichter den Zweikampf. Ziehend und zerrend versuchen die beiden Kontrahenten, sich aus der Ausgangsposition einen Vorteil zu verschaffen, um einen der zahlreichen Griffe anzubringen. Alle Körperteile bis auf den Kopf werden zu Angriffsflächen, um den Gegner zu Fall zu bringen. Erst wenn dieser den Boden mit einem anderen Körperteil als den Beinen berührt, ist er geschlagen. Eine solche Runde dauert maximal drei Minuten, ein Kampf zwischen den beiden Luchadores geht über drei Runden, von denen der Gewinner zwei auf sein Habenkonto verbuchen muss. Der Sieger stellt sich danach einem neuen Gegner. Der ganze Wettbewerb zwischen beiden Mannschaften dauert so lange, bis alle zwölf Ringer einer Mannschaft ausgeschieden sind.

Ein faires Publikum

Begeisterte Unterstützung und faire Anerkennung gehören zum guten Ton der Zuschauer. Mit lauten Zurufen werden die Mannschaften angefeuert. Einige Gäste bringen Essen und Getränke mit. Je nach Laune der Luchadores und des Publikums kann sich das Ganze zu einem ausgelassenen ›Feierabend‹ ausweiten.

Luchadores, die durch ihre überragenden Leistungen auffallen, drehen nach ihren Siegen eine Ehrenrunde. Hierbei müssen sie eine weitere Fähigkeit unter Beweis stellen, die einen guten Kämpfer auszeichnet: Als Anerkennung werfen manche Zuschauer dem Sieger Euro-Münzen zu, die es aus der Luft aufzufangen gilt.

Dieser Abend nimmt sein Ende, nachdem sämtliche Ringer des Teams aus Tao ausgeschieden sind. Die Mannschaft von Unión Norte tritt zufrieden ihren Heimweg nach Haría an und so mancher muss nun seine Blessuren pflegen, die bei der Lucha Canaria nicht ausbleiben.

Viel Zeit für Regeneration und Erholung bleibt nicht, denn bis zum nächsten Kampf, der in den Arenen von Arrecife, Haría, San Bartolomé, Tías, Tao oder Tinajo stattfindet, sind es nur noch wenige Tage …

len das Ortsbild. Eine der beiden liegt an der Straße nach Sóo gegenüber der **Ermita de la Virgen de Perpetuo Socorro.** Die andere gehört zur **Villa Agrícola El Patio** (Mo–Fr 10–17.30, Sa 10–14.30 Uhr, Erw. 5 €, Kinder gratis). Hier wurde unter Anleitung der Familie Dr. Barreto eine alte, typische Wohn- und Wirtschaftsanlage mit Wind- und Zugmühlen sowie einem Gasthaus restauriert. In fast 20 Jahren hat Señor Barreto alte Werkzeuge und Arbeitsgeräte zusammengetragen oder originalgetreu nachgebaut. Der Besucher kann anhand zahlreicher praktischer Beispiele, ausgestellter Fotos und einer Sammlung traditioneller Töpferkunst vieles über die herkömmliche Landwirtschaft auf Lanzarote erfahren und das Ganze mit einer gemütlichen Weindegustation abschließen.

Tao ▸ E 7

Je nach Wetterlage hat man von der Straße, die Tiagua und Tao verbindet, einen weiten Blick über die Wüstenlandschaft von El Jable und die Risco de Famara bis hin zu den nördlich von Lanzarote gelegenen Inseln La Graciosa und Montaña Clara. Tao selbst ist ein ruhiger Ort, der nur an den Abenden Lebendigkeit versprüht, wenn die Bewohner in die große **Lucha-Canaria-Arena** strömen.

Rechts der Hauptstraße wird am Fuße des Berges Tao Picón, Dekorsteine für Gärten und Einfahrten, abgebaut. Wer dies aus der Nähe betrachten möchte, kann in die kleine Straße gegenüber der Arena nach rechts abbiegen. Durch landwirtschaftlich genutztes Areal führt sie bis hinauf zum Kegel des Tao, wo auch Lapilligestein abgetragen und auf großen Lastwagen abtransportiert wird.

Montañas de Zonzama ▸ F 7/8

Nach wenigen Kilometern auf der Hauptroute erreicht man Mozaga und das in der Inselmitte errichtete **Monumento al Campesino** (s. S. 208). Ein Blick in das benachbarte Museum und das Restaurant lohnen sich, die Einkehr vielleicht weniger. Der riesige Saal wird für Hochzeiten und andere festliche Anlässe genutzt. Für kleine Gruppen ist die Halle dann doch etwas zu groß geraten.

Hinter der darauffolgenden Kreuzung zweigt links die Straße nach Tahíche ab. Erneut durchquert man hier das breite Sandband El Jable. Auf der **Montaña Mina** (444 m) ragen fünf große Windräder in den Himmel, die einst zu Versuchszwecken installiert worden sind. Inzwischen hat man im Parque Eólico nahe Los Valles neun rentabel arbeitende Windmühlen in Betrieb genommen (s. S. 161).

Wenige Hundert Meter weiter weisen zahlreiche Geier über einem Vulkankessel auf eine Mülldeponie hin. Hier, im Inneren der **Montañas de Zonzama** (329 m), lässt die Inselverwaltung einen Teil des Mülls verrotten. Lange konnte sich auf Lanzarote keine Mülltrennung durchsetzen. Doch seit 2002 wurden die Gemeinden nach und nach mit Containern für Mülltrennung ausgestattet und inzwischen gehören sie zum alltäglichen Gebrauch.

Historiker und Ethnologen werden die heutige Nutzung des Areals mit Bedauern und Kopfschütteln zur Kenntnis nehmen, denn die Gegend war für die kanarischen Ureinwohner von besonderer Bedeutung: »Sie verehrten einen Gott und streckten zum Gebet ihre Hände gegen den Himmel. Ihm zu Ehren opferten sie

Ziegenmilch.« Diese Beobachtung von Padre Abreu Galindo aus dem 16. Jh. ist zwar mit Vorsicht zu genießen, interpretiert er doch alle Rituale und Verhaltensweisen aus seiner christlich geprägten Weltanschauung heraus, dennoch liefert sie zwei Anhaltspunkte: Erstens bestätigt sie eine monotheistische Kosmovision (wie sie auch auf den anderen Inseln konstatiert wurde) und zweitens lässt sie vermuten, dass die Opferung von Ziegenmilch mit der Bitte um ausreichende Regenfälle verbunden war, denn nur so konnte die Ernte gedeihen und das Überleben der Bevölkerung gesichert werden.

Als erwiesen gilt, dass die Insulaner zur Aussaat ebenso wie zu Erntedank ein großes Fest veranstalteten – Ersteres, um eine üppige Ernte zu erbitten, Letzteres, um damit für die reichhaltigen Erträge zu danken. Ebenfalls als magisch-religiöse Elemente werden die Felszeichnungen (hauptsächlich im Tal von Zonzamas) mit ihren vereinzelten oder parallelen Linien, den Kreuz-, Rund- und Kurvenformen interpretiert. Sie gelten als Versuch der Ureinwohner, die Naturgewalten zu beschwören. Die Toten beerdigten sie in Höhlen oder in Vulkangängen; höher gestellte Personen wurden aufwendig mumifiziert. Zu den Grabbeigaben gehörten verschiedene Gefäße, eine aus Knochen gefertigte Punze, eine Steinkette und verschiedene Muscheln, die ebenfalls zu Halsschmuck verarbeitet waren.

Die Queseras de Zonzamas

Bis heute ist nicht geklärt, wozu sie dienten – die Queseras auf Lanzarote. Ob die bearbeiteten Felsblöcke Kultstatus hatten? Oder ob man dort schlicht Käse produzierte, wie es der Name nahelegt (Queso = Käse), Getreide mahlte oder das kostbare Wasser sammelte?

Die Formen der fünf Queseras auf Lanzarote sind unterschiedlich. Gemeinsam ist ihnen die ovale Grundfläche, durchzogen von rechteckigen, mehr oder weniger parallel verlaufenden Kanälen. Der Durchmesser der Quesera de Zonzamas beträgt etwa 4 m; einige Meter weiter südöstlich befinden sich mehrere Basaltbrocken, auf denen fußähnliche Felszeichnungen erkennbar sind.

Von den ehemals fünf Queseras sind noch drei erhalten, neben der von Zonzamas die Quesera de Bravo im Malpaís de la Corona sowie im Weinbaugebiet La Geria auf dem Vulkan Guardilama. Eine ähnliche Anlage in Marokko stützt die These jener Wissenschaftler, die überzeugt sind, dass die Ureinwohner der Kanaren von den Berbern abstammen.

Granja Agrícola Experimental ▸ F 7

Etwa 2 km weiter taucht links ein kleines Landgut auf, die Granja Agrícola Experimental. Ziel dieses modernen Agrarprojekts ist die Diversifikation landwirtschaftlicher Erzeugnisse, denn auf Lanzarote werden momentan fast ausschließlich Zwiebeln und Kartoffeln angebaut. Das günstige Klima ließe jedoch auch Orangen, Zitronen oder Avocados gedeihen. Aber die Überzeugungsarbeit ist schwer, denn was der Bauer nur als Importprodukt kennt, pflanzt er nicht, klagen die Projektleiter. Zudem dauert es mindestens zwei bis drei Jahre, bis man die ersten Früchte ernten kann. Die alten Campesinos möchten sich nicht mehr umstellen und die jungen stiegen bis in die Nullerjahre lieber ins Geschäft mit dem Tourismus ein. Das Umdenken wird kommen, davon sind die Initiatoren überzeugt.

Fundación César Manrique ! ▸ F 7/8

Taro de Tahíche, Tel. 928 84 31 38 und 928 84 30 70, www.fcmanrique.org, Nov.–Juni Mo–Sa 10–18, So 10–15, Juli–Okt. tgl. 10–19 Uhr, Gruppen nach Vereinbarung, Eintritt 8 €, in Kombination mit der Casa Museo César Manrique in Haría 15 €

Ein großes Anwesen und auffällige Skulpturen deuten einige Hundert Meter von der Granja Agrícola auf die 1992 eröffnete Fundación César Manrique hin. Als Manrique nach Jahren in der Fremde auf seine Heimatinsel zurückkehrte, begleitete er seinen Freund Pepín Ramírez bei einer Rundfahrt, die sie auch an den Ort **Taro de Tahíche** führte. Dort bat Manrique den Chauffeur anzuhalten, denn er hatte die Spitze eines Feigenbaumes entdeckt, die aus einem versteinerten Lavabett herausragte. Manrique inspizierte die Stelle und stieß auf insgesamt fünf Vulkanblasen. Kurz entschlossen verkündete er: »Hier werde ich mein Haus bauen.« Der Besitzer des Geländes weigerte sich jedoch, einen Preis zu nennen, denn nach seiner Auffassung war das Areal nichts wert, und er erlaubte Manrique, darüber nach seinem Gutdünken zu verfügen.

An dieser Stelle eine Villa zu bauen, um zu beweisen, dass seine ästhetische Vision der perfekten Synthese von Natur und Kunst möglich war, zählte zu den größten Herausforderungen in Manriques Leben. Warum er, der sich in erster Linie als Maler sah, sich nun der Architektur verschrieb, hatte vermutlich auch persönliche Gründe. Als junger Kunststudent an der Universität La Laguna auf Teneriffa musste er häufig den Spott seiner Kommilitonen hinnehmen, wenn er erzählte, dass er aus Lanzarote kam. Dort, so zogen sie ihn auf, gebe es doch nur Ginsterfelder und Ziegenkot. »Für mich war es der schönste Platz auf Erden. Und mir wurde klar, dass sie genauso denken würden, wenn sie die Insel mit meinen Augen sehen könnten. Damals nahm ich mir vor, der Welt die Schönheit Lanzarotes zu zeigen.«

Die Gestaltung seines Wohnsitzes in Taro de Tahíche unter Einbeziehung der Vulkanhöhlen sollte einer seiner größten Triumphe werden. Alle renommierten Architekturzeitschriften und Lifestyle-Magazine berichteten begeistert über die gelungene Konstruktion: Wie und wo konnte man noch schöner wohnen? Die Grenzen zwischen Innen- und Außenräumen, zwischen natürlichen Gegebenheiten und künstlich Geschaffenem sind bei diesem Bauwerk nicht genau zu definieren. Mehr noch, sie erscheinen bedeutungslos.

Irgendwann wurde dem Meister der Trubel dann doch zu viel. Ständig

Mein Tipp

Panadería Geissler

Apfel trifft Kuchen: Es hat sich auch bei den Einheimischen herumgesprochen, dass die Kuchen der Panadería Geissler besonders gut schmecken. Ob Apfel-, Mandel- oder Haselnusstorten: Die Auswahl ist groß, der Geschmack äußerst verführerisch und die Preise für die süßen Sünden erschwinglich. Alle Köstlichkeiten gibt es auch zum Mitnehmen. Die Familienbäckerei (auch »El Pastelito« genannt) befindet sich mitten in der Pampa auf einem nahezu freien Feld, ein einzeln stehendes Haus mit einer überdachten Terrasse, Tahíche auf der Av. Nestor de la Torre 22, Tel./Fax 928 84 33 16.

Die Grenze zwischen außen und innen aufheben – in der Fundación César Manrique

klopften Neugierige an seine Pforte, um mit eigenen Augen zu sehen, wie sein Domizil in natura aussah. Manrique wollte sich wieder verstärkt der Malerei widmen und zog daher 1988 nach Haría in ein renoviertes Landhaus um. Schon 1982 hatte er selbst die Fundación César Manrique gegründet, die 1992 für das Publikum zugänglich gemacht wurde. Ihr erklärtes Ziel ist der Austausch von Kunst, Kultur und Umwelt im kreativen Bereich.

Über eine Wendeltreppe gelangt man in die untere Ebene der Anlage, in der Manrique unter Ausnutzung der fünf unterirdischen Vulkanblasen seine privaten Gemächer eingerichtet hat. Dabei musste er nicht auf natürliche Lichtquellen verzichten, da die Grotten teilweise weit zum Himmel geöffnet sind. In der versetzt darüberliegenden Etage werden heute in großen, lichten Räumen Werke des Meisters selbst und Teile seiner Privatsammlung gezeigt (u. a. Bilder von Picasso, Miró, Tàpies, Soto, Mompó).

Bei der Außengestaltung der Anlage hat sich César Manrique konsequent an der Inselarchitektur ausgerichtet: leicht die Konstruktion, klar die Formgebung, spärlich die architektonischen Ornamente. Nur hier und da ragen – auch dies traditionelle Stilelemente – kleine Türmchen auf. Der Eingangsbereich wird durch einen großen, symmetrischen Torbogen betont, grüne Zierleisten setzen Akzente. Alles ist hier bis ins Letzte durchdacht, passt in Form, Farbe und Material zum Gesamtgefüge.

Mag auch manches heutzutage geschmäcklerisch anmuten, mag dem ein oder anderen Dekorationsstück vielleicht auch der Zeitgeist vergangener Jahrzehnte anhaften – der große Entwurf hat gleichwohl nichts von seiner Faszination verloren.

Nazaret ▸ F 7

Etwa 50 m hinter Taro de Tahíche gelangt man an einen unübersichtlichen Kreisverkehr. Hier ereignete sich im September 1992 der Autounfall, bei dem César Manrique ums Leben kam. Noch Monate später schmückten Blumen die Unglücksstelle.

Zum ersten Mal schriftlich erwähnt wurde Nazaret im Jahr 1734. Doch es ist bekannt, dass die kleine Kapelle des Dorfes schon zuvor errichtet wurde. Heute ist der Ort und die gleichnamige, am Fuß der **Montaña Ubique** gelegene Urbanización vor allem bei Ausländern (insbesondere bei Engländern) beliebt, die sich für immer auf Lanzarote niedergelassen haben. Die eigentliche Attraktion von Nazaret ist jedoch LagOmar – ein wunderschönes Anwesen, das (wenn auch nur für kurze Zeit) Omar Sharif gehört haben soll.

LagOmar

Calle Los Loros 2, Tel. 928 84 54 60, www.lagomar.es, Restaurant: tgl. 12.30–16, 19–23, Bar 18–2 Uhr, wer im Restaurant speist, kann das Museum zu den Öffnungszeiten kostenfrei besuchen; s. auch Lieblingsort S. 194

Die »Oasis de Nazaret« – eine der prächtigsten Villen der Insel mit einem sehr großen, fantasievollen Garten – kennt man noch immer als ›das Haus von Omar Sharif‹. In den 1970er-Jahren war es der englische Bauherr Sam Benady, der unter der künstlerischen Leitung von Jesús Soto die Idee für dieses Anwesen schuf.

Zur gleichen Zeit war Omar Sharif auf der Insel, um den Film »La isla misteriosa« zu drehen. So viel ist verbürgt. Der Film mit Sharif wurde abgedreht, brachte ihm aber keinen großen Ruhm ein. Und die Villa? Auf seiner Reise über die Insel soll Sharif die Oase de Nazaret gesehen, sich sofort in das Anwesen verliebt und es gekauft haben. Der Immobilienmakler, der ihm zu dem Haus verholfen hatte und der um die Leidenschaft des Schauspielers für Bridge wusste, konnte ihn zu einem Spielchen überreden und Sharif akzeptierte. Was der Frauenschwarm nicht gewusst haben soll: Sein Gegner war europäischer Champion in dieser Disziplin. Omar spielte und verlor. Er soll danach nie wieder auf die Insel gekommen sein, so will es die Legende.

Der ursprüngliche Entwurf für die Villa und die Außenanlagen mit den zahlreichen Skulpturen und Grotten, einem Tunnel und einem Wasserfall stammt von César Manrique, der sich jedoch im Verlauf der Arbeiten mit

dem Bauherrn überwarf und das Projekt nicht zu Ende führte.

Früher war es ›nur‹ möglich, über das Restaurant ins Innere der Anlage zu gelangen. Die privaten Räumlichkeiten der Eigentümer waren nicht zugänglich. Inzwischen ist LagOmar teilweise zum Museum umfunktioniert worden und man kann auch manche der privaten Gemächer betreten. Die jungen Führer geben sich Mühe, die Hintergründe zu erläutern und die Person Jesús Sotos aus der Vergessenheit hervorzuholen, der ebenfalls bei der Gestaltung des Anwesens mitgewirkt hat. Diesem ›Adoptivsohn Lanzarotes‹ gebühre neben César Manrique Dank und Anerkennung für seine Werke. Und wem sei schon bekannt, dass seine Ideen entscheidend zur Realisation der heute so populären Sehenswürdigkeiten wie z. B. der Jameos del Agua beigetragen haben? Dennoch: So ganz gelungen ist das Nebeneinander von Restaurantbetrieb und Museum an diesem Ort nicht. Die Besucher des einen stören die anderen und umgekehrt. Die Atmosphäre im Restaurant ist daher abends, nach Museumsschluss, auf jeden Fall ungestörter.

Von Nazaret aus ist es nur noch ein Katzensprung bis Teguise: Schon nach 4 km auf der Hauptstraße ist die ehemalige Hauptstadt Lanzarotes erreicht.

Zwischen Tradition und Moderne: ein Bauer pflügt mit seinem Esel ein Feld nahe Nazaret, im Hintergrund fahren Hightech-Radler aus La Santa vorbei

Lieblingsort

LagOmar ▸ F 7

Es ist angerichtet: Im Restaurant LagOmar gilt dies nicht nur für die vorzüglichen Speisen wie Fasan in Brandy oder Entenbrust mit Waldfrüchten. Das Ambiente macht den Zauber dieses Restaurants aus: ein Dutzend Tische drinnen und draußen, die sich harmonisch in die Wölbungen und Höhlen des Vulkangesteins einfügen. Inzwischen ist ein Teil der Anlage zum Museum umfunktioniert worden. Dadurch ist der Restaurantbetrieb tagsüber ein wenig eingeschränkt. Wer das Menü in Ruhe genießen möchte, sollte daher abends, außerhalb der Museumsöffnungszeiten, dinieren.

Das Beste auf einen Blick

Der Westen

Highlight!

Salinas de Janubio: Wie kommt das Salz aus dem Meer? Bis zu 10 000 t Salz pro Jahr wurden hier bis Mitte des 20. Jh. gewonnen. Die Zukunft der Salinen ist jedoch ungewiss. Sie als Industriedenkmal zu erhalten, wäre ein lohnenswertes Ziel. S. 221

Auf Entdeckungstour

La Geria: Wein anzubauen ist ein mühevolles Unterfangen, erst recht auf einer Insel mit viel Sonne, aber wenig Wasser. Die Weinbauern Lanzarotes haben es geschafft, aus der Not eine Tugend und aus der Landschaft ein Kunstwerk zu machen. S. 210

Kultur & Sehenswertes

Monumento al Campesino bei Mozaga: Das 15 m hoch aufragende Monument zu Ehren der Bauern rief anfangs Kopfschütteln hervor. Mittlerweile hat es sich jedoch zu einem Wahrzeichen der Insel entwickelt. S. 208

Los Hervideros: »Die Brodelnden« – eine treffende Bezeichnung für die von der Brandung ausgehöhlten Gesteinsformationen, aus denen die Gischt mit ungeheurer Wucht in die Höhe schießt. S. 221

Zu Fuß unterwegs

Wanderung von La Asomada nach Uga: Auf dieser Halbtagestour durch La Geria kann man das Weinanbaugebiet in seiner Gesamtheit betrachten. S. 215

Genießen & Atmosphäre

Restaurante Amura in Puerto Calero: Nur zwei Restaurants auf der Insel sind dem Michelin im Jahr 2014 erneut eine Auszeichnung wert gewesen. Das Amura gehört dazu. Hier wird man kaiserlich bedient, speist königlich und muss nach Begleichen der Rechnung dennoch nicht als Bettelmann nach Hause gehen. S. 231

Abends & Nachts

Puerto del Carmen: Wer sich hier aufhält, wird abends und nachts keine Langeweile haben: Bars, Lounges, Diskotheken und die Strandpromenade warten auf ihre Erkundung. S. 205

Wo die Natur zur Kunst wird

Puerto del Carmen ▸ D 9

Puerto del Carmen, südwestlich von Arrecife und unweit vom Flughafen gelegen, verkörpert wohl am besten den großen Tourismusboom, der die gesamte Insel in den 1980er-Jahren erfasste. Bis Mitte der 1970er-Jahre war Puerto del Carmen ein kleiner, von Urlaubern kaum beachteter Hafenort. Dann erkannten clevere Investoren das große touristische Potenzial, das in den beiden lang gestreckten Sandstränden **Playa de los Pocillos** und **Playa Blanca** liegt, die heute unter dem Namen **Playa Grande** zusammengefasst werden. Zudem ist es hier windgeschützter und weitaus sonniger als an anderen Orten der Insel.

1984 setzte eine enorme Bautätigkeit ein, die bis heute anhält. Mittlerweile reihen sich auf einer Strecke von über 8 km entlang der Avenida de las Playas zahllose Hotels, Apartmentanlagen, Restaurants, Bars, Diskotheken und Geschäfte. Natürlich gibt es aufseiten der Bewohner und Urlauber nicht wenige, die diese Entwicklungen bedauern. Andere wählen Puerto del Carmen zu ihrem Urlaubsziel, weil sie den Trubel und das große Angebot schätzen.

Infobox

Tourismusbüro Puerto del Carmen
Av. de las Playas s/n, Mo–Fr 10–22, Sa 10–14 Uhr, Tel. 928 51 33 51

Internet
www.ayuntamientodetias.es: Puerto del Carmen gehört zur Gemeinde Tías. Die Website ist auch ins Deutsche übersetzt und leider nicht immer auf dem neuesten Stand. Alternativ dazu: www.centrosturisticos.com

Der alte Hafen 1

Neben all der touristischen Infrastruktur gibt es in Puerto del Carmen auch noch einen alten Ortskern, der sein Flair bis zu einem gewissen Grad bewahren konnte. Im Zentrum, am alten Fischerhafen, dümpeln kleinere bunte Boote im Wasser und erinnern an die Vergangenheit, als sich die Einwohner von Puerto del Carmen vom Fischfang ernährten. Heute müssen sich die Fischerboote, die nur noch bei gutem Wetter zum Einsatz kommen, die Anlegestellen mit Ausflugsdampfern teilen.

Die Plaza in der Nähe des Hafenbeckens ist Mittelpunkt des öffentlichen Lebens in Puerto del Carmen. An manchen Abenden tragen die Einheimischen hier ihre Bola-Wettkämpfe aus. Touristen und Lanzaroteños können – bei einem Glas Wein in den Restaurants und Bars – das Spiel mit den Kugeln begutachten. Oberhalb der sich nordöstlich anschließenden Felsenküste ziehen sich Wege entlang, auch an Bänke für die Müßiggänger wurde gedacht.

El Fondeadero 2

Direkt am Hafen befindet sich die wuchtige Anlage des Kulturzentrums El Fondeadero (Der Ankerplatz). Große Freitreppen gliedern den Gebäudekomplex, in dem neben einem kulturellen Begegnungszentrum ein Restaurant (Escuela El Fondeadero, s. S. 202) mit Restaurantfachschule, ein Fischgeschäft und ein Fischim-

Blaue Stunde im alten Hafen: Hier ist um diese Zeit noch ein wenig vom Flair des alten Fischerdorfes zu spüren

biss untergebracht sind. Im Innenhof taucht aus den Fliesen ein Wal empor.

Die Strand- und Touristenmeile

Im Gegensatz zum alten Ortskern zeigt sich das neue Puerto del Carmen zwischen den Hotels Los Fariones und San Antonio weniger beschaulich. Die beiden Hotelriesen, die Anfang und Ende der ehemaligen Playa Blanca markieren, fallen in ihrer monumentalen Bauweise ein wenig aus dem ansonsten überwiegend zweistöckig gehaltenen Baurahmen. Etwa 40 000 Betten stehen mittlerweile in den Apartment- und Hotelanlagen im Straßengewirr zwischen der Avenida de las Playas und der neuen Umgehungsstraße zur Verfügung.

Sehr schön gestaltet wurde die Uferanlage an der **Playa Grande.** Bougainvilleen, Hibiskus, Geranien und Palmen laden zu einem Spaziergang ein, bevor man hinunter zum Sandstrand geht und sich unter einen der zahlreichen Sonnenschirme zurückzieht, die in Reih und Glied angeordnet das Ufer säumen. Die Playa Grande bietet viel Platz und einen sanft ins Meer abfallenden Strand, den insbesondere Kinder und Nichtschwimmer zu schätzen wissen.

Gegen Abend zieht es die Touristen von den Stränden weg über die Uferstraße in eines der zahlreichen Restaurants oder Pubs. In meist ausgelassener Atmosphäre vermischen sich dann englische, deutsche, skandinavische und spanische Sprachfetzen zu einem internationalen Kauderwelsch.

Flanieren auf der Promenade

Die Strandpromenade von Puerto del Carmen ist wunderbar gepflegt und führt im Norden über **Playa Honda** bis nach **Arrecife** (ca. 10,5 km) und im Sü-

Puerto del Carmen

Sehenswert
1 Alter Hafen
2 El Fondeadero

Übernachten
1 Jameos Playa
2 Los Fariones
3 San Antonio
4 Centro de Terapia Antroposófica
5 Aparthotel Costa Mar
6 Lago Verde
7 Apartamentos Lanzaplaya

Essen & Trinken
1 La Casa Roja
2 Puerto Bahía
3 El Sardinero
4 Escuela El Fondeadero
5 El Toro
6 La Cascada del Puerto
7 La Casa del Parmigiano
8 Restaurante Cafetería Mirador
9 La Terraza
10 Casa Gallega O'Horreo

den bis nach **Puerte Calero** (ca. 9,5 km). Hier wird flaniert – fast rund um die Uhr –, was das Pflaster hält, und man genießt über weite Strecken einen unverbauten Blick aufs Meer. Die teilweise billigen Bars und Geschäfte auf der gegenüberliegenden Shoppingmeile blendet man einfach aus oder entdeckt doch hin und wieder eine Bar, ein Restaurant oder eine Tienda, die einen Besuch lohnen. Richtung Norden, bei der **Playa de los Pocillos,** kann man auf dem glatten Trottoir auch skaten. Richtung Süden beginnt der Weg hinter der **Casa Roja** 1. Hier ist die Weitsicht noch schöner, aber für Skater und Kinderwagen nicht geeignet, da der Weg nach Puerto Calero zu Beginn über Stufen und später durch eine kleine Schlucht (gefahrlos) verläuft.

Einkaufen
- 1 Biosfera Plaza
- 2 Kunsthandwerkermarkt
- 3 Café Wunder Bar

Aktiv
- 1 Renner Bikes
- 2 Motorbarca Arosa
- 3 Blue Delfín
- 4 Aquascope
- 5 Manta Dive Centre
- 6 Centro de Buceo Atlántica
- 7 Safari Diving
- 8 Match Point
- 9 Rancho Texas

Abends & Nachts
- 1 Jimmy's Bar
- 2 El Rincón del Amador
- 3 Ruta 66
- 4 Tequila
- 5 Restaurante La Ola
- 6 Gran Casino de Lanzarote
- 7 San Miguel

Übernachten

Puerto del Carmen verfügt über sehr viele Bungalow- und Apartmentanlagen in – je nach Alter – unterschiedlichem Zustand, meist mit Swimmingpool und anderen Serviceangeboten wie Animation oder Ausflügen. Allerdings ist das Gros davon an einen festen Reiseveranstalter gebunden und nur mit Schwierigkeiten direkt buchbar.

Modern und großzügig – **Hotel Jameos Playa 1:** Playa de los Pocillos, Tel. 928 51 17 17, www.los-jameos-playa.de, DZ 130–500 €. Schön gestaltetes Luxushotel mit privatem Fußweg zum Strand und 5,5 ha großem Palmengarten mit mehreren Swimmingpools.

Exklusiver Strand – **Hotel Los Fariones** **2**: Roque del Oeste 1, Tel. 928 51 01 75, www.farioneshotels.com, DZ 100–400 €. Altes Gebäude, dessen Glanz nachlässt, schöner tropischer Garten, eigener Strandabschnitt, Swimmingpool, Sauna, Fitness, Tennis.

Gediegen – **Hotel San Antonio** **3**: Av. de las Playas 84, Tel. 928 51 42 00, DZ 70–200 €. Altmodische Hotelanlage, schöner Garten, beheizter Meerwasserpool, Tennis, Sauna, Disco. Das Hotel ist nur über Veranstalter buchbar und hat daher keine eigene Website.

Erholsam – **Centro de Terapia Antroposófica** **4**: Calle Salinas 12, www.centro-lanzarote.de, Preise s. Website. Klima und Luft der Inseln tun vielen gut. Das wissen die Betreiber des Centros, die seit mehr als 20 Jahren auf der Insel bestens etabliert sind, schon lange. Auch wer hier kein Domizil hat, kann in den Genuss von Kursen, Massagen und Therapien (vor allem Neurodermitis) kommen oder auch ›nur‹ im dazugehörigen Bioladen einkaufen bzw. sich in der kleinen Cafetería mit frischen Säften, Kuchen und Cappuccino eine Auszeit nehmen.

Für Familien – **Aparthotel Costa Mar** **5**: Playa de los Pocillos, Tel. 928 51 04 10, nur über Veranstalter buchbar, z. B. www.clever-hotels.com/Hotel/Costa Mar, Apartment für 2 Pers. 70–100 €. 180 Apartments mit ein oder zwei Schlafzimmern, ideal für Familien, nur 200 m vom Strand entfernt.

Erhöhte Lage – **Lago Verde** **6**: Calle Testeina 1, Tel. 928 51 17 22, www.lagoverde.com, Apartment ab 65 €. Oberhalb des Dorfes gelegene, ruhige kleine Anlage für Selbstversorger, mit Pool und Blick auf den Hafen, 15 Min. vom Strand, 5 Min. von Geschäften und Bars entfernt.

Lebhaft gelegen – **Apartamentos Lanzaplaya** **7**: Calle México, Tel. 928 51 01 61, www.lanzaplayalanzarote.com, Apartment für 2 Pers. ab 45 €. Ältere Apartmentanlage, gleich hinter dem Centro Atlántico, strandnah und mit regem Nachtleben in der direkten Umgebung.

Essen & Trinken

Entlang der Av. de las Playas reihen sich zahlreiche Gaststätten und Bars mit spanischer und internationaler Küche. Im alten Ortskern sind die Restaurants ebenso dicht gesät, teilweise aber mit mehr Kochkunst gesegnet. Der frisch gefangene Fisch dominiert auf der Speisekarte.

Preislich gibt es meist keine großen Unterschiede. Lockvögel vor den Restaurants sind inzwischen leider üblich. Da hilft nur, sich darüber hinwegzusetzen und zu signalisieren, dass man die meist außen angebrachte Speisekarte in Ruhe studieren möchte.

Historisch – **La Casa Roja** **1**: Plaza del Varadero, Tel. 928 51 58 66, ab 10 Uhr, 15–25 €. Gut eingeführte Gastronomie im alten Hafen, zählt zum historischen Erbe des ehemaligen Fischerdorfs, mit schöner Terrasse direkt am Hafen. Die Stimmung und das Gelingen der Menüs hängen ein wenig von der Tagesform der Kellner und Köche ab, dafür ist die Lage nicht zu toppen.

Meerblick – **Puerto Bahía** **2**: Av. del Varadero 5, Tel. 928 51 37 93, tgl. 10–23 Uhr, ca. 35 €. Klassische Meeresküche garniert mit Meerblick. Gänseleber mit Apfelkompott, Barsch mit Paprika, geräucherter Lachs mit Meerrettich, dazu harziger Inselwein.

Aufmerksamer Service – **El Sardinero** **3**: direkt am Hafen an der Boulebahn, Tel. 928 51 19 33, 15–25 €. Hier isst man guten fangfrischen Fisch. Wer mehr als zweimal dort speist, wird schon als Stammgast mit einem Drink begrüßt.

Kochschule – **Escuela El Fondeadero** **4**: direkt im gleichnamigen Zentrum am alten Hafen, Tel. 928 51 14 65, 15–25 €. Hervorragendes Restaurant mit schöner Terrasse, hier werden auch die Köche der Restaurantfachschule von Lanzarote ausgebildet.

Autorenküche – **El Toro** **5**: Calle Reina Sofía 70, La Tiñosa, am Ortsausgang, Tel. 928 51 06 42, Di–So 11–23 Uhr, 30–35 €. Hier stehen Vater und Sohn am Herd und zeigen, dass gegrilltes Fleisch und Gemüse viele Variationen haben.

Für Tapas- und Grillfreunde – **Bodega/ Restaurante La Cascada del Puerto** **6**: Calle Roque Nublo 5, im alten Hafen, ca. 12–24 Uhr, 15–25 €. Hier wird eine große Auswahl an Weinen, Tapas und frischen Fleischgerichten geboten (Fisch gibt es natürlich dennoch), allerdings ohne Blick auf das Meer, dafür in echter Bodega-Atmosphäre; es gibt Räume für Raucher und Nichtraucher.

Stilvoll und authentisch – **La Casa del Parmigiano** **7**: Calle Alegranza 1, Di–So, mittags und abends ab 18 Uhr geöffnet, ca. 10–15 €. Echte italienische Küche, Pizza, frische Pasta und leckere Focaccia zu günstigen Preisen, Familien sind willkommen, man bemüht sich bei Einrichtung und Speisen, dem Touristenallerlei zu entkommen, und wurde dafür mit einem Preis für gehobene Gastronomie ausgezeichnet.

Mit schönem Ausblick – **Restaurante Cafetería Mirador** **8**: Av. de las Playas, ca. 10–15 €. Auf einer Terrasse direkt über dem Strand bietet sich dieses Restaurant für einen Snack oder ein kleines Mittagessen an.

Direkt am Meer – **La Terraza** **9**: Av. de las Playas, ca. 20–25 €. Eine unauffällige Steintreppe führt zu diesem idyllisch gelegenen Lokal am Meeresufer, in dem man ganz wunderbar eine Auszeit vom Touristentrubel nehmen kann.

Galicisch – **Casa Gallega O'Horreo** **10**: Calle Los Jameos, Local 62, 20–25 €. Paella mit Langustinen, Hummer, Venus- und Miesmuscheln, dazu Weißweine aus Lanzarote.

Einkaufen

Sowohl im Ortskern als auch an der Avenida de las Playas befinden sich zahlreiche Geschäfte, Boutiquen, Supermärkte und Souvenirläden. Des Weiteren stehen große Einkaufskomplexe an der Avenida de las Playas, die neben Geschäften, Bars und Restaurants auch Autovermietungen, Spielhallen und Arztpraxen beherbergen.

Große Auswahl – **Biosfera Plaza** **1**: Juan Carlos I Nr. 15, großes Einkaufszentrum, u. a. mit Mode-, Schuh- und Sportgeschäften, Cafés, Kneipen und Pizzerien.

Souvenirs und Kunsthandwerk – **Kunsthandwerkermarkt** **2**: Centro Montaña Tropical, Calle Toscón, Mi 10–18 Uhr.

Ein Stück Heimat – **Café Wunder Bar** **3**: Av. de las Playas, C. C. Jameos Playa, Local 89, Tel. 638 70 79 94, tgl. 10–23 Uhr. Wen es zwischendurch nach deutschen Backwaren gelüstet, der ist bei dieser Adresse richtig aufgehoben. Zudem wird in der Hauptstelle der Bäckerei (beim Hotel Los Fariones) die deutsche Fußballbundesliga übertragen und am Donnerstag Skat gekloppt.

Aktiv

Fahrradverleih – **Renner Bikes** **1**: Av. de las Playas, C. C. Marítimo, 25 Alto, Tel. 928 51 06 12, www.mountainbike-lanzarote.com, tgl. 10–19 Uhr. Die deutschsprachigen Besitzer haben zahlreiche Fahrradmodelle im Angebot und bieten auch Touren an.

Bootsausflüge mit Blick in die Unterwasserwelt – **Motorbarca Arosa** 2: am alten Hafen, Tel. 928 51 43 22, www.princesa-ico.com. Das Boot Princesa Ico von Motorbarca offeriert jeden Freitag die 3-Insel-Tour Lanzarote–Fuerteventura–Lobos (ca. 46 € pro Person, Reservierung für diese Tour zwei Tage vorher). **Blue Delfín** 3: am alten Hafen, Tel. 928 51 23 23. Hier können Sie von der einstündigen Fahrt im Boot mit 32 Unterwasser-Panoramafenstern bis zum Tagesausflug nach Corralejo (Fuerteventura) verschiedene Ausflüge auswählen. **Aquascope** 4: am alten Hafen, Tel. 686 64 74 67 oder 928 51 44 81, www.lanzarote.com/aquascope, tgl. 9.30–17.30 Uhr, Abfahrt stdl., ca. 15–17 €. Auf der 40-minütigen Fahrt kann man die Unterwasserwelt durch zwei große Unterwasserbullaugen bestaunen. Übrigens: Wer sich für Bootsfahrten interessiert, sollte die Angebote vergleichen. Fragen Sie, wie lange einerseits die Fahrt und andererseits die Besichtigung der Unterwasserwelt dauert. Bisweilen dauert der Spaß unter Wasser nur 15 Min., die Hin- und Rückfahrt etwa eine halbe Stunde. Kein günstiges Vergnügen, wenn man dafür 15–17 € zahlen muss.

Schnorcheln und tauchen – **Manta Dive Centre** 5: Calle Juan Carlos I. Nr. 6, Lokal Nr. 5, Tel. 928 51 68 15 oder 649 12 11 42, www.manta-diving-lanzarote.com, Mo–Sa 8.30–17.30 Uhr. Tauchgang für Anfänger 54 €, für Geübte mit eigenem Equipment ab 32 €. Es gibt auch Schnorchelkursangebote für Nichtschwimmer und die Möglichkeit, Unterwasserkameras auszuleihen. **Centro de Buceo Atlántica** 6: Suithotels Fariones & Hotel Fariones, Calle Acatife 2, Tel. 928 51 07 17. Vom Kindertauchen über Nachttauchen bis hin zur Tauchlehrerausbildung wird eine breite Palette offeriert. **Safari Diving** 7: Playa de la Barrilla 4, an der Playa Chica, Tel. 928 51 19 92, www.safaridiving.com, tgl. 9.30–18 Uhr. Nochmals heißt es unterzutauchen, Safari Diving ist ein englisch-holländisches Team, die Tauchschule hat viele Stationen und eine ausführliche Homepage auch in deutscher Sprache.

Tennis – **Match Point** 8: Calle Los Roferos 1, Ecke Princesa Teguise, www.clubmatchpointlanzarote.com, Tel. 928 51 55 24, 675 96 14 97. Die einzigen gepflegten vier Sandplätze auf der Insel. Platzgebühr: 10 €/Std., Trainer: 38 €/50 Min.

Auf dem Rücken eines Pferdes – **Rancho Texas** 9: Calle Noruega s/n, 1 km nördl. vom Hotel San Antonio, Tel. 928 17 32 47 oder 939 11 73 98 (mobil), Reitunterricht, Ponys für Kinder, Ausritt zu Playa de Guacimeta, Playa de Pozo oder Vulkanen, Country- und Westernnacht mit Livemusik.

Mein Tipp

Erkundungen zu Fuß – Canary Trekking

Im Angebot sind verschiedene Wanderungen in allen Teilen der Insel, u. a. Trekkingtouren in der ›Mondlandschaft‹: Ein deutschsprachiger Naturführer begleitet Sie auf einem 6 km langen Wanderweg und erklärt die Entstehung der bizarren Lavawelt (zwischen 29 und 35 €). Auf Wunsch gibt es ab zwei bis drei Personen maßgeschneiderte Touren, verknüpft mit kulinarischen Erlebnissen (Degustationen, Gourmetroute) zu erschwinglichen Preisen (Tageshonorar ca. 125 €, zzgl. Kosten für die Einkehr, Tel. 609 53 76 84, www.canarytrekking.com).

Abends & Nachts

Wie kein anderer Ort auf Lanzarote verfügt Puerto del Carmen über ein reiches Angebot an Discos, Pubs, Musikbars und Spielhöllen. Die Szeneplätze wechseln schnell und so sollte man sich am Abend einmal selbst auf Entdeckungsreise begeben. In der Av. de las Playas finden sich die meisten Bars und Diskotheken. Aber auch im Ortszentrum bieten sich einige Vergnügungstempel an. Die Urlauber frequentieren in den Nachmittagsstunden eher die verschiedenen Cocktailbars.

Wer in Puerto del Carmen nach Öffnungszeiten für Bars und Diskotheken fragt, wird nur müde belächelt. Die meisten Abendlokale haben entweder rund um die Uhr geöffnet oder öffnen am Nachmittag oder frühen Abend und halten so lange durch, bis keine Gäste mehr da sind. Wobei man Diskotheken selten vor Mitternacht besucht – wer es doch tut, hat die Tanzfläche für sich allein.

Fast wie zu Hause – **Jimmy's Bar** **1**: im Centro Comercial Playa Blanca, Ecke Av. de las Playas/Calle Timanfaya. Dem Namen zum Trotz: Jimmy ist Franke und spielt gerne auf der Klampfe, dazu gibt es deutsches Pils, Weißbier und Currywurst.

Entspannt – **El Rincón del Amador** **2**: Centro Comercial Playa Blanca. Kanarische Livemusik hören und gepflegt draußen sitzen.

Cocktails und Tanz – **Ruta 66** **3**: Av. de las Playas. Gut besuchte Cocktailbar, am Wochenende wird bis in die Morgenstunden getanzt, sodass man nahtlos zum Frühstück übergehen kann.

Für Trinkfeste – **Tequila** **4**: Av. de las Playas. Nicht nur Tequila wird hier in Mengen getrunken. Die Stimmung ist entsprechend ausgelassen.

Beliebt bei den Insulanern – **Restaurante La Ola** **5**: Av. de las Playas 13. Chill-out mit Pool neben dem Speisesaal und Himmelbetten auf der Terrasse. Kulinarisch herrscht ein Mix aus Sushi, thailändischer, spanischer und kanarischer Küche vor.

Roulette & Co. – **Gran Casino de Lanzarote** **6**: Av. des las Playas 12, Tel. 928 51 50 00, www.casinodelanzarote.com, Automatenspiel 10–4, Kasinosaal 19–4 Uhr. Im Kasino geht es leger zu.

Frühmorgens – **San Miguel** **7**: Av. del Varadero s/n. Ab 8.30 Uhr treffen im auch als Heineken bekannten Laden die ersten Gäste ein, und wer will, hält bis um 3 Uhr durch – mit Pop-Rock und House der Nullerjahre und Klassikern von Rod Stewart oder Frank Sinatra.

Infos & Termine

Öffentlicher Verkehr

Bus: Busstation Centro Fariones, Av. de Las Palmas und alle 500 m entlang der Av. de las Playas (Hinweisschild mit »P« für Parada); Abfahrt nach Arrecife: Mo–Fr 7–24 ca. alle 20 Min., Sa und Fei 7–24 ca. alle 30 Min., letzter Bus von Arrecife zurück 23.15 Uhr.
Taxi: Mehrere Taxistände im Ort

Autovermietung

Alle großen und mehrere kleine Unternehmen haben in Puerto del Carmen Niederlassungen, besonders an der Av. de las Playas oder an der Av. Juan Carlos I. Wer handelt, kann erhebliche Preisunterschiede ausmachen.

Post

Calle Juan Carlos I/Calle Timanfaya, oberhalb des Kreisverkehrs

Notrufnummern

Notruf: Guardia Civil, Tel. 928 82 52 36, vom Handy aus 112
Policía Municipal: Tel. 928 82 53 01

Rotes Kreuz (Cruz Roja): Tel. 928 81 22 22
Krankenwagen: Tel. 928 81 50 55

Termine

Ironman Lanzarote Canarias: Er gilt nach Hawaii als härteste Herausforderung für Triathleten: der Ironman auf Lanzarote. 1992 ins Leben gerufen, hat er sich mittlerweile zu einem weltweit bekannten Sportereignis mit rund 1500 Teilnehmern entwickelt. Start und Ziel befinden sich in Puerto del Carmen. Wer mehr am Schauen als am Machen interessiert ist, findet an der Av. de las Playas genügend Bars und Cafeterías, um den ›Dreisportlern‹ die nötige Ehre zu erweisen. Nach 3,8 km Schwimmen, 180 km Radfahren und 42,2 km Laufen haben sie den Applaus verdient.

Tías ▸ D 8

Über die Calle Juan Carlos I verlässt man Puerto del Carmen in Richtung Tías und biegt, an der Hauptstraße des kleinen Ortes angelangt, links Richtung Yaiza ab. Schon bald liegt linker Hand die kleine Wallfahrtskirche **Ermita San Antonio** aus dem 19. Jh., die heute auch als Kulturzentrum und Galerie dient. Weiter oberhalb befindet sich auf der rechten Seite die Kirche **Nuestra Señora de Candelaria.** Sie wurde 1618 erbaut, 1875 nach einem Brand in ihrer heutigen Form errichtet und birgt eine Madonnenstatue aus dem 16. Jh.

Tías bietet, da es an einem kleinen Berghang gelegen ist, einen schönen Blick auf die Touristenhochburg Puerto del Carmen. Als Teil des Ayuntamiento (Stadtverwaltung) von Tías wird Puerto del Carmen von hier aus verwaltet, was für die Gemeinde in den letzten Jahren sehr rentabel war. Der größte Teil der Bevölkerung ist heute in einem der Tourismusunternehmen in Puerto del Carmen tätig.

A Casa José Saramago

Calle Los Topes 3, Kartenreservierung Tel. 928 83 30 53, www.acasajosesaramago.com, Mo–Sa 10–14.30 Uhr, Führungen alle 30 Min., Eintritt 8 €
In diesem ungewöhnlichen Haus lebte der portugiesische Schriftsteller und erste Literaturnobelpreisträger Portugals (1988) José Saramago von 1994 bis 1998. In Portugal betätigte er sich als kritischer Journalist und Autor, seine Kritik galt der Diktatur und der katholischen Amtskirche in Portugal. Als ihn 1992 der damalige Kulturstaatssekretär von der Liste der Kandidaten für den Europäischen Literaturpreis tilgte, verlegte er seinen Wohnsitz nach Tías auf Lanzarote. Sein bekanntestes ins Deutsche übersetzte Werk ist: »Die Stadt der Blinden«.

Seit 2011 kann in Tías das ehemalige Wohnhaus und die umfangreiche Bibliothek Saramagos besichtigt werden. Das Haus wurde so erhalten,

Mein Tipp

Meister der Töpfertradition

An der Straße von San Bartolomé nach Teguise zweigt ein kleiner Weg zur Werkstatt von Juan Brito Martín ab (ausgeschildert), der die alte Töpfertradition fortführt. Die Figuren und Schalen werden ohne Scheibe erstellt und über dem offenen Feuer gebrannt. Unter den zahlreichen Keramikfiguren, die der hochbetagte ehemalige Direktor des Museo Arqueológico in Arrecife geschaffen hat, ragt besonders die Figur ›El Brujo‹ (Der Zauberer) hervor.

Mein Tipp

Kulinarischer Abstecher nach Mácher ▶ D 8
Neues Ambiente, neues Haus, aber die bewährte Küche, sagt der ehemalige Chef von La Era in Yaiza und stolzer Inhaber von **La Tegala.** Wer durch **Mácher** fährt, dem wird dieser außergewöhnliche Bau mit der großen Fensterfront gleich auffallen. Es sieht nobel aus, ist im Innern mit moderner Kunst dekoriert und bietet kulinarische Köstlichkeiten, die die Michelin-Tester mit einem Stern auszeichneten. Hier eine Kostprobe aus der Karte: als Vorspeise Gänseleberterrine mit Quitten und Palmhonig, danach kleine Krakenfilets nach Mailänder Art und zum Dessert Cremespeise nach Großmutter Rosa mit Eiweißschaum. Angenehme Begleiterscheinung: Die Speisen sind auch schön fürs Auge aufbereitet und haben akzeptable Preise (La Tegala, an der Carretera Arrecife–Yaiza, Mácher, Tel. 928 52 45 24, www.lategala.com, mit Raucherzimmer, 3-Gänge-Menü ca. 30 €).

wie es Saramago und seine Frau gestaltet haben: Wohn-, Arbeits- und Besprechungsraum sind begehbar, Souvenirs von den Reisen des Paares schmücken Räume und Wände. Auch die Küche, das Schlafzimmer und ein mit Olivenbäumen bestückter Garten sind für Besucher zugänglich. Von dort genießt man einen weiten Blick bis zur Küste.

Essen & Trinken

Einfach lecker – **Casa Benito:** Calle Libertad 61, Tel. 928 52 40 01, 12–18 €. Feine Vorspeisen, Fisch und andere gute Gerichte aus der einheimischen Küche.
Tapas im Überfluss – **Café/Bodegón:** Correo, Av. Central. Riesige Auswahl an Tapas in gemütlichem Ambiente.
Einfach und gut – **Restaurante Iguaden:** Av. Central 63, Tel. 928 52 40 47. Schlichte Einrichtung, einheimische und internationale Küche.
Einheimische Küche – **Restaurante Las Viñas:** Av. Central 101, Tel. 928 83 34 61, 10–18 €. Gute einheimische Küche.

San Bartolomé ▶ E 8

Die 5000-Einwohner-Ortschaft San Bartolomé liegt wie eine Scheibe an einem flachen Hang zwischen der **Montaña Guatisea** und der **Montaña Mina.** Im Dorfzentrum erhebt sich das **Rathaus,** dessen Turm an ein Minarett erinnert. Daneben steht die **Pfarrkirche San Bartolomé** mit einem gedrungenen Turm aus schwarzem Basalt. Bewundernswert an dem Ende des 18. Jh. errichteten Gotteshaus sind die Rosette über dem Eingangsportal und die geschnitzte Holzdecke im Inneren.

Museo Etnográfico Tanit

Calle Constitución 1, Mo–Sa 10–14 Uhr, www.museotanit.com, Eintritt ca. 6 €
Dieses Museum in einem traditionellen kanarischen Haus aus dem 18. Jh. lohnt einen Besuch. Von der Haarspange über Postkarten und Tonkrüge bis hin zur Weinpresse sind hier Alltagsgegenstände aus über zwei Jahrhunderten ausgestellt, stilgerecht in einem alten Wohnhaus der Familie Perdomo, die auch Initiator des Museums ist.

Jeden Tag ziehen die Kamele von Uga in die Feuerberge, um die Touristen dort gemächlich über die Berge zu schaukeln

Seine zentrale Insellage hat San Bartolomé zu einem Verkehrsknotenpunkt gemacht, an dem man auf den verschiedenen Touren immer wieder vorbeikommt. An der Hauptkreuzung führt die Route weiter nach Mozaga.

Mozaga ▸ E 7

Monumento al Campesino

Kurz vor Mozaga ragt, an einem großen Kreisverkehr gelegen, das Monumento al Campesino mehr als 15 m in die Höhe. Diese seltsam anmutende Figur, aus weiß getünchten Trinkwasserkanistern alter Fischerboote gefertigt, wurde 1968 von César Manrique entworfen. Es ist das erste Werk, das er nach seiner Rückkehr schuf – ein Monument zu Ehren der *campesinos* (Bauern), das in der geografischen Mitte der Insel aufgestellt wurde. Mit etwas Fantasie kann der Betrachter einen Bauern erkennen, der von seinen traditionellen Helfern, einem Dromedar und einem Esel, begleitet wird.

Manrique ließ das Monument, das auch unter dem Namen ›Monumento a la Fecundidad‹ (Fruchtbarkeitsdenkmal) bekannt ist, in einer Zeit errichten, als der Tourismus begann, die ursprünglichen Berufe Landwirt und Fischer in den Hintergrund zu drängen. Bewusst wollte er die Lanzaroteños an ihre traditionellen Werte erinnern. Allerdings scheinen nicht alle Insulaner dem ›Mahnmal‹ gegenüber Verständnis aufzubringen. Manche kritisieren, dass man sie stets dazu aufforderte, an den herkömmlichen Bauweisen und Materialien festzuhalten, hier aber sei ein Kunstwerk aufgestellt worden, das erkennbar wenig mit ihrer Tradition zu tun habe.

Casa Museo del Campesino
www.centrosturisticos.com, tgl. 10–18 Uhr, Eintritt frei; Restaurant: Tel. 928 52 01 36, tgl. 13–16 Uhr, ca. 15–25 €
Neben dem weithin sichtbaren Monumento al Campesino hat sich in einem ehemaligen historischen Bauernhof ein kleines Handwerkszentrum angesiedelt, zu dem auch die Casa Museo del Campesino gehört. In diesem Museum werden traditionelle Arbeitsgeräte der Lanzaroteños ausgestellt und im Nebengebäude von einer Stickerin, Weberin, Korbflechterin und einem Töpfer handwerkliches Geschick demonstriert.

Etwas zurückgesetzt liegt das **Restaurant Campesino,** das von Einheimischen gerne für große Ereignisse wie Hochzeiten und Taufen genutzt wird. Ansonsten finden sich in Mozaga noch einige kleine Bodegas mit unregelmäßigen Öffnungszeiten.

La Geria ▸ C/D 8

Vom Kreisverkehr aus führt die Route weiter Richtung Uga. Hier beginnt das Weingebiet La Geria, das nicht nur durch den Wein bekannt wurde. Mindestens ebenso bedeutend ist die landschaftliche Schönheit und die besondere Art, in der die Rebstöcke in dem vulkanischen Gebiet angeordnet sind (s. Entdeckungstour S. 210). Durch das Gesamtkunstwerk La Geria schlängelt sich eine 17 km lange Straße bis nach Uga, deren Verlauf immer wieder zu einer Rast an Ausbuchtungen einlädt, um sich in Ruhe einen Blick über die unzähligen Trichter zu gönnen, in denen sich die Rebstöcke vor dem Wind ducken und doch Trauben tragen.

Masdache ▸ D 8

Der Ort Masdache liegt zu Beginn der Weinregion La Geria. Kurz vor der Abzweigung nach La Vegueta steht die Kirche von Masdache am Rande eines erkalteten Lavastroms, der sich einst von den Vulkanen nahe Timanfaya bis hierhin ergoss. Das riesige Lavafeld mit Namen **Malpaís de Tizalaya** erstreckt sich von Masdache bis nach La Vegueta. Die leicht geschwungene Oberfläche der Landschaft, in der die flüssige Lava wie eingefroren wirkt, macht die vergangenen Eruptionen vorstellbar. Durchzogen von Rissen und bedeckt mit unzähligen Flechten und Dickblattgewächsen, ließ sich dieser Landstrich landwirtschaftlich nicht nutzen. Heute ist die Region mit ihren vielen Olivinsteinen ein Naturschutzgebiet.

Uga ▸ C 8

Am Ende der Straße, die durch die einmalige Landschaft von La Geria führt, liegt Uga. Man nähert sich dem Ort von einer leichten Anhöhe aus. Hier bietet sich ein schöner Blick auf Uga, das in der Gesamtansicht an eine afrikanische Oase erinnert. Besonders beeindruckend ist auch hier das Farbenspiel der weißen Häuser und grünen Palmen auf der tiefschwarzen Vulkanerde. Im Zentrum der kleinen, gepflegten Ortschaft befindet sich die einfach gestaltete Kirche **San Isidro Labrador**.

Über die Ortsgrenzen hinaus bekannt wurden zwei Institutionen in Uga. Zum einen gibt es die **Ringkampfschule,** aus der berühmte Athleten der Lucha Canaria ▷ S. 214

Auf Entdeckungstour:
La Geria – Weinbau als Kunstwerk

Die Weinregion La Geria gehört zu den imposantesten Landschaften Lanzarotes. Wer die Bodegas der Gegend besucht, kommt nicht nur in den Genuss edler Tropfen, sondern kann zugleich viel über den Weinanbau auf der Insel lernen. Die Geometrie des Gesamtkunstwerks lässt sich am besten von der Straße LZ 30 zwischen Uga und Masdache bewundern. Die Stricklava zeigt sich zu beiden Seiten der LZ 34 zwischen Granados und der Fundación César Manrique am eindrücklichsten.

Reisekarte: ▶ C/D 8

Ausgangspunkt: Masdache

Einkehr: Die zahlreichen Bodegas von La Geria lassen keine Versorgungsengpässe aufkommen.

Die Erkundung des einmaligen Weinanbaugebiets La Geria beginnt in Masdache. Wer über San Bartolomé (▶ E 8) kommt, kann im historischen Zentrum bei den **Bodegas Barreto** einen erste Visite einlegen (tgl. 10–18 Uhr). Wer dagegen von Puerto del Carmen anreist, wählt meist die LZ-301 nach Güime und gelangt über Montaña Blanca nach Masdache. Auch von Norden führt der

Weg über die LZ-30 nach Süden hierher. Kurzum: Fast alle Touristen kommen in Masdache vorbei, jenem zentralen Ort der dünn besiedelten Region La Geria.

Masdache (▶ D 8) ist ein Weindorf mit vielen Bodegas. Zunächst bietet sich ein Besuch der **Bodega El Grifo** an, in der auch das **Museo del Vino de Lanzarote** (Tel. 928 52 49 51, www.elgrifo.com, tgl. 10.30–18 Uhr) untergebracht ist. Die Weinkellerei aus dem 18. Jh. ist die älteste der Kanarischen Inseln, die noch in Betrieb ist. Zu besichtigen sind alte Traubenpressen, Maschinen und Werkzeuge zur Weinherstellung seit 1775.

Etwas weiter liegt auf der rechten Straßenseite die **Bodega El Campesino** (Tel. 928 52 07 17). Viele Touristen lassen sich hier oder in einer der anderen Bodegas zur Weinprobe verführen und nehmen anschließend einige Flaschen mit nach Hause.

Wie alles begann

Wie vieles auf Lanzarote hat auch der Weinbau auf der Insel einen legendären Ursprung. Nach den Vulkanausbrüchen im 18. Jh. soll ein Pfarrer aus einem dem Unglücksgebiet benachbarten Dorf in seiner Predigt gesagt haben: »Grabt im Picón, bis ihr auf fruchtbare Erde trefft, in die ihr Weinreben pflanzt. Zum Schutze der Pflanzen sucht die auf dem Felde verteilten Lavabrocken und errichtet damit kleine Windmauern.«

Auf diese Weise wurde die Idee des Trockenfeldbaus geboren. Unzählig viele Trichter, meist von halbkreisförmigen Mauern eingerahmt, bilden heute ein geometrisches Gesamtkunstwerk, das in den 1960er-Jahren als ›Ingenieurwerk ohne Ingenieure‹ vom Museum of Modern Art in New York prämiert wurde. Diese Auszeichnung sollte nicht nur den ästhetischen Wert der Landschaft hervorheben, sondern auch die Leistung der Lanzaroteños, scheinbar verwüstetes Land fruchtbar zu machen und in ein schwarzgrünes Feldmeer zu verwandeln.

Edler Tropfen für Königshäuser

Der Weinbau selbst hat auf Lanzarote eine weitaus längere Tradition. Unbestätigten Berichten zufolge sollen Ende des 15. Jh. die ersten Rebstöcke der süßen Malvasier-Traube aus Kreta importiert worden sein. Sicher sind sich die Historiker, dass seit dem Jahr 1600 Wein auf Lanzarote angebaut wird. Als Belege dienen u. a. Zitate von Shakespeare und Voltaire, die sich lobend über den Wein ausließen.

Auch am englischen Hof war der edle Tropfen von den Kanaren sehr beliebt. Das änderte sich, als Karl II. und ihm folgend die gesamte adlige Gesellschaft Englands dem Malvasier abschwor und fortan Sherry bevorzugte. Als danach noch die Heirat des englischen Königs mit einer Portugiesin den Absatz des Portweins förderte und der Siegeszug des Champagners begann, geriet der schwere Wein von den fernen Kanaren in Europa immer mehr in Vergessenheit. Während der zweiten Hälfte des 19. Jh. vernichtete Mehltau einen großen Teil der Rebstöcke. Der Anbau kam beinahe endgültig zum Erliegen.

Der schönste Blick

Die LZ-30 führt von Masdache weiter Richtung Uga, links zweigt die Straße nach **La Asomada** (▶ D 8) ab. Von dieser Anhöhe hat man den besten Blick über diese außergewöhnliche Landschaft. Hier kultivieren die Campesinos in mühseliger Kleinarbeit den Wein bis an den Kraterrand der Vulkane.

Die schönen farblichen Kontraste zwischen den rötlichen Bergkuppen, dem schwarzen Picón, den grünen Rebstöcken und Palmen sowie den weißen Häusern, die verstreut in dem Gebiet liegen, verleihen dieser kargen Landschaft ihre besondere Schönheit.

Wein als Souvenir

Mit dem Siegeszug des Tourismus auf Lanzarote stieg auch die Weinproduktion wieder an. Die Urlauber kaufen bevorzugt den Wein aus Lanzarote direkt vor Ort. Mittlerweile wurde das Vertriebssystem erweitert, sodass der Saft der Malvasier-Traube heute, wenn auch eher selten, auch in den Regalen deutscher Supermärkte zu finden ist.

Während viele Weinbauern ihre Ware in den Bodegas an der Straße zwischen dem Monumento al Campesino und Uga sowie in den Dörfern im weiteren Einzugsbereich von La Geria direkt an Urlauber verkaufen, liefern andere ihre Trauben im Complejo Agro-Industrial de Lanzarote (s. S. 53) ab.

Es geht um Qualität

Hauptanbaugebiet ist die Region La Geria, aber auch im Norden, im Malpaís de la Corona (▶ G/H 4), erstrecken sich weite Flächen mit zahllosen Weintrichtern. Wie viele auf der etwa 3300 ha umfassenden Anbaufläche zu finden sind, weiß niemand. Auch über die Traubenmenge, die an einem Weinstock im Jahr reift, gibt es unterschiedliche Angaben, die teilweise astronomische Zahlen erreichen. Zwischen 20 und 100 kg Trauben könne er von jedem seiner Stöcke ernten, erklärt der Weinbauer der Bodega Barreto in San Bartolomé. Obwohl in La Geria die Stöcke größer sind als in den übrigen Inselteilen, sei der daraus gewonnene Wein aufgrund des viel zu trockenen Bodens nicht so gut, ergänzt er. Daher müsse er immer wieder Wein hinzukaufen, um die Verkaufsregale der Bodega aufzufüllen. Die Nachfrage nach Vinos de Lanzarote sei immens.

Dies, so lassen manche kritische Weinkenner verlauten, sei der Grund dafür, dass die Weine auf Lanzarote nie Weltklasse erreichen könnten. Man produziere in Massen und nicht nach Qualität. Die Winzer würden trotz optimaler Klimabedingungen nur mittelmäßige Weine erzeugen und seien nicht an einer Verbesserung der Qualität interessiert.

In den letzten zehn Jahren hat sich jedoch vieles bei der Kultivierung der Weine zu einer besseren Qualität entwickelt. Und so konnten diverse Markenweine der Insel zunehmend Preise und Auszeichnungen einheimsen. Erstaunlich ist jedoch, dass die Inselweine häufig teurer angeboten werden als die Konkurrenz vom spanischen Festland.

Die typischen Inselsorten

Größeres Ansehen hat der Rebsaft aus Lanzarote letztendlich auch dadurch gewonnen, dass man die Weinstöcke der sehr süßen roten Malvasier-Traube gegen solche ausgetauscht hat, aus deren Trauben der trockene Weißwein gewonnen wird. Heute kennt man sechs unterschiedliche Weinsorten auf Lanzarote. Die trockenen Weißweine *(vinos blancos secos)* werden in zwei Kategorien unterteilt. Die sogenannten ›Jungen Weißen‹ *(blancos jóvenes)* besitzen eine helle, gelbe Farbe und ein leicht fruchtiges Aroma. Die Weine der Kategorie Blanco de Crianza sind eher golden und von sehr aromatischem und ausgeglichenem Geschmack. Der aus der Unterbrechung des Gärungsprozesses resultierende Restzucker verleiht den halbtrockenen Weißweinen *(vinos blancos semisecos)* einen eher süffigen Charakter. Die Rosé-Weine *(vinos rosados)* erhalten ihre leichte Himbeerfarbe durch eine nur sehr kurze Einweichzeit (ca. 6 Std.) der Traubensorte Negra Común. Ihr

Geschmack ist als fruchtig und sehr frisch zu bezeichnen.

Auch die Rotweine *(vinos tintos)* werden streng in zwei Kategorien unterteilt. Die ›Jungen Roten‹ *(tintos jóvenes)* sind kirschfarben mit einem violetten Anstrich, besitzen ein intensives und fruchtiges Aroma und sind sehr vollmundig. Die kirschfarbenen Weine mit einer lachsfarbenen Tönung der Kategorie Tintos Crianza kennzeichnet ein milder Geschmack.

Aus sehr reifen Trauben gewinnt man die süßen Weine *(vinos dulces)*. Versehen mit einem bestimmten Zuckergrad lagert der goldgelbe Traubensaft zunächst eine gewisse Zeit in Eichenfässern, bevor er sein charakteristisches Bouquet erhält.

Abgerundet wird die Weinkarte mit den Likörweinen *(vinos licorosos)*. Sie werden aus sehr reifen Moscatel-Trauben gewonnen. Typisch für den Herstellungsprozess ist die Beimischung von Weinalkohol während des Gärungsprozesses. Gelagert wird der Wein in amerikanischen Eichenfässern.

Wichtige Bodegas auf der Route

Zurück auf der LZ-30 und damit auf der Carretera La Geria befindet sich bei km 19 die **Bodega La Geria** (Tel. 928 17 31 78, www.lageria.com, tgl. 10–18 Uhr; Abb. s. S. 210). Von der einstigen Bedeutung dieser Bodega zeugt die kleine **Ermita Nuestra Señora de la Calidad,** die früher zusammen mit den Wohnhäusern der Arbeiter eine Siedlung bildete. Auch hier steht dem Besucher die Kellerei zur Weinprobe und zum Kauf offen.

Nur 1 km weiter stößt man auf die **Bodegas Stratvs** (www.stratvs.com, aktuell geschl.). Sie gilt als die modernste Weinkellerei Europas. 11 000 m² umfasst das Gelände, 2500 m² der größtenteils unterirdische Weinkeller.

Unter Bäumen

Mehrere Drachenbäume, darunter ein 150 Jahre altes Prachtexemplar, betonen den Eingangsbereich der **Bodegas Rubicón** (Carretera Teguise-Yaiza 2, La Geria, http://bodegasrubicon.com, Do–Di 10–23, Mi 10–20 Uhr). Das Essen ist vielseitig und der Kellner testet gern seine Deutschkenntnisse. Die Stimmung steigt – nicht nur dank des Malvasía.

Wein mit Weitblick

Als Abschluss der Route bietet sich ein Besuch der sehr kleinen Bodega und Tapasbar **El Chupadero** an (Carretera La Geria km 3, Tel. 928 17 31 15, www.el-chupadero.com, Di–So ab 11 Uhr). Ein kleiner Pfeil am Straßenrand weist den kurzen Weg die Anhöhe hinauf. Hier werden keine Weine produziert, aber der Blick auf die weiten Weinfelder ist besonders am späten Nachmittag sehr einladend. Der Service der deutschen Pächter ist freundlich, die Karte an Weinen und Tapas überschaubar, die Speisen werden liebevoll zubereitet. Ein gelungener Ausklang für eine Tagestour rund um das Thema Wein.

stammen – eines Ringkampfsports, der sich auf den Kanaren inzwischen wieder großer Beliebtheit erfreut (s. Entdeckungstour S. 186).

Die zweite Besonderheit in Uga ist die **Dromedarzucht.** Hinter einem tristen Gemäuer unterhalb der Straße nach Yaiza bietet ein Stall mehreren Dromedaren Schlafstatt. Tagsüber werden sie in den Nationalpark Timanfaya (s. S. 243) geführt, wo sie Touristen auf ihre Höcker nehmen, damit diese die Schönheit der unberührten Lavalandschaft aus der Nähe betrachten können, denn Fahrzeuge sind im Nationalpark nicht erlaubt. Die ersten einhöckrigen Kamele brachte man Anfang der 1950er-Jahre aus Marokko nach Lanzarote. Heute kümmern sich zehn marokkanische Arbeiter um die Pflege und Zucht, die von einem wohlhabenden Bürger Ugas finanziert wird.

Essen & Trinken

Touristenziel – **Terrazza Comedor:** in der Ortsmitte gelegen. Großes Speiselokal, das regelmäßig von Touristenbussen umstellt ist.
Von Einheimischen besucht – **Casa Gregorio:** nahe der Kirche gelegen, Mi–Mo. Das bislang vom großen Touristentrubel weitgehend verschonte Lokal bietet gute einheimische Küche.
Kleine Oase – **Bodega de Uga:** gegenüber der Lachsräucherei. Tapas und Salate bieten eine gute Ergänzung zu den Weinen, die hier in schöner Atmosphäre verköstigt werden können.

Einkaufen

Lachsräucherei – **Ahumedería de Uga:** direkt an der Hauptstraße, die Arrecife mit Yaiza verbindet, Tel. 928 83 01 32, unregelmäßige Öffnungszeiten, meist: Di–Fr 10–13.30, 16–18.30 Uhr, 1 kg Lachs ca. 32 €, Mindestabnahme 0,5 kg. Die deutschen Besitzer räuchern hier ausschließlich Fische, die vor der norwegischen und schottischen Küste gefangen wurden. Zwar kann man diese Köstlichkeiten auch in vielen Restaurants der Insel probieren, dennoch empfiehlt sich der Kauf direkt vor Ort.

Wanderung von La Asomada nach Uga

Länge und Dauer: lange Halbtagestour: Montaña Tinasoria–Uga–Montaña Tinasoria (9 km) oder bequeme Ganztagestour: La Asomada – Uga – La Asomada (13 km).

Besonderheiten: Der erste Teil des Weges von der Montaña Tinasoria nach Uga ist nicht klar markiert. Eine gute Inselkarte ist daher hilfreich. Da es auf der Montaña Tinasoria (503 m) meist sehr windig ist, entsprechend kleiden.
Parken: Man parkt das Auto entweder in La Asomada oder – bei der kürzeren Variante – an einem ver-

Arbeiten inmitten eines Naturkunstwerks: Weinbauer im Gebiet von La Geria

lassenen Gehöft auf der Montaña Tinasoria.

Die Tour bietet sehr unterschiedliche Landschaftseindrücke. Auf dem Weg nach Uga ergeben sich herrliche Ausblicke über den südlichen Teil der Insel, auf dem Rückweg rückt die Weinlandschaft La Geria in den Mittelpunkt.

Hinweis: Um die Weinfelder und besonders die Trichter mit den Rebstöcken nicht zu zerstören, sollte man auf keinen Fall vom Weg abweichen. Andernfalls sollte man sich nicht wundern, wenn hier arbeitende Winzer ihrem Zorn laut und deutlich Luft machen.

Die Wanderung

Wer sich für die **längere Wanderung** entscheidet, stellt sein Auto am besten an der Kirche von La Asomada ab. Etwas oberhalb des Gotteshauses biegen wir links in die Calle La Caldereta ein. Auf einer geteerten Straße durchwandern wir den Ort, wobei linker Hand die Küste von Puerto del Carmen zu überblicken ist.

Nach etwa 1 km endet die Teerstrecke und mündet in einen Schotterweg, der weiter geradeaus verläuft, bis nach einem weiteren Kilometer eine Abzweigung nach links hinauf zur Ruine eines Gehöfts führt, dem **Ausgangspunkt für die kürzere Tour.** Hier oben herrschte früher reger Betrieb, denn bei günstigen Windverhältnissen starteten von der Montaña Tinasoria Drachen- und Gleitschirmflieger in die Tiefe. Seit es im Jahr 2006 zu einer Kollision zwischen einem Gleitschirm- und einem Drachenflieger kam, weichen die Sportler auf die Region um Famara aus.

Vorbei an der Ruine, setzen wir unseren Weg fort und erklimmen auf dem Rand des ehemaligen Kraters den höchsten Punkt der **Montaña Tinasoria** (503 m). Die Mühen des Aufstiegs werden mit einer fantastischen Aussicht über die gesamte Insel belohnt. Der Blick schweift von der Südostküste – von Arrecife bis Playa Quemada – über den Gebirgszug Los Ajaches mit der Hochebene von

Wanderung von La Asomada nach Uga

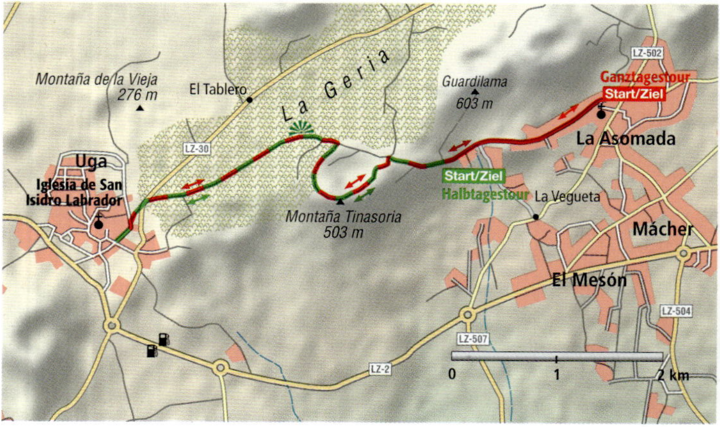

Femés bis nach Fuerteventura und über das gesamte Areal der Feuerberge. An klaren Tagen ist sogar über die Sandebene El Jable und die Risco de Famara hinweg die kleine Nachbarinsel La Graciosa auszumachen.

Besonders beeindruckend ist es, das Weinanbaugebiet von La Geria in seiner Gesamtheit betrachten zu können. Hier wird noch augenfälliger, warum das Museum of Modern Art in New York die schwarze Landschaft mit ihren grünen und weißen Punkten als Kunstwerk ausgezeichnet hat.

Im Westen entdecken wir Uga, das nächste Ziel der Wanderung. Wir gehen den Schotterweg weiter, der über die Montaña Tinasoria geführt hat. Dieser endet bei den Weinfeldern. Von hier aus kann man problemlos zwischen den Weinfeldern hindurch nach unten gelangen.

Nach etwa 2 km sind die ersten Häuser von **Uga** erreicht. Wir stoßen auf die LZ-30, die Hauptverbindung Richtung Mozaga. Zur Besichtigung des Ortes halten wir uns links.

Yaiza ▸ C 8

Auf der Hauptstraße erreicht man nach 2 km Yaiza, das Verwaltungszentrum des Inselsüdens. Es fällt sofort auf, dass die Bewohner Yaizas sich sehr um die Restaurierung und Pflege ihres Heimatortes bemüht haben. Nicht umsonst wird Yaiza als das schönste Dorf Lanzarotes bezeichnet und hat diesen Ruf mit mehreren Auszeichnungen untermauert.

Das Erscheinungsbild des Ortes wird bestimmt von zahlreichen, teilweise weit verstreut liegenden Häusern im maurischen Stil und einigen herrschaftlichen Villen aus der Kolonialzeit. Besonders viel Wert wurde auch auf die Bepflanzung der Gärten und der öffentlichen Anlagen gelegt, in denen die Farben von Hibiskus, Bougainvillea und Palmen kräftige Akzente setzen.

Yaiza war ebenso wie der Nachbarort Uga in den 1730er-Jahren von den Vulkanausbrüchen im heutigen Timanfaya-Gebiet in Mitleidenschaft gezogen worden. Don Andrés Lorenzo Curbelo, der damalige Pfarrer des Ortes, betätigte sich als Chronist und hinterließ einen Bericht über diese Naturkatastrophe. Nach Beendigung der verheerenden Ausbrüche entstand das Dorf neu. Die verloren gegangenen Anbauflächen konnten allerdings nicht wiedergewonnen werden.

Sehenswürdigkeiten im Zentrum

Direkt an der Hauptstraße liegt die **Iglesia Nuestra Señora de los Remedios** (9–19 Uhr). Ein Teil des Sakralbaus aus dem 17. Jh. war den Vulkanausbrüchen zwischen 1730 und 1736 zum Opfer gefallen und wurde im 18. Jh. restauriert. Das Gotteshaus gefällt von außen gerade durch seine Einfachheit. Besonders reizvoll ist dabei die Fassade mit dem Portal aus dunklem Holz, die sich zur Plaza de los Remedios hin neigt. Im Inneren stechen die geschnitzte Decke, die im Barockstil bemalt wurde, der barocke Hochaltar und das steinerne Taufbecken hervor.

Wirkte die **Plaza de los Remedios** früher noch etwas steril, ist es den Inselarchitekten mittels Palmen und Sitzbänken gelungen, den Platz ins Gesamtbild Yaizas zu integrieren.

Das Juwel von Yaiza bleibt die **Plazoleta de Víctor Fernández** gegenüber der Kirche. Die dichte Bepflanzung bietet Schatten, Bänke laden zum Ausruhen ein. In der Mitte befindet sich eine Statue, die eine Bäuerin mit einem Krug darstellt.

Casa de Cultura

Plaza de los Remedios, unregelmäßige Öffnungszeiten, meist 9–14, 17–19 Uhr, Eintritt frei

In der **Casa de la Cultura,** einem alten Herrenhaus am anderen Ende der Plaza de los Remedios, lebte von 1871 bis 1937 der Politiker und Schriftsteller Benito Pérez Armas. Das Haus aus dem 19. Jh. im andalusisch-kanarischen Baustil mit schönem Innenhof wurde restauriert und 1990 als Kunstgalerie, Bibliothek und Veranstaltungsraum der Bevölkerung zugänglich gemacht.

Galería de Yaiza

Am Ortsausgang Richtung Playa Blanca, Mo–Sa 17–19 Uhr

Die **Galería de Yaiza** befindet sich in einem von César Manrique gestalteten und inzwischen im kanarischen Stil renovierten Gebäude. Ausgestellt werden Bilder, Skulpturen, Fotografien und Keramiken von einheimischen und fremden Künstlern, die Lanzarote zur Wahlheimat erkoren haben.

Übernachten

Friedlich – **Casa Friedel:** www.lanzarote-ferienhaus.com, j.leitz@gmx.net, min. 1 Woche, ca. 90 €/Tag. Ca. 200 m von der Galería Yaiza entfernt und von den Galeristen geführt, liegt diese luxuriöse Finca mit weitem Blick auf die Feuerberge; lichtdurchfluteter Innenhof, Wohnzimmer mit Sat-TV und Video, zwei Schlafzimmer, zwei Bäder.

Essen & Trinken

Bar ohne Namen – an der Hauptstraße gegenüber der Kirche, ab morgens. Während sich das benachbarte Restaurant El Volcán auf Touristen eingestellt hat, wird die kleine **Bar ohne Namensschild** hauptsächlich von Lanzaroteños besucht. Hier isst man Tapas in ungezwungener Atmosphäre.

Rustikal und gut – **La Bodega Santiago:** Calle Montañas del Fuego 27, am Ortsausgang Richtung LZ 2/LZ 67, www.labodegadesantiago.com, Mo–Do 12.30–22, Fr, Sa bis 23, So 12.30–18 Uhr, ab 15 €. Man sitzt im großzügig und mit grünem Daumen gestalteten Innenhof und lässt sich Hummerschwanzsalat in Joghurtsoße, geräucherte Sardine in Guacamole oder mariniertes Zicklein schmecken.

In schönem Ambiente – **Antigua Escuela de Yaiza:** In der ›Alten Schule von Yaiza‹ drücken heutzutage keine Kinder mehr die Schulbank; dafür kann man im windgeschützten Patio ein Glas Wein mit Ziegenkäse genießen oder sich in den kleinen Läden nach Kunsthandwerk oder Schmuck umschauen.

Infos & Termine

Öffentlicher Verkehr

Busse: Richtung Playa Blanca: Mo–Fr ca. 7, 9, 12.30, 15, 18.30, 21.15, Sa 8.30, 12, 14.30, 19.30, So 9.30, 15 und 20 Uhr. Richtung Arrecife via Puerto del Carmen: Mo–Fr ca. 7.10, 9.20, 13, 15.30, 19, 22, Sa 8.30, 12.30, 15, 20, So 9.30, 15, 20 Uhr.

Termine

Klassikfestival: Ende Nov. u. a. in der Casa de Cultura von Yaiza. Gut gemischtes Programm von Georg Friedrich Händel und Wolfgang Amadeus Mozart über Johannes Brahms bis zu Manuel de Falla und Astor Piazzolla. Austragungsorte sind neben Yaiza auch die Bodegas El Grifo bei San Bartolomé und das Camel House in Mácher sowie das Hotel Los Jameos Playa. Organisiert wird das Ganze

Abendsonne taucht die kleine Ortschaft Yaiza in ein goldenes Licht

von Rosi und Hans Croonennebroeck, Tel. 928 83 62 53, www.musicaclasicalanzarote.com, info@island-challenges.com, Tickets: ca. 20 € pro Konzert.
Weihnachtskrippen: Es hat Tradition auf Lanzarote, zur Weihnachtszeit in Kirchen und auf Dorfplätzen Krippen aufzustellen. Die schönste Szenerie findet man unbestritten in Yaiza – und das glauben nicht nur die Bewohner selbst. Mitte Oktober beginnt die tüftelige Arbeit: Fünf Männer werkeln hier mit ruhiger Hand an ihrer Insel en miniature: Häuser, Plätze und Kirchen, Salinen und Mühlen, Vulkane, das Meer und Palmen, Pferde, Kamele und Schafe, Ochs und Esel nicht zu vergessen. Am Abend des 15. Dezember kommen alle, um die Insellandschaft zu bestaunen und immer neue Details zu entdecken. Ziegen, Hühner und Katzen, Bauern bei der Zwiebelernte, Bäuerinnen beim Tomatenpflücken, Hirten bringen milden Gaben. Wie jedes Jahr ist das Staunen der Zuschauer groß und es wird nicht mit Lobesworten gespart. Dabei ist im vollendeten Zustand gar nicht mehr zu erkennen, wer hier alles mitgewirkt hat: Töpfer und Steinsetzer, Maurer und Tischler, Klempner und Elektriker. Doch auch diese Krippenlandschaft ist vergänglich. Den Erbauern macht das nichts aus. Sie möchten wieder dabei sein – im nächsten Jahr.

El Golfo ▸ B 8

Um von Yaiza an den kleinen Küstenort El Golfo zu gelangen, verlässt man Yaiza auf der neu angelegten Umgehungsstraße Richtung Süden. Nach wenigen Kilometern biegt man Richtung El Golfo ab und fährt etwa 4 km durch Lavafelder, die hier die Ausläufer des Parque Nacional de Timanfaya bilden. An einer Kreuzung geht es rechts in das kleine Fischerdorf Las **Casas de El Golfo** (meist nur ausgeschildert mit ›El Golfo‹). Die Ortschaft wird heute primär von wohlhabenden Lanzaroteños als Feriendomizil genutzt. Sie zeichnet sich durch zahlreiche Fischrestaurants aus, in denen frische Meeresfrüchte serviert werden. Auch hier kann man sein Auto am Ortseingang parken und die Kraterlagune besichtigen. Schon auf dem Weg nach unten genießt man einen tollen Blick über den ehemaligen Krater.

Die halbkreisförmige Wand von El Golfo ist der Überrest eines riesigen Vulkankraters, der im Pleistozän (Eiszeitalter) vor Millionen von Jahren entstand. Damals ereignete sich vor der Küste ein submariner Vulkanausbruch. Durch die Vermischung von heißer Lava und kaltem Meerwasser entstand ein Tuffring mit einem 60 m tiefen Krater. Die zum Meer hin gelegene Hälfte des Vulkans wurde in den vergangenen Jahrtausenden von der Brandung abgetragen und fand so zu ihrer heutigen Form.

Eingerahmt von anthrazit-, ocker- und rostfarbenen Felsen und dem schwarzen Lavastrand sticht die leuchtendgrüne Lagune **Charco de los Clicos** besonders ins Auge. Die auffällige Farbe entsteht durch zahlreiche Algen, die in Gewässern mit hohem Salzgehalt gedeihen. Leider wird der Lago Verde von Jahr zu Jahr kleiner, dabei könnte man dies durch ein risikoloses Ausbaggern des Sees verhindern. Seit den 1970er-Jahren hat er mehr als die Hälfte seiner Fläche eingebüßt.

Von ihrer schönsten Seite zeigt sich die Lagune am Spätnachmittag vor Sonnenuntergang. Dann treten die unterschiedlichen Strukturen mit

Mein Tipp

Schlemmen in El Golfo

Auch wenn sich der Tipp schon herumgesprochen hat und die Freundlichkeit der Kellner ein wenig von der Tagesform abhängt – El Golfo liegt einfach zu schön, als dass man ganz darauf verzichten möchte. Die Restaurants im Ort haben beinahe alle einen schönen Platz an der Sonne zu bieten – und die typisch kanarische Küche mit frischem Fisch von Dorade bis Zackenbarsch und den beliebten *papas arrugadas* (Pellkartoffeln in Salzkruste) mit der deftigen roten und grünen Soße. Die Ingredienzen dieser roten Soße *(mojo rojo* mit Paprika) oder der grünen Soße *(mojo verde* mit verschiedenen Kräuterzutaten) variieren von Restaurant zu Restaurant und bleiben letztlich immer das Geheimnis des jeweiligen Kochs.

ihren verschiedenen Farben deutlich hervor. Es lohnt sich, am Parkplatz in Las Casas de El Golfo auszusteigen, sich ein wenig die Beine zu vertreten und den Blick über die **Montañas del Fuego** zu genießen. Die Besteigung der Kraterwand ist inzwischen allerdings streng verboten, da akute Absturzgefahr besteht.

Los Hervideros ▶ B 8

Auf einer neu angelegten Straße geht die Fahrt von El Golfo nun am Meer entlang in Richtung Süden. An diesem Küstenabschnitt ergoss sich während der Timanfaya-Eruptionen im frühen 18. Jh. der Lavastrom ins Meer. Daher ist die Küste auch sehr steil und unwirtlich. Nur gegenüber der **Montaña Bermeja** existiert eine kleine Öffnung, an der der gleichnamige schwarze Strand liegt. Einige Kilometer weiter passieren wir Los Hervideros. Die starke Brandung hat an dieser Stelle die durch den Lavastrom entstandenen Gesteinsformationen ausgehöhlt und verformt. Auf einem schmalen Fußweg kann man das Labyrinth erwandern. Mehrere Öffnungen in der Lavadecke erlauben einen Blick in die Tiefe, wo das Meer mit seiner unbändigen Kraft die Küste mehr und mehr aushöhlt. Bei sehr starker Brandung – meist in den Wintermonaten – schießt die Gischt meterhoch aus den Öffnungen.

In der Hauptsaison verkaufen hier fliegende Händler gerne schönen Schmuck aus ›Olivin‹, der allerdings meist nicht aus dem echten Stein ist.

Salinas de Janubio ! ▶ B 9

Kurz bevor man die Verbindungsstraße zwischen Yaiza und Playa Blanca wieder erreicht, erstrecken sich rechter Hand die Salinas de Janubio, eine Art Industriedenkmal, das den Niedergang eines ehemals wichtigen Wirtschaftszweiges der Insel verdeutlicht.

Aufgrund ihrer Lage inmitten des Atlantischen Ozeans entwickelten sich die Islas Canarias zum letzten Ankerplatz zwischen der Alten und

Lieblingsort

Los Hervideros ► B 8
Zwischen den Salinas de Janubio und El Golfo weisen zahlreiche Parkbuchten auf eine Sehenswürdigkeit direkt an der Küste hin. Los Hervideros – die Brodelnden – wird das Naturspektakel treffend genannt. Die starke Brandung hat das Lavagestein ausgehöhlt und verformt. Kraftvoll schießt die Gischt aus engen Öffnungen meterhoch in die Luft. Dass Wasser im Kampf mit dem Gestein den Sieg davonträgt, wird hier eindrucksvoll demonstriert. Frühmorgens oder spätabends haben Sie selbst in der Hauptsaison die Chance, das Schauspiel (fast) allein betrachten zu können.

der Neuen Welt. Hier gingen die europäischen Konquistadoren ein letztes Mal an Land, bevor sie ihre Entdeckungsreise über den großen Teich wagten. Hier versorgten sie sich mit Frischwasser und Lebensmitteln. Um die Haltbarkeit von Fleisch und Fisch zu gewährleisten, wurde beides in eine Salzlake eingelegt. Seit Mitte des 19. Jh. exportierten die Lanzaroteños dann auch in Salz eingelegten Fisch nicht nur auf das spanische Festland, sondern bis nach Südamerika.

Während im Norden Europas Salz vornehmlich in Salzlagerstätten unter Tage abgebaut wurde, gewann man hier im Süden das Kristall durch die Verdunstung von Meerwasser. So entstanden auf Lanzarote schon früh mehrere Salinen, deren Überreste heute noch teilweise zu erkennen sind. An der Nordküste kann man vom Mirador del Río auf die Salinas del Río hinabblicken. An anderen Küstenabschnitten erinnern nur noch verfallene Windmühlen an die Salzgewinnung. Und in Costa Teguise

Bis zu 10 000 t Salz wurden einst in den Salinas de Janubio gewonnen

baute man auf dem Terrain einer stillgelegten Saline das Luxushotel Salinas. Hier verweist lediglich der Name auf die Vergangenheit.

Ende des 19. Jh. legte man die größte Saline der Insel an. In der Lagune **El Charco** entstanden auf einer Fläche von 2 km² die Salinas de Janubio. Mittels Windrädern, die später durch Dieselpumpen ersetzt wurden, gelangte das Meerwasser über ein Kanalsystem in große und dann in kleinere Becken, die im hinteren und flacheren Teil der Bucht angelegt worden waren.

In den größeren ließ man das Wasser zunächst verdunsten, bis eine Salzlake zurückblieb, die zum Konservieren der Nahrung diente. Die konzentrierte Lösung wurde dann in die kleineren Becken befördert, wo das Salz endgültig auskristallisierte. Vier Wochen später – so lange dauerte der Vorgang – zogen von Kopf bis Fuß weiß gekleidete Männer und Frauen das Salz zu großen Haufen zusammen.

In der ersten Hälfte des 20. Jh. wurden in Janubio noch bis zu 10 000 t Salz pro Jahr gewonnen. Verwendung fand es primär in den Fisch verarbeitenden Fabriken von Arrecife. Doch durch den Rückgang der Fischerei, aber besonders durch den Einsatz von Tiefkühlsystemen seit den 1960er-Jahren, ging die Produktion überall auf der Insel stark zurück, da weniger Salz zur Konservierung benötigt wurde. Außerdem war die Arbeit in den Salinen sehr gesundheitsgefährdend. Viele Beschäftigte verloren durch die starke Lichtreflektion des Salzes ihr Augenlicht. Immer mehr Lanzaroteños zogen verständlicherweise eine Beschäftigung in der Tourismusindustrie vor.

Seit Mitte der 1980er-Jahre ist die Produktion auch in den Salinas de Janubio, der letzten funktionierenden Saline Lanzarotes, nahezu zum Erliegen gekommen. Unregelmäßig wird noch *salmuera,* die Salzlake, gewonnen und in ganz geringen Mengen Tafelsalz für den Eigenbedarf der Inselbewohner. Hinsichtlich der zukünftigen Nutzung der Anlage gibt es die unterschiedlichsten Vorstellungen.

Ausländische Investoren versuchten bislang vergeblich, an dieser Stelle ein Ferienparadies zu errichten. Mitglieder der Naturschutzgruppe El Guincho hoffen dagegen auf die Unterstützung der EU, um in der Saline wieder den alten Betrieb aufnehmen zu können. Andere

Mein Tipp

Villa Sol y Mar

Wer zur Ruhe kommen will, kann dies prima in dieser Villa üben. Das Anwesen ist schön ausgestattet und bietet einen herrlichen Panoramablick auf das Meer und die Vulkane, außerdem ein beheizbares Schwimmbad mit Sonnendeck und Meerblick sowie eine Terrasse mit Grillstation. Der deutsche Vermittler besorgt auch gute und günstige Leihwagen, die am Flughafen bereitstehen (Calle los Roques 25, Las Breñas, www.golanzarote.de/yavilla sol, info@golanzarote.de, Tel. 928 82 02 25, ab 750 €/Woche, Leihwagen ab ca. 80 €/Woche).

behaupten, die Inselregierung wolle in den Becken eine Fischzuchtstation aufmachen. Vielleicht bleiben die Salinas de Janubio am Ende ein Industriedenkmal, das Einheimischen wie Touristen einen wichtigen Teil der Vergangenheit Lanzarotes nahebringt.

Von der Aussichtsstelle an der Hauptstraße nach Playa Blanca kann man über die gesamte Anlage blicken, die heute nur noch selten die Farbenpracht vergangener Zeiten aufweist. Die salzige Flüssigkeit in den Becken leuchtet je nach Tageslicht in blauen, roten oder bräunlichen Farbtönen. Ebenfalls einen guten Blick über die Salinen hat man von der Terrasse des Restaurants Salinas de Janubio aus.

Den großen Salinenbecken vorgelagert ist die **Playa de Janubio,** ein schwarzer breiter Lavastrand, der entweder von der Straße, die aus El Golfo kommt, oder von der Straße Yaiza–Playa Blanca über eine Piste zu erreichen ist.

Essen & Trinken

Mit Blick auf die Salinen – **Mirador las Salinas/Casa Domingo:** direkt bei den aufgelassenen Salinen, Di–So 11–19.30 Uhr. Hier genießt man neben frischem Fisch und Paella vor allem den Ausblick auf die Salinen.

Aktiv

Mit schönen Ausblicken – **Wanderung zum Naturdenkmal El Convento:** Eine rund 3-stündige Küstenwanderung beginnt nahe den Salinas de Janubio. Wegbeschreibung s. S. 246.

Las Breñas ▸ B 9

Die Rundreise wird fortgesetzt, indem wir die Schnellstraße Yaiza–Playa Blanca queren, linker Hand liegt Las Hoyas. Wir nähern uns dem Gebirgszug **Los Ajaches,** der den sonst eher flachen Süden der Insel dominiert, und kommen nach Las Breñas, einer ehemals landwirtschaftlich geprägten Ortschaft. Prominente und Gutsituierte haben die Idylle für sich entdeckt, hier wird viel Prächtiges errichtet, werden Straßen zu den Stränden gebaut und in Infrastruktur investiert. Der Blick in die Ferne und aufs Meer und die Abgeschiedenheit sind Trumpf, finden die Einheimischen und die Zugezogenen. Eine Pause einzulegen lohnt auch wegen der zwei Lokale, s. Essen und Trinken. Danach fahren wir in der Ortsmitte links um die Kirche herum, um bald darauf in den steil ansteigenden Weg Richtung Femés einzubiegen.

Essen & Trinken

Einfach und gut – **Restaurant Casa Marcos:** La Cancela 6, tgl. 12–23 Uhr,

Tapas ab 7 €, Menü ab 15 €. Drinnen oder draußen sitzt man gemütlich an Holztischen und arbeitet genüsslich die Speisekarte ab. Alles ist einfach, das Mobiliar ebenso wie die Fisch- und Fleischgerichte. Aber gerade das macht hier den Reiz aus. An Sonn- und Feiertagen kann es daher schon mal schwierig sein, einen Platz zu bekommen.

Vielfalt – **Los Tres:** Costa de Rubicón 1, Di–So 10–15, 18–22, Fr, Sa bis 23 Uhr, Menü ab ca. 15 €. ›Die drei‹ haben Marco und seine Compañera Sarah ihr Lokal genannt, weil es Restaurant, Bar und Supermarkt in einem ist. Das Angebot ist dementsprechend bunt: Gekocht wird von asiatisch über italienisch bis polnisch, aber der Schwerpunkt liegt dennoch auf kanarischen bzw. spanischen Spezialitäten. Denn Einheimische und ausländische Gäste sollen hier gleichermaßen zu ihrem Recht kommen. Fisch und andere Zutaten beziehen die Besitzer von den hiesigen Fischern und Bauern. Marco erzählt gerne, was er gemeinsam mit den Breñeros auf die Beine gestellt hat und noch stellen will, sofern es die Zeit zulässt. Apropos: Zeit sollte man hier schon mitbringen, da alles frisch zubereitet wird, geht es nicht hopplahopp.

Femés ▸ B/C 9

Die auf einem Hochplateau gelegene Ortschaft Femés wird vom **Atalaya de Femés** überragt, der mit 607 m Höhe den topografischen Höhepunkt des südlichen Lanzarote darstellt. Hier oben herrscht im Vergleich zur Hektik an den Küsten eine besondere Ruhe, die man vor allem um die Kirche und auf der vor ihr gelegenen Aussichtsplattform genießen kann. Inselkenner treffen sich hier bei Sonnenuntergang.

Ermita de San Marcial de Rubicón

Die kleine weiße Kirche gilt als das älteste Gotteshaus Lanzarotes. Bereits im 15. Jh. war Femés der Sitz des Bischofs, bevor dieser Teguise zu seiner Residenz erwählte. Den ursprünglichen Kirchenbau zerstörten im 16. Jh. englische Korsare. Der Wiederaufbau erfolgte im Jahr 1733.

Das Innere der Kirche birgt eine Figur des heiligen Marcial, die aus dem 18. Jh. stammt. Besonders die Fischer betrachten den Heiligen, der auf den Kardinal Marcial von Limoges zurückgeht, als ihren Beschützer. Dies unterstreichen die ihm gewidmeten Schiffsmodelle im Inneren des Gotteshauses. Der Kirchenmann war zusammen mit Jean de Béthencourt auf die Kanaren gekommen, um die Guanchen zu christianisieren. An seinem Feiertag, dem 7. Juli, wird das Standbild unter großem Aufwand und Anteilnahme vieler Menschen um die Ermita getragen. An diesem wichtigsten Feiertag Lanzarotes ist beinahe die ganze Inselbevölkerung zugegen.

Den Ortskern um die Ermita de San Marcial de Rubicón restaurierten die Bewohner im traditionellen Stil. Dafür erhielten sie 1979 vom Patronato Provincial de Turismo einen Preis. Das ist schon ein paar Jährchen her. Noch älteren Datums ist das erst allmählich verblassende Schild über dem Eingang des Gemeindehauses mit dem Spruch »Unter der Herrschaft Francos errichtete die Falange diese soziale Einrichtung«. Die Spur der Diktatur wirft leider auch hier lange Schatten.

Essen & Trinken

Mit schöner Aussicht – **Restaurante Casa Emiliano:** direkt an der Kreuzung nach Las Breñas, Di–So. Gutes spanisches Essen auf einer wunderschönen

Lieblingsort

Farbenspiel am Himmel in Femés ► C 9

Immer wieder sehenswert: der Sonnenuntergang im Dorf Femés. Dann taucht ein zwischen ocker und orange changierendes Licht die raue Landschaft in eine warme, beinahe sanfte Atmosphäre. In der Mitte des Dorfes, gegenüber der Kirche, befindet sich eine einladende Terrasse, von der aus der Blick über die Ebene und Playa Blanca bis zur Nachbarinsel Fuerteventura reicht.

Terrasse serviert. An Wochenenden wird es mitunter sehr voll.
Familiär – **Bar Restaurante Femés:** An der Rückseite der Ermita gelegen, Treffpunkt der Einheimischen. Hier kann man auch frisch gemachten Ziegenkäse kaufen.

Playa Quemada ▸ C 9

Hinter Femés führt die Straße durch eine sehr fruchtbare Hochebene. Im Frühjahr, zur Zeit der Zwiebelernte, herrscht hier reger Betrieb. Rechts der Straße liegen Abbaufelder der mineralhaltigen Erde, die beim *enarenado artificial* (s. S. 180) als Grundlage verwendet wird.

Nach wenigen Kilometern erreichen wir die Hauptstraße Arrecife–Yaiza. Wir biegen rechts ab Richtung Inselhauptstadt. Bevor nach ca. 1 km eine Straße in das ehemalige Fischerdorf Playa Quemada führt, weist ein Schild auf eine Attraktion für Pferdefreunde hin: **Lanzarote a Caballo** (s. rechts unten).

Die kleine Ortschaft **Playa Quemada** erreicht man über eine Asphaltstraße, die am Ortseingang abrupt endet. Einige wenige Fischer gehen noch ihrem Handwerk nach. Wer direkt am Strand den Blick über das Meer schweifen lässt, erkennt ein eingezäuntes Areal. Hier wird im Rhythmus von sechs Monaten jeweils eine andere Fischsorte gezüchtet. Ansonsten macht Playa Quemada einen stillen, verlassenen Eindruck. Dennoch kann der Ort mit zwei Fischlokalen in nächster Nähe zum Wasser aufwarten. Zwischen den Fischerhäusern haben auch mehrere wohlhabende Ausländer ihre Feriendomizile erbaut. Den Kontrast dazu bilden einige wilde Camper, die sich in zweiter Reihe eingenistet haben.

Zum Sonnenbaden eignet sich der ›Verbrannte *(= quemada)* Strand‹ aufgrund der vielen Steine nur bedingt. Eine Alternative bietet die schwarzsandige **Playa Arena,** die – in der Nachbarbucht gelegen – von Playa Quemada aus nur während der Ebbe am Meer entlang zu erreichen ist. Setzt die Flut ein, kann man auf einem zehnminütigen Fußweg über einen Berg den Rückweg antreten.

Essen & Trinken

Direkt am Meer – **Restaurante Playa Quemada:** Av. Playa, Tel. 928 17 37 07, tgl. 11–23 Uhr, ca. 15 €. Vor allem abends ein romantischer Platz direkt am Meeresufer, angenehmer Service.
Maritim – **Restaurante Salmarina:** Av. Marítima 13, Tel. 928 17 35 62, www.salmarinarestaurante.com, tgl. 11–23 Uhr, ab 25 €. In freundlichen Farben eingerichtetes Lokal direkt am Wasser.
Direkt am Meeressaum – **El Pescador:** Av. Marítima 21, unregelmäßige Öffnungszeiten, ca. 35 €. Die Speisekarte ist klassisch kanarisch, abends schaffen Windlichter das passende Ambiente für ein romantisches Dinner. Solide Küche, freundlicher Service.

Aktiv

Lanzarote zu Pferd – **Lanzarote a Caballo:** Carretera Arrecife–Yaiza, km 17, Tel. 928 83 00 38, www.lanzaroteacaballo.com, tgl. 10–18 Uhr. Im Reitstall auf dem Berg warten 27 Pferde und Ponys auf Kundschaft. Man kann Reitunterricht nehmen oder bei Ausritten die Insel erkunden, außerdem gibt es Indianerspiele und Kamelritte für Kinder, Paintball und Buggies für (Berufs-)Jugendliche. Gegen Letzteres ist nichts einzuwenden, solange sie damit nicht in den geschützten Zonen herumfahren.

Puerto Calero ▸ D 9

Zurückgekehrt auf die LZ-2 führt nach einigen Kilometern eine weitere Stichstraße zum Meer hinunter. An ihrem Ende befindet sich der Jachthafen Puerto Calero – ein ehrgeiziges Ziel, hier eine zahlungskräftige und luxusverwöhnte Klientel anzulocken. Die Pläne zu dem Retortenprojekt stammen aus der Feder von Luís Ibáñez Margalef. Hier liegen einige größere und kleinere Jachten vor Anker. Auch haben sich etliche Restaurants und einige Wassersportklubs entlang der Mole angesiedelt, die Ausflüge und Aktivitäten jeder Art anbieten. In der zweiten Reihe hat sich darüber hinaus eine Mini-Mall mit Nobel- und anderen Marken zu günstigen Preisen etabliert, darunter Hugo Boss, Desigual, Escada, Pepe Jeans, Diesel u. a. m. Belebt wird Puerto Calero jedoch hauptsächlich durch Tagesausflügler aus Puerto del Carmen. Doch das Konzept, den Jetset an sich zu binden, ist nicht aufgegangen, auch nicht durch das Vier-Sterne-Ensemble Costa Calero, das über dem Jachthafen thront.

Der Fußweg vom Hotel Costa Calero führt über eine Holztreppe zum Restaurant Amura und zum Jachthafen. Kurz davor kommt man an einer Sonnenuhr vorbei. Diese hat der deutsche Künstler Hermann Weisweiler gestaltet, den das Thema, wie man eine Sonnenuhr auf ein Papier oder eine Mauer zeichnet, schon länger beschäftigt. Das Exemplar in Puerto Calero steht unter dem Motto: »Der Himmel ist mein Gesetz«. Hier, so erfährt man durch eine Inschrift in einer kuriosen Mischung aus Latein und Spanisch, haben sich im Jahr 1991 der Ex-Kanzler Helmut Kohl und der Ex-Minister Felipe González zu Konsultationen getroffen.

Am anderen Ende des kleinen Jachthafens führt neben dem Restaurant Puro Gusto (s. S. 232) ein Gang zum früheren Wal- und Delfinmuseum. Unter dem Motto »Sehen, anfassen, verstehen« wollte man den Besuchern hier die Schönheit der kanarischen Unterwasserwelt zeigen – sparte aber auch nicht mit Warnungen über die Situation der Wale und Delfine weltweit: So wurde die Bedrohung durch U-Boote ebenso angesprochen wie der zunehmende Plastikmüll, den die Tiere schlucken. Dass zu wenige Besucher sich für dieses Thema interessiert haben, ist bedauerlich. Dass dieses ambitionierte Projekt offenbar auch keine oder zu wenig Unterstützung von öffentlichen Geldern erfahren hat, ist noch bedauerlicher.

Übernachten

Großzügig – **Costa Calero:** Puerto Calero s/n, Tel. 928 84 95 95, www.hotelcostacalero.com, ab ca. 90 €/Nacht. Anlage mit gigantischen, aber dennoch nicht maßlosen Ausmaßen (27 000 m²), da man auch hier nur zweistöckig gebaut und das Ensemble in viele unterschiedliche Zonen eingeteilt hat (4 Pools, ein kleiner Sandstrand). Nur der Speisesaal, in dem 663 Personen Platz finden, ist ein wenig einschüchternd. Hier fühlen sich vor allem Engländer wohl und genießen die Rundumbetreuung, Animation und Thalassotherapie, Radverleih und Bootsausflug. Unbedingt auf stilvolle Kleidung achten: keine kurzen Hosen, keine Unterhemden beim Essen!

Essen & Trinken

Nobel und fantasievoll – **Restaurante Amura:** direkt am Hafen, Tel. 928 51 31 81, www.restauranteamura.com, Di–So 13–23 Uhr, mehrgängiges Menü um 40 €. Zackenbarsch mit Seeigelcreme, Calamares mit Algen und

Kokosnuss, Thunfischfilet auf Kartoffelpüree mit Paprikaschoten und Soja – in diesem Restaurant wird fantasievoll kombiniert und in noblem Ambiente mit Blick auf den kleinen Hafen getafelt. Ein gar nicht so teures Vergnügen, für das man sich genügend Zeit lassen sollte. Im Guide Michelin wird das Amura als Bib Gourmand erwähnt, also als Restaurant der gehobenen Mittelklasse – mit einem fairen Preis-Leistungs-Verhältnis.

Kulinarischer Ausflug nach Italien – **Puro gusto:** Calle Antiguo Varadero, www.purogusto.es, Tel. 689 08 26 45, tgl. ab 9 Uhr, Preise ab 7 € für Snacks, ab 10 € für Pizza und Focaccia. Lust auf Pizza, Pasta und Parmesan? In dieser Focacceria gibt es eine Pizza Schwarzwald, die mit Würstchen belegt ist, Pizza mit Lachs oder mit Sardinen und Kapern. Keine große Kochkunst, eher etwas für den kleinen Hunger, aber mit grandioser Aussicht.

Aktiv

Wassersport – **Catlanza:** Local 1, Tel. 928 51 30 22, www.catlanza.com. Verleih von Motor-, Segel- und Fischerbooten. Im Angebot sind zudem Katamaran-Segeltouren zu den Papagayo-Stränden inklusive Mittagessen an Bord (tgl. 10.30 Uhr) oder Ausflüge zum Hochseefischen. Familien mit mehreren Kindern erhalten ebenso Ermäßigungen wie Online-Bucher, denen 15 % Rabatt gewährt werden.

Das Paddel in der Hand – **Kajak del Mar:** Buchungen über Tel. 630 22 39 62, www.kayakdelmar.com. Kajakfahren, Kajakfishing – hier kann man private Kurse, Kurse in Gruppen und für jedes Level vom Anfänger bis zum Fortgeschrittenen buchen, Preisbeispiele: Eine private Std. kostet ca. 40 €, in der Gruppe mit bis zu 6 Pers. 2–4 Std. ca. 65 € pro Pers.

Fisch am Haken – **Lanzarote Fishing:** Tel. 619 22 95 13, www.lanzarotefishing.com, Hochseefischen oder Küstenfischen mit professioneller Hilfe, tgl. 8.30–16 Uhr, Tagespreis ca. 675 €. Darin sind enthalten: Angelausrüstung, Getränke und kleiner Proviant, Versicherung, Angelerlaubnis/Lizenz, Transfer zum Hafen und zurück. Gefischt werden u. a. Dorade, Hai, Thunfisch,

Von den Cafés in Puerto Calero hat man einen schönen Blick auf den Jachthafen

Zackenbarsch. Günstiger ist es, wenn sich 3 bis 6 Fischer zusammentun: pro Fischer ca. 85 €, Begleitperson ca. 40 €.

Zurück nach Puerto del Carmen

Zurück auf der LZ-2 biegt rechts die Straße nach Puerto del Carmen ab. Auf beiden Straßenseiten stehen noch Häuser im klassischen Bauernhausstil, die großenteils in ausländischem Besitz sind. Je näher Puerto del Carmen rückt, desto mehr verdichtet sich die Bebauung und schon bald ist die lebhafte Touristenmetropole erreicht. Puerto del Carmen ist auch über einen ca. 6 km langen Fußweg erreichbar, der direkt am Strand entlangführt.

Das Beste auf einen Blick

Die Feuerberge und der Südwesten

Highlights!

Parque Nacional de Timanfaya: Karg und abweisend für die einen, inspirierend, beruhigend und voller Schönheit für die anderen. Wie immer man diese Landschaften empfinden mag, einzigartig sind die Montañas del Fuego bestimmt. S. 243

Playas del Papagayo: Es gibt sie auch auf dieser Touristeninsel noch – die weißsandigen, nicht allzu überlaufenen Strände. Der Weg dorthin ist etwas beschwerlich. Doch gerade das hilft, die Papageienstrände – zumindest in Teilen – in ihrem idyllischen Zustand zu bewahren. S. 262

Auf Entdeckungstour

Vulkanismus zum Anfassen: Nur 6 m unter der Erdoberfläche sind es bereits 400 °C. Schwer vorstellbar, wenn man auf einem erkalteten Lavabett steht. Doch das Personal des Timanfaya Nationalparks versteht es, den Besuchern nahezubringen, wie es unter der Oberfläche brodelt. S. 240

Wanderung rund um die Caldera Blanca: Diese Tour durch eine seit Jahrhunderten unveränderte Vulkanlandschaft ist außergewöhnlich. Wasser, Feuer, Luft und Erde – hier wird augenscheinlich, warum man Lanzarote die Insel der Elemente nennt. S. 248

Kultur & Sehenswertes

Centro de Visitantes: Wer sich intensiver mit dem Thema Vulkanismus befassen möchte, sollte dem Centro de Visitantes einen Besuch abstatten. Viel Wissenswertes aus den Bereichen Geologie, Geodynamik, Fauna und Flora wird multimedial präsentiert. S. 243

Zu Fuß unterwegs

Zum Naturdenkmal El Convento: Diese leichte Wanderung entlang der Küste lässt kein Verlaufen zu. Ihren Reiz machen die immer wieder schönen Aussichten aus. S. 246

Zu den Playas del Papagayo: Wer den Weg zu den abgelegenen Papageienstränden zu Fuß zurücklegt, kann die Ausmaße der Hochebene von Los Ajaches erst richtig ermessen und immer wieder neue Aussichten aufs Meer genießen, die nur auf diesen Wegen gewährt werden. S. 263

Genießen & Atmosphäre

Marina Rubicón: Der neue Jachthafen in Playa Blanca ist zu großen Teilen geglückt. Ob zum Flanieren, Speisen oder Shoppen – hier kann man all das genüsslich tun. S. 256

Shoppen in Playa Blanca: An der alten Hafenpromenade selbst gibt es nur wenig schicke Läden. Dafür haben sich im neuen Teil der Uferpromenade und in der zweiten Reihe einige Geschäfte etabliert, die andere Modelle der uns bekannten Marken anbieten. S. 260

Abends & Nachts

Playa Blanca: Abends wird der Touristenort noch einmal lebendig. Man flaniert an der Promenade entlang, überbrückt mit einem Cocktail die Zeit bis zum Dinner und rundet mit einem Digestif, Kaffee und einem späten Cocktail den Abend ab. S. 261

Insel der Gegensätze

Einsam, karg und von einnehmender Ruhe gibt sich die Vulkanlandschaft des Nationalparks Timanfaya, geschaffen infolge der Lavaausbrüche im frühen 18. Jh. In Playa Blanca und an den Papageienstränden an der Südküste zeigt die Insel wieder ihre lebhafte Seite: feiner, weißer Sandstrand, klares Wasser und ausreichend Sonne – Urlaub, wie man ihn sich wünscht.

In die Feuerberge

Ausgangsort dieser Inselerkundung ist das Urlaubszentrum Puerto del Carmen (s. S. 198). Vom Hafen aus verlässt man den Ort über die steile Calle Roque Nublo und die Calle Reina Sofía, um bald darauf am Kreisverkehr die Abzweigung Richtung Yaiza zu nehmen.

Nach etwa 1 km hinter dem Kreisverkehr liegt linker Hand, etwas zurückversetzt von der Straße, ein altes Gehöft, das inzwischen sehr schön zu einem Hotel umgestaltet wurde (s. Übernachten, Essen).

An der Hauptstraße Arrecife–Yaiza (LZ-2) angekommen, fährt man zunächst rechts ab, um nach etwa 100 m links Richtung **La Asomada** abzubiegen. Von der Kirche des kleinen Ortes, der am Fuß der **Montaña Guardilama** (603 m) liegt, hat man einen schönen Blick zurück nach Puerto del Carmen und erkennt die riesigen Ausmaße des Touristenzentrums.

Hinter La Asomada breitet sich die Weinlandschaft von La Geria (s. S. 209) aus. An der Abzweigung außerhalb des Ortes bieten sich zwei Möglichkeiten, die Fahrt nach Masdache fortzusetzen. Wer die linke Straße wählt, erreicht nach etwa 1 km die Hauptverbindungsstrecke vom Monumento al Campesino nach Uga (LZ-30; s. S. 209). Wer sich an der Kreuzung dagegen rechts hält, gelangt über den Schlenker Conil nach Masdache und gewinnt dabei einen kurzen Einblick in das Lanzarote abseits der üblichen Touristenpfade.

Zurück auf der LZ-30 zweigt rechts die Straße nach **Masdache** ab. Noch vor der Kirche der kleinen Ortschaft, deren Häuser weit verstreut an der Straße liegen und die vor allem wegen ihrer Weinbodegas besuchenswert ist, führt links eine Straße Richtung La Vegueta. Auf ihr durchquert man zunächst das **Malpaís de Tizalaya,** ein bei den Vulkanausbrüchen des 18. Jh. entstandenes Lavafeld.

Infobox

Sicherheitshinweis
Wandern Sie nicht auf eigene Initiative in den Lavafeldern des Parque National Timanfaya. Im Lavaboden befinden sich mitunter gefährliche Spalten. Zudem wird die Vegetation dadurch dauerhaft geschädigt.

Übernachten, Essen

Ländlich – **La Casona de Yaiza:** Calle El Rincón 11, Yaiza, www.casonadeyaiza.com, Tel. 928 83 62 62, DZ 80–150 €, Öffnungszeiten des Restaurants s. Website. Nur 10 Zimmer, mit Swimming- und Whirlpool auf der Dachterrasse, himmlischer Ruhe, aber auch einem Ruhetag (Do), an dem man sich außerhalb verpflegen muss, weil Restaurant und Bodega geschlossen haben. Ansonsten finden das reichhaltige Frühstück und

Im Mittelpunkt der Feierlichkeiten in Mancha Blanca steht die Virgen de los Dolores

die guten Menüs viel Lob. Ein Mietwagen ist hier sehr empfehlenswert. Über Veranstalter buchbar.

La Vegueta ▸ D/E 7

Nach einigen Kilometern ändert sich das Landschaftsbild. Jetzt führt die Straße wieder durch die typischen Weingärten Lanzarotes. Zahlreiche runde Vertiefungen, in denen die Weinstöcke wachsen, ziehen sich bis an die Kuppen der sanften Hügel. Die strenge geometrische Anordnung der Trichter ist hier am besten zu überblicken und es wird augenscheinlich, warum das Museum of Modern Art die Landschaft als Kunstwerk auszeichnete. La Vegueta ist immer noch stark von der Landwirtschaft geprägt. Auf den Feldern rund um den Ort ernten die Bauern hauptsächlich Süßkartoffeln, Melonen und Mais. Im Ort zweigt die Straße Richtung Mancha Blanca nach links ab.

Mancha Blanca ▸ D 7

Etwas abseits des Dorfes liegt die **Ermita Virgen de los Dolores** (Schmerzenskapelle), die Mancha Blanca bekannt gemacht hat. Das Gotteshaus wurde zu Ehren der Virgen de los Dolores errichtet, die das Dorf zweimal vor den Feuerbrünsten bewahrt haben soll. Auffallend sind die mit dunklen Basaltsteinen durchsetzten Außenpfeiler und der barocke Turm der Apsis. Das Innere besticht durch seine Schlichtheit. Üppig barock zeigt sich nur der Altar der Ermita, in dessen Mitte die berühmte Madonnenfigur thront.

Eine der größten Prozessionen und eines der wichtigsten Feste auf Lanzarote findet zu Ehren der Virgen de los Volcanes statt. Und das hat seinen

Grund: Als Lanzarote im 18. Jh. von schweren Vulkanausbrüchen erschüttert wurde, war das Gebiet im Südwesten Lanzarotes rund um den Parque Nacional de Timanfaya am meisten betroffen. Die Lavaströme ergossen sich über eine riesige Fläche und verschlangen alles, was sich ihnen in den Weg stellte. Fruchtbare Felder und ganze Orte fielen ihnen zum Opfer, der berühmteste ist wohl Timanfaya, nach dem der Nationalpark benannt wurde.

Als die Lavamassen im Jahr 1736 auch die Häuser von Mancha Blanca bedrohten, holten sich einer Legende zufolge die Bewohner aus der Nachbarschaft göttlichen Beistand. In der Kirche **San Roque** in **Tinajo** stand die Statue der Virgen de los Dolores (Schmerzensmadonna), von der sie sich das große Wunder erhofften. Falls es in ihren Kräften lag, die Glutmassen vor der Ortsgrenze zum Stehen zu bringen, wollten sie der Jungfrau ein eigenes Gotteshaus errichten. Nach diesem Gelöbnis zogen sie in einer Prozession dem flüssigen Lavastrom entgegen. Und kurz bevor dieser die ersten Häuser erreichte, kam er zum Stillstand.

Glücklich über die Rettung ihres Ortes brachten die Bewohner von Mancha Blanca die Madonnenfigur an einen Ort nahe der erkalteten Lava. Doch damit war das Gelübde, das sie so großherzig in ihrer Not gegeben hatten, noch nicht erfüllt. Schließlich hatten sie der Madonna hoch und heilig versprochen, unmittelbar nach dem Ausbruch mit dem Bau einer Kirche zu beginnen – als Zeichen der Dankbarkeit und Verehrung für ihre Retterin.

Einige Zeit später ließ die Madonna über ein kleines Hirtenmädchen den Geretteten eine Warnung zukommen: Sie könne für den Fall, dass die versprochene Kapelle nicht

Den trockenen Vulkanböden abgetrotzt: Zwiebelernte auf Lanzarote

errichtet werde, die erstarrten Lavamassen auch wieder in feurige Glut verwandeln. Diese Warnung veranlasste die Bauern von Mancha Blanca, 1781 das Gotteshaus der Virgen de los Dolores zu errichten. Vier Jahrzehnte später, 1824, stellte die Madonna ihre Kraft ein zweites Mal unter Beweis und schützte Mancha Blanca erneut vor den Lavamassen der Vulkanausbrüche.

Heute erwarten die Lanzaroteños von der Virgen de los Dolores weitaus einfachere Rettungstaten. Doch die großen Wunder der Vergangenheit haben sie nicht vergessen. Und so tragen sie am 15. September die Madonna voller Ehrfurcht durch die Straßen von Mancha Blanca und veranstalten ihr zu Ehren ein großes Fest. Darüber hinaus finden viele Paare den Weg in dieses Gotteshaus, um den Bund fürs Leben zu schließen. Denn wenn die Madonna die Menschen von Mancha Blanca sogar vor den Feuermassen in Schutz genommen hat, wird sie doch mit Leichtigkeit die Brautleute vor den alltäglichen Widrigkeiten und Gefahren des Ehelebens bewahren können.

Entgegen der Ausschilderung führt unser Weg in die Feuerberge an der Ermita nach rechts Richtung Tinajo. An der darauffolgenden Kreuzung biegen wir links ab und erreichen nun den (eigentlichen) Ort Mancha Blanca. Die erste Straße rechts führt durch das Dorf hinein in die Vulkanlandschaft.

Montañas del Fuego ▶ B/C 7/8

Hinter Mancha Blanca liegen zahlreiche landwirtschaftlich genutzte Parzellen. Wie ein Einschnitt wirkt der abrupte Übergang in die karge Kraterlandschaft der **Feuerberge.** Beim Anblick der ausgedehnten Schlackenfelder fühlt man sich in eine Mondlandschaft versetzt.

Zwischen 1730 und 1736 verwandelten die Vulkanausbrüche im Gebiet von Timanfaya ein Viertel der fruchtbaren Inselfläche in eine trostlose Steinwüste. Zehn Dörfer sollen die Lavamassen unter sich begraben haben. An ihrer Stelle entstanden bis zu 100 Vulkankegel. Die Bauern gaben ihre Dörfer auf, siedelten sich im Tal von Los Valles an oder verließen Lanzarote gänzlich. Angeblich soll bei den jahrelang andauernden Eruptionen nur ein Mensch ums Leben gekommen sein.

Heute bietet die einsame, stille Landschaft der Montañas del Fuego dem Besucher ein imposantes Bild: Wie wohlgeordnete Maulwurfshügel ragen zahlreiche Vulkankegel aus der welligen Landschaft empor. Ihre verschiedenen Farben werden durch die unterschiedlichen Oxidationsprozesse der Gesteine hervorgerufen.

Von der Straße aus gut zu sehen sind linker Hand – besonders nahe an der Straße – der **Volcán Nuevo** (330 m) und weiter hinten die Gruppe um den **Pico Partido** (518 m). Rechts der Straße fallen die **Caldera Blanca** (458 m, s. Entdeckungstour S. 248) und die **Caldera Roja** (427 m) auf.

Inmitten dieser faszinierenden Landschaft drängt sich die Frage nach der Entstehung Lanzarotes und der anderen Kanarischen Inseln auf. Historiker, Geologen und Geophysiker forschen bereits seit Jahrhunderten und haben im Verlauf der Zeit die unterschiedlichsten Thesen zur ›Geburt‹ der Inselgruppe entwickelt.

Im Unterschied zu anderen Bereichen der Erde sind die Kanaren erst in junger erdgeschichtlicher Zeit entstanden. Nicht weit zurückliegende Vulkanausbrüche und noch aktive Schlote, etwa auf Teneriffa ▷ S. 242

Auf Entdeckungstour:
Heiße Erde – Vulkanismus zum Anfassen

Nirgendwo sonst auf der Insel sind die vulkanischen Aktivitäten der Vergangenheit und Gegenwart so sichtbar und spürbar wie im Gebiet der Feuerberge. Hier haben die Eruptionen der 1730er-Jahre eine faszinierende Mondlandschaft hinterlassen. Dampffontänen und ein Vulkangrill vergegenwärtigen, dass es unmittelbar unter der Erde noch immer brodelt und zischt …

Reisekarte: ▶ B/C 7/8
Lageplan: s. S. 244
Ausgangspunkt: Islote de Hilario mit dem Restaurant El Diablo

Öffnungszeiten und Eintritt: tgl. 9–17.45, Restaurant 12–15.30 Uhr, ab 12 Jahre Eintritt 8 €, Kinder zwischen 7 und 12 Jahren 4 €, 2 Pers. plus Mietwagen 17,50 €. Tipp: In der Hochsaison den Park bereits um 9 oder erst um 17 Uhr besuchen.

Alles nur heiße Luft?

Die **Islote de Hilario** ist eine vulkanische Anhöhe im Südosten des Nationalparks Timanfaya. Einer Legende zufolge lebte hier einst der Eremit Hilario mit seinem Gefährten, einem Kamel, und versuchte der kargen Vulkanlandschaft zu trotzen. Mittlerweile befindet sich an dem Ort ein gelungenes architektonisches Kunstwerk: das Restaurant **El Diablo.** Doch dies ist nicht die einzige Veränderung gegenüber früheren Zeiten: Heute kennzeichnen nicht mehr Abgeschiedenheit und magische Ruhe den einst so kontemplativen Ort, sondern rege Betriebsamkeit.

Seit Jahrzehnten empfängt Manuel in seiner dezent braunen Kleidung, die alle Angestellten der Tourismusbehörde tragen, täglich bis zu 800 Besucher vor dem Restaurant. Mit einem lautstarken »¡Adelante, vayan por acá!« – »Hereinspaziert – kommen Sie hier zu mir!« – lenkt er die Schritte der Touristen einige Stufen hinab vor ein großes Loch.

400 °C in 6 m Tiefe

Dort spießt er ein Büschel Ginster auf eine Heugabel und steckt sie tief ins Erdinnere. Nach kurzer Zeit fängt das trockene Gestrüpp Feuer. Funken schlagen hoch und stieben wirbelnd umher. Es knistert, der Geruch von verbranntem Heu liegt in der Luft. Dem staunenden Publikum erklärt er sein Zauberstück in Spanisch und für die Mehrheit in akzentgeprägtem Deutsch und Englisch: Bis zu 400 °C heiß sei es in etwa 6 m Tiefe.

Anschließend führt er die Gruppe an den Rand der Steinmauern, nimmt eine Handvoll Lapillisteinchen und reicht sie einigen Zuschauern, die diese reflexartig von sich schleudern. Der Grund: Durch Risse im Boden dringt so viel Hitze an die Oberfläche, dass sich Erde und Steine stark aufheizen.

Weiter geht es zu einem kleinen, in die Mauer eingelegten Grill, dessen Glut ebenfalls aus der Tiefe stammt. Mittlerweile hat sich ein älterer Lanzaroteño an die Fersen des Fremdenführers geheftet. Während der eine oder andere Tourist sich an der letzten Station des Rundgangs noch die Finger verbrennt, diskutieren die beiden Insulaner darüber, welche Köstlichkeiten man über der Feuerstelle grillen könnte.

Es zischt und knallt

Dann fordert Manuel alle mit deutlichen Handbewegungen auf, ihn nun zum Höhepunkt des Rundgangs zu begleiten. Direkt vor der verglasten Front des Restaurants ragen mehrere Metallrohre aus dem Boden. Seinen Anweisungen folgend, bilden die Touristen einen Kreis, wobei Manuel darauf achtet, dass ein gewisser Sicherheitsabstand zu den kleinen Erhebungen gewahrt wird.

Als er das Publikum ermutigt, die Fotoapparate bereitzuhalten, wächst die Spannung. Dann schüttet er Wasser in die Vertiefungen und nach kurzer Zeit schießt dies in einer hohen Fontäne, begleitet von einem lauten Knall, gen Himmel. Erschrocken weichen die Zuschauer einige Schritte zurück. Und Manuel scheint sich auch noch nach vielen Jahren über seine perfekte Inszenierung und das Staunen seiner Zuschauer zu freuen. Mehrfach muss er das Spektakel – und er tut dies sichtlich gerne – für die Kameras wiederholen. Einen eindrucksvolleren Beweis für die vulkanischen Aktivitäten auf Lanzarote wird man kaum finden: Eine unterirdische Magmakammer macht es möglich.

Wer aus erster Hand erfahren möchte, wie die Bewohner die Vulkanausbrüche erlebten, sollte sich die nur auf Lanzarote erhältliche Ausgabe »Als die Vulkane Feuer spien« (Edition Yaiza) besorgen. Darin berichtet ein Augenzeuge, der Pfarrer Don Andrés Lorenzo Curbelo, über die Katastrophe: »Am 1. September 1730, zwischen 9 und 10 Uhr abends, öffnete sich plötzlich die Erde bei Timanfaya … Ein gewaltiger Berg bildete sich schon in der ersten Nacht und Flammen schossen aus seinem Gipfel …«

Etwas ungewohnt, dafür ganz nah dran: ein Kamelritt durch die Feuerberge

und La Palma, aber auch auf Lanzarote, sind zudem ein Zeichen dafür, dass die geologische Entwicklung der Inseln noch lange nicht abgeschlossen ist.

Zahlreiche Erklärungsversuche haben zu unterschiedlichen Vermutungen und Theorien geführt. Die älteste geht zurück auf den griechischen Philosophen Platon (427–347 v. Chr.). Doch seine Vorstellung, dass die Kanaren zusammen mit den Kapverden, den Azoren und Madeira den restlichen Teil des untergegangenen Sagen-Kontinents Atlantis bildeten, der laut Platon größer als Asien und Libyen war und von den Göttern in einer Nacht mit einer immensen Flutwelle zerstört wurde, ist längst widerlegt.

Die wohl überzeugendste Erklärung zur Entstehung der Kanarischen Inseln resultiert aus der Verbindung der Kontinentaldrift-Theorie mit der Hotspot-Theorie. Ausgangspunkt sind die Vorgänge am Mittelatlantischen Rücken, der von Nord nach Süd verlaufend den atlantischen Meeresboden in zwei große Becken teilt: die Amerikanische und die Afrikanische Platte, die an dieser Stelle auseinanderdriften.

Als Folge der Plattenbewegungen steigen im Bereich des Mittelatlantischen Rückens aus dem Erdinneren ständig basaltische Magmen auf, die eine neue ozeanische Kruste bilden. Der Magma-Auswurf beschränkt sich aber nicht nur auf den Raum um den Mittelatlantischen Rücken, sondern ist auch an Stellen zu finden, an denen die Lithosphärenplatten Schwächezonen oder Risse aufweisen. In der darunterliegenden Asthenosphäre – hier bewegt sich das flüssige Magma – werden sogenannte Hotspots vermutet, Zonen oder Bereiche mit erhöhter Temperatur und erhöhtem Druck, aus denen Magma aufsteigt und an der Oberfläche der ozeanischen Kruste Meeresvulkane oder ganze Inseln bildet.

Ein solcher Hotspot wird auch unter den Kanarischen Inseln angenommen. Da sich die ozeanische Platte über dem Hotspot Richtung Osten bewegt, entstanden die einzelnen Inseln des Archipels nach Westen hin versetzt. Lanzarote ist somit als östlichste Insel die älteste, Hierro als westlichste die jüngste. Auch die unterschiedlichen Reliefformen der Inseln stützen diesen Erklärungsversuch. Die sanft gewellte Oberfläche Fuerteventuras und Lanzarotes verrät ein weitaus höheres Alter – hier kam bereits die Erosion zum Tragen – als die steilen und schroffen Züge der westlichen Inseln.

Parque Nacional de Timanfaya ! ▶ B/C 7/8

Nationalpark: tgl. 9–17.45, letzte Busroute innerhalb des Parks 17 Uhr; Centro de Visitantes: tgl. 9–17 Uhr, Eintritt frei; Restaurant El Diablo: 12–15.30, Bar 9–16.45 Uhr, Eintritt 8 € ab 12 Jahre, Kinder zwischen 7 und 12 Jahren 4 €, 2 Pers. plus Mietwagen 17,50 €; hier gilt das Bonussystem

Am nördlichen Rand des Nationalparks, ca. 5 km von Mancha Blanca entfernt, befindet sich das 1996 eröffnete **Centro de Visitantes**, in dem mit modernen Medien – wählbaren Videos, beleuchteten Wandtafeln, Filmen etc. – Informationen über Geologie, Geodynamik, Fauna und Flora anschaulich präsentiert werden. In einer Höhle unterhalb des Centro wird die Lautstärke eines Vulkanausbruchs simuliert.

Kaum 2 km hinter dem Besucherzentrum Richtung Süden beginnt die kostenpflichtige Ruta de los Volcanes. Am Eingang steht eine schwarze Eisenskulptur – das Feuerteufelchen (span.: *El Diablo),* das Symbol des Nationalparks. Allerdings ist die Figur so unauffällig in die Vulkanlandschaft eingebettet, dass manch einer den Eingang zum Nationalpark übersieht.

Die Vulkanroute

Die **Ruta de los Volcanes** umfasst eine 14 km lange Straße, auf der die Touristen per Bus durch das Zentrum des 5000 ha großen Nationalparks fahren können. Vom Pförtnerhäuschen sind es noch 2 km bis zum Restaurant **El Diablo** auf dem Islote de Hilario. An dieser Stelle soll einst der Einsiedler Hilario gelebt haben (s. Entdeckungstour S. 240).

Das Gebäude des Restaurants El Diablo, das von Manrique entworfen wurde, sitzt auf einem Vulkankegel und scheint aus dem Vulkangestein erwachsen zu sein. Durch eine große halbrunde Glasfront können die Besucher auch während des Speisens das Panorama der Vulkanlandschaft genießen.

Am Eingang des Restaurants wurde ein riesiger Ofen gebaut, der mit der Hitze eines unterirdischen Vulkans befeuert wird, denn El Diablo sitzt auf einem noch nicht ganz erloschenen Vulkan. Keine 6 m darunter herrschen bereits Höllentemperaturen von 400 °C. Aus diesem Grund durften beim Bau des Restaurants nur feuerresistente Materialien benutzt werden. Außerdem kontrolliert ein Messsystem ständig die Temperaturentwicklung und registriert sofort kleinste Veränderungen. Mittels Bohrungen prüft man zudem, ob die Hitze im Erdinnern nicht auch zur Stromgewinnung genutzt werden könnte.

Ruta de los Volcanes

Der Laden neben dem Restaurant bietet vielerlei Souvenirs an, aber auch zahlreiche interessante Bücher, manche in deutscher Sprache. Unmittelbar vor dem Restaurant demonstrieren Angestellte der Parkverwaltung, wie heiß die Erde nur wenige Meter unter der Oberfläche ist, s. S. 240.

Mit dem Bus durch die einmalige Mondlandschaft

Hauptattraktion ist eine Busfahrt durch den Nationalpark. Nach seiner Gründung 1974 mussten die Verantwortlichen schnell feststellen, dass der Timanfaya-Nationalpark durch wandernde oder Jeep fahrende Touristen in Mitleidenschaft gezogen wurde. Daher hat man ein individuelles Erkunden verboten: Es ist nur mit dem Bus möglich, in die Nähe der Vulkankegel zu gelangen. Die Fahrt ist im Eintrittspreis inbegriffen, der letzte Bus startet um 16 Uhr im Winter bzw. um 17 Uhr im Sommer.

Untermalt von Musikpassagen aus Richard Strauss' »Also sprach Zarathustra« und Mozarts »Requiem« kutschierten die Busfahrer einst mit Karacho auf der schmalen Straße durch den Nationalpark, sodass man durch die Fahrtgeräusche von den Erklärungen auf Tonband kaum etwas mitbekam. Inzwischen erhält man zu Beginn der Fahrt ein Faltblatt mit allen interessanten Daten und Fakten zu den diversen Ausbrüchen sowie mit dem Augenzeugenbericht von Padre Andrés Lorenzo Curbelo aus dem Jahr 1730. An besonders sehenswerten Stellen mit weitem Ausblick auf die Krater und Kegel im Parque Nacional de Timanfaya hält der Busfahrer an und man hat die Möglichkeit, die karge Schönheit zu bestaunen und zu fotografieren.

Die Ruta de los Volcanes führt vorbei an Kratern und Schloten, durch eingebrochene Lavatunnel und in das beeindruckende **Valle de la Tranquilidad** (Tal der Ruhe). Unterbrochen wird die Rundfahrt durch einen kurzen Halt nahe der **Montaña Rajada** (374 m). Von hier aus kann man über den Teil des Nationalparks blicken, der sich zum Meer hin erstreckt. Wie an einer Schnur aufgezogen reihen sich die Vulkanschlote aneinander: Caldera Rajada (164 m), **Montaña Encantada** (245 m), **Pedro Perico** (134 m), **Montaña Quemada** (134 m) und **El Mojón** (64 m). Südlich der Montaña Encantada liegen noch die Montaña Hernández (230 m) und die Montaña Tremesana (328 m).

Kamelritt durch die Feuerberge

Tgl. ca. 9–15 Uhr

Nach dem Besuch des Timanfaya-Nationalparks wird die Fahrt vom Ein-

Mein Tipp

Vulkane zum Anfassen – deutschsprachige Wanderführer

Stephan Isenmann, Liz Ott und die anderen Mitglieder des LanzaTrekk-Teams sind erfahrene Wanderführer mit viel Kenntnis in Botanik, Vulkanologie und Geschichte. Alle führen interessierte Touristen schon ab zwei Personen unter anderem auch durch das Vulkangebiet und beantworten Fragen zur einzigartigen Natur der Insel, zum aktuellen Inselleben und zu ihrer persönlichen Entscheidung, nach Lanzarote überzusiedeln. Wer will, kann im Anschluss noch mit in eine der schönen Bodegas oder Bars gehen und sich beraten lassen, welcher Malvasía sich als Mitbringsel eignet und welche Tapas in welchem Lokal besonders empfehlenswert sind (Tel. +34 696 08 33 45, www.lanzatrekk.com).

gang aus nach rechts Richtung Yaiza fortgesetzt. Bereits nach wenigen Kilometern erreicht man einen großen Parkplatz. Wer will, kann hier sein motorisiertes Gefährt gegen ein ›Wüstenschiff‹ eintauschen, um noch einmal die Feuerberge zu erkunden.

Jeweils zwei Personen dürfen in den hölzernen Sätteln auf einem Dromedar Platz nehmen. Auf einer ca. 25-minütigen Rundtour schwanken die Karawanen durch die rötliche Vulkanlandschaft. Neben dem Parkplatz wurde das **Museo de Rocas** (tgl. 8.30–16 Uhr) in die Berge gebaut. Schaubilder skizzieren die Entstehung der Feuerberge, Steine und Mineralien dienen als Anschauungsmaterial.

Von den Feuerbergen in den Süden

Die Straße führt nun fast kerzengerade aus dem Nationalpark hinunter nach Yaiza (s. S. 217). Vor dem Ort stößt man auf die neue Umgehungsstraße. Wer auf einen Besuch der oft als ›schönster Ort Lanzarotes‹ zitierten Gemeinde verzichten will, fährt rechts Richtung Playa Blanca. Nach 3 km passiert man daraufhin die Abzweigung nach El Golfo (s. S. 220) und gelangt bald darauf an die Kreuzung nahe den **Salinas de Janubio.** Von dem direkt an der ehemaligen Hauptstraße Yaiza–Playa Blanca gelegenen Aussichtspunkt hat man einen grandiosen Blick über die Salinenanlage (s. S. 221).

Kurz hinter den Salinas de Janubio zweigt rechter Hand eine Zufahrt zur **Playa de Janubio** ab. Hier besteht die Möglichkeit, sich auf Schusters Rappen zu begeben und bei einer knapp dreistündigen, leichten Wanderung die Küste zu erkunden.

Zu Fuß zum Naturdenkmal El Convento ▸ B 9

Anfahrt: Von Yaiza kommend (LZ-2) fährt man auf die weithin sichtbaren Salinenfelder zu. Wer sein Auto direkt am selten besuchten, windigen Strand abstellt, kann von dort sofort losmarschieren, muss sich allerdings etwas mühselig durch den Sand arbeiten. Alternativ fährt man zunächst an den Salinenfelder vorbei, am Kreisel von La Hoya auf der LZ-701 Richtung Playa Blanca. Nach 1500 m weist ein Schild »La Playa« auf eine staubige Piste, die nach weiteren 500 m zu einem Parkplatz führt.
Schwierigkeitsgrad: Leichte Orientierung an Gebäuden entlang des Weges, allerdings kein eindeutig ausgewiesener Pfad. Bisweilen muss man sich zwar auf allen vieren, aber gefahrlos einen Weg entlang der steinigen Küste suchen.
Ausrüstung: Gute Turnschuhe, besser noch Wanderschuhe, sind von Nutzen, da es streckenweise über Stein und Geröll geht. Da der Wind hier stetig bläst, empfiehlt es sich, eine Jacke und vor allem Sonnenschutz mitzunehmen. Die kühle Brise lässt leicht vergessen, dass die Sonne hier kräftig scheint.

Je nach Wetterlage und Gezeiten lohnt es sich, Badesachen mitzunehmen, da einige Gumpen in der Felsenküste zu einer Erfrischung einladen.

Unterwegs gibt es keinerlei Verpflegungsmöglichkeiten. Daher ausreichend Flüssigkeiten und eventuell etwas zu essen mitnehmen.
Einkehr: am Ausgangspunkt und Endpunkt, in der Casa Domingo am Mirador de Salinas, Di–So 12–20 Uhr, ab 17 €. Familienbetrieb, Spezialität: Muscheln, frischer Fisch, Fischsuppe, Paella etc.

Die Wanderung

Vom Parkplatz geht es in südwestlicher Richtung an der Lavaküste entlang. Das ockerfarbene Gebäude der Meerwasser-Entsalzungsanlage in Sichtweite dient als Orientierung. Wir laufen auf das Gebäude zu und rechter Hand daran vorbei. Auf der Hochebene entlang der Küste wandern wir auf der Piste weiter.

Nach einem halben Kilometer wird die Piste undeutlich. Wir halten uns geradeaus, näher zum Meer als zum Landesinneren hin. Das brausende Meer, die aufsteigende Gischt und immer wieder verlockende Aussichten machen den Reiz dieser Tour aus. Linker Hand erkennt man die **Atalaya de Femés,** von einem Antennenmasten gekrönt. Sie gehört zu dem unter Naturschutz stehenden Gebiet **Los Ajaches,** einem weiteren lohnenswerten Wandergebiet. Geradeaus erhebt sich mit der **Montaña Roja** ein Vulkan aus der Rubicón-Ebene.

In Küstennähe weist kein markierter Pfad über die steinige Lavapiste den weiteren Verlauf. Sich hier über Stock und Stein selbst den Weg zu bahnen ist jedoch ungefährlich und durchaus unterhaltsam. Sich zu verirren ist dabei nicht möglich, da wir auf dem offenen Küstenplateau wandern und in weiter Ferne ▷ S. 251

Zum Naturdenkmal El Convento

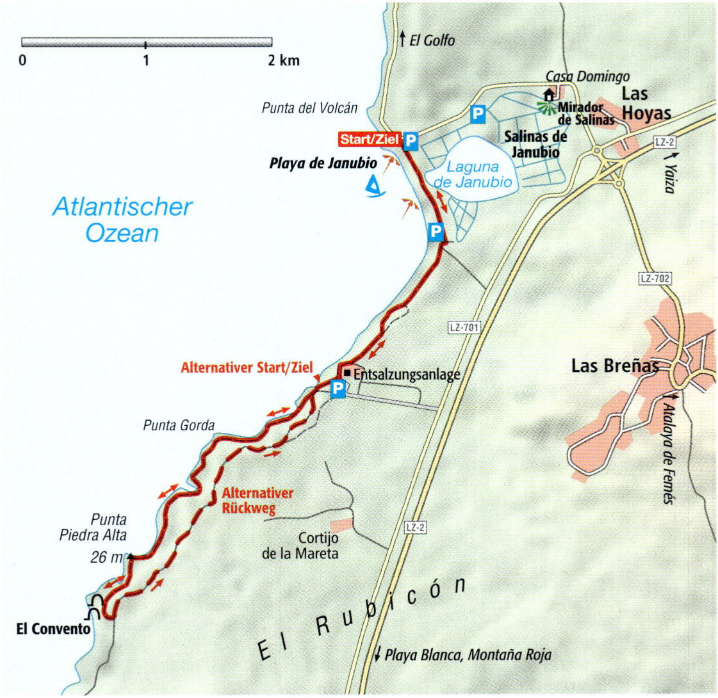

Auf Entdeckungstour: Wanderung rund um die Caldera Blanca

Immer am Kraterrand entlang, begleitet von grandiosen Aussichten, führt diese Wanderung zu einer 3000 Jahre alten Caldera, die mit einem Druchmesser von ca. 1 km zu den größten der Insel zählt.

Reisekarte: ▶ C 7

Start: Parkplatz nahe Mancha Blanca

Länge und Dauer: Ca. 12 km in ca. 3,5 Std., 458 Höhenmeter. Wer ins Kraterinnere steigen möchte, sollte für die Tour einen ganzen Tag veranschlagen.

Ausrüstung: Bisweilen herrscht starker Wind. Trittfestes Schuhwerk, Sonnenschutz und genügend Proviant (Wasser!) nicht vergessen.

Centro de Visitantes: am nördlichen Rand des Nationalparks, ca. 5 km von Mancha Blanca und 1,5 km vom Nationalpark entfernt, tgl. 9–17 Uhr, Eintritt frei, auch für Rollstuhlfahrer geeignet.

Anfahrt

Von Yaiza fährt man die LZ-67 Richtung Norden. Rund 1,5 km hinter der Einfahrt zum Centro de Visitantes zweigt kurz vor Mancha Blanca links ein Feldweg ab. Nach ca. 1 km erreicht man eine Parkbucht, wo der Wagen abgestellt werden kann, und einen Wendeplatz. Hier beginnt die Wanderung.

Wer mit dem Bus anreist oder das Auto in Mancha Blanca abstellt, läuft an der Kreuzung am Sportplatz vorbei und folgt der LZ-67 (ausgeschildert mit Montaña del Fuego). Es geht zunächst leicht abwärts, an einer Bar und einem Supermarkt vorbei. Nach ca. 800 m führt eine kleine geteerte Straße im spitzen Winkel rechts ab, geradeaus beginnt unser Feldweg. Für diese Variante sollte man ca. 20 Min. mehr einplanen.

Einkehrmöglichkeiten

Die Wanderung rund um die Caldera Blanca kann mit der Einkehr in einer der zahlreichen Bodegas im angrenzenden Weinanbaugebiet abgrundet werden. **El Grifo** (an der LZ-20, in der Nähe von Mozaga, tgl. 10–6 Uhr) z. B. wurde 1775 gegründet und ist somit die älteste Bodega Lanzarotes mit angeschlossenem Museum und einer Bibliothek, die 3000 Bände zum Thema Wein umfasst. Die **Bodega La Geria** (an der LZ-30, zwischen Masdache und Uga, tgl. 9–18 Uhr) befindet sich im Herzen des Weinanbaugebietes. Hier können Weine verköstigt und gekauft werden. Die Bodega bietet zudem einen Aussichtspunkt auf den Nationalpark Timanfaya.

Centro de Visitantes

Im 1996 eröffneten Centro de Visitantes wird viel Wissenswertes aus den Bereichen Geologie, Geodynamik, Fauna und Flora dank moderner Medien anschaulich vermittelt. In einer Höhle unterhalb des Centro wird außerdem durch lautes Grollen, Donnern und Beben ein Vulkanausbruch simuliert. Für die damaligen Inselbewohner müssen die plötzliche Dunkelheit, die Lavamassen und das Grollen wie das Ende der Welt erschienen sein und auch beim heutigen Besucher stellt sich nicht selten ein beklemmendes Gefühl ein. Im Centro de Visitantes erhalten Sie außerdem Karten (Mapa de Senderos) über die ausgewiesenen Wanderungen in den Feuerbergen. Für die kostenlos geführten Wanderungen muss man sich bisweilen schon zwei Wochen vorher anmelden. Wer spontan wandern möchte, wendet sich besser an das Team von Lanza-Trekk (s. S. 34, 245).

Die Wanderung

Der Einstieg in die Caldera-Wanderung beginnt an der von der LZ-67 abzweigenden Schotterpiste. Dieser folgen wir Richtung Meer, bis rechter Hand eine verfallene Steinhütte auftaucht. Der unbefestigte Weg dorthin – über das Lavafeld – ist gut erkennbar. Auch hinter der Hütte zeichnet sich der Weg zunächst noch deutlich ab, um sich dann mehr und mehr zu verlieren. Dafür zeigen aufgestellte Steinmänner, wohin der Weg in Richtung Caldera weitergeht.

Die Wanderung führt quer durch die Vulkanlandschaft, die nach den Ausbrüchen im 18. Jh. entstand. Wir befinden uns direkt an der Grenze zu dem Teil des Timanfaya-Nationalparks, der für die Öffentlichkeit nur per Bus zu erreichen ist.

Nach etwa 2 km macht der Weg eine Rechtskurve nach Norden, 1 km weiter verändert sich das Landschaftsbild. Deutlich erkennbar ragen so genannte Islotes *(Inseln)* aus dem Lavastrom heraus. Dabei handelt es sich um Landstriche, die so hoch sind, dass der flüssige Feuerstrom sie nicht erreichte. In der Ferne werden auf einer Anhöhe Häuser sichtbar, die heute als Ziegenställe dienen. Beim Näherkommen hört man das Gebell der Wachhunde. Am besten macht man frühzeitig einen Bogen um die Casas del Islote.

Nun bietet sich eine Alternative an. Der eine Weg führt entlang der Nordflanke der Caldera Blanca oberhalb der Häuser in einen kleinen Seitenkrater der Caldera hinein. Der andere schlängelt sich linker Hand an zwei Häusern vorbei ebenfalls in den Minikrater hinein. Beide Wege treffen nach etwa 1 km auf einen unterirdischen Wasserspeicher, der einst die umliegenden Felder speiste.

Am Kraterrand entlang

Wir setzen unsere Wanderung entlang der Caldera Blanca fort. Linker Hand kommt die **Montaña Caldereta** ins Blickfeld. Wir laufen am Fuß der Caldera weiter und stoßen nach ca. 200 m auf einen Pfad. Dieser (nicht näher ausgezeichnete) Pfad führt sicher und ohne allzu große Anstrengung in ca. 10 Min. an die Oberkante der Caldera.

Hier bietet sich eine fantastische Aussicht: Wie ein riesiges Amphitheater liegt das Innere des Kraters zu unseren Füßen. Sichere Wanderer sollten unbedingt in den Krater hinabsteigen.

Auf den Grat des Kegels

Ebenso reizvoll ist ein weiterer Anstieg auf dem Grat des Kegels (Achtung: häufig böiger Wind!). Je höher wir steigen, desto eindrucksvoller werden die Krater in der Umgebung. Zur einen Seite hin erblicken wir die farbige **Caldera Roja,** die **Montaña de los Rostros** und den **Pico Partido.** Zur anderen Seite können wir deutlich den erkalteten Lavafluss erkennen und seinen Weg vorbei an der Montaña Caldereta und den Islotes Richtung Meer nachvollziehen.

Nun geht es auf dem nach Westen abfallenden Kraterrand nach unten. Hier fällt der Weg etwas steiler ab, bis man die niedrigste Stelle des Kraterrandes erreicht. Wer kein Risiko eingehen will, orientiert sich weiterhin an den Steinmännchen, die leicht links und vom Kraterrand wegführen.

Wieder am Fuß des Kraters angelangt, gehen wir rechts auf die **Montaña Teneza** zu und bleiben auf dem Hauptweg entlang der Caldera. Die Piste endet an dem eingangs erwähnten Wendeplatz. Hier beginnt der wieder mit Steinmännchen gekennzeichnete Weg durch die Lavaströme zurück zur Montaña Caldereta. Wir stoßen auf den bekannten Pfad Richtung Mancha Blanca und treten von dort die letzten 20 Min. Laufweg an.

eine aufgelassene alte Ruine grob die Richtung vorgibt. Zwischendurch laden hier und da Gumpen zu einer Badepause ein, sofern das Meer gerade nicht zu wild ist.

Bald kommt auf einer Landzunge ein trigonometrischer Messpunkt in Sicht, auf den wir zuwandern. Der Weg zieht sich länger hin als man vermutet. Auf den letzten Kilometern passieren wir innerhalb kurzer Zeit zwei Grabkreuze. Eines davon steht an einer Stelle, an der die Felsen ziemlich steil abfallen. Bitte nur vorsichtig nähern. Das zweite Grab schmücken stark verwitterte Angelrouten. Ob der Verstorbene hier zu Tode kam oder ein passionierter Angler war?

Nach ca. 1,5 Std. haben wir den 26 m hoch gelegenen Messpunkt auf der Landzunge erreicht. Von dieser Stelle genießt man einen schönen Ausblick zurück auf die Feuerberge und das Dorf El Golfo. Unser Ziel, **El Convento,** ist von hier aus in die andere Richtung auszumachen. Die zwei Grotten im Vulkangestein wurden von der Meeresbrandung ausgehöhlt. Man kann die Landzunge nach unten wandern, um sie näher zu betrachten. Warum dieses Naturdenkmal ›Der Konvent‹ heißt, erschließt sich jedoch auch aus der Nähe nicht. Dafür bieten die unterhalb der Grotten gelegenen Gumpen erneut die Chance zu einem erfrischenden Bad.

Der Rückweg zur Playa de Janubio entspricht weitestgehend dem Hinweg. Wer ein wenig variieren möchte, hält sich eher landeinwärts auf staubigen und durch Fahrspuren gut nachvollziehbaren Wegen. Übrigens: Fast das ganze Jahr über bläst hier ein leichter oder auch stärkerer Wind. So wird die Tour selbst im Hochsommer zur angenehmen Freizeitbeschäftigung, sofern man großzügig für Sonnenschutz sorgt.

Playa Blanca ▸ B 10

Die Schnellstraße zieht sich weiter durch die flache, wüstenartige **Rubicón-Ebene,** bis man nach ca. 8 km Playa Blanca, den südlichsten Ort der Insel, erreicht. Vor wenigen Jahren war Playa Blanca noch ein kleines Fischernest mit wenigen Bars und Pensionen sowie einer kleinen Apartmentanlage. Mittlerweile hat sich das Ortsbild sehr verändert. An der Südküste der Insel ist ein Touristenzentrum entstanden, das nur am alten Leuchtturm Pechiguera eine Ahnung davon aufkommen lässt, wie ruhig es hier vor Jahrzehnten gewesen sein mag.

Große Hotel- und Apartmentanlagen ziehen sich westlich und östlich des alten Kerns an der Küste entlang, die mit mehreren schönen Stränden aufwartet. Zahlreiche neu angelegte Straßen und unzählige neue Bauten deuten auf das hin, was die Zukunft Playa Blanca bringen soll. In den letzten Jahren stieg die Zahl der Hotelbetten hier um ein Vielfaches. Man setzt auf luxuriöse Unterkünfte. Die auffälligste darunter ist das vom Architekten Andrés Piñero entworfene **Gran Meliá Volcán Lanzarote** in der Nähe des neuen Sporthafens Marina Rubicón.

Von Weitem glaubt man einen Vulkankegel mitten im Dorf zu erkennen. Aus der Nähe entpuppt sich der schwarze Berg als Eingang zum Hotel und der Sakralbau als Nachbildung der Pfarrkirche von Teguise. Das Innere überrascht erneut mit einer großzügigen Eingangshalle: Rundbögen und geometrisch angeordnete Säulen, arabisch anmutende Ornamente und Kerzenleuchter, schlichte Sitzgelegenheiten, großformatige monochrome Gemälde des Inselkünstlers Ildefonso Aguilar, untermalt von meditativen

Klängen, signalisieren dem Urlauber: ankommen, runterkommen, entspannen. Dieses Haus ist eine gelungene Adaption der Inselarchitektur und der landschaftlichen Gegebenheiten der Insel.

Leider hat das Ganze eine Kehrseite: Das Hotel Gran Meliá Volcán Lanzarote ist wie das Dream Castillo, Prinzessin Yaiza und das Papagayo Arena illegal entstanden. Seit Herbst 2007 wurden über 7000 neu gebaute Unterkünfte als illegal eingestuft, darunter auch etliche Nobelunterkünfte wie die oben genannten. In den letzten Jahren sind keine weiteren Bauten hinzugekommen. Einige der involvierten Politiker sitzen aktuell ihre Haftstrafen ab. Reue zeigen wenige.

Es ist ein Jammer! Zu wissen, dass hier Bauvorschriften und allgemein gültige Umweltschutzauflagen missachtet wurden und zu nah an der Küste gebaut wurde, verleidet den Aufenthalt in diesen teilweise wunderschön gestalteten Häusern.

Beispiel Hotel Papagayo Arena: Die Anlage erstreckt sich bis in das Naturschutzgebiet Los Ajaches hinein und behindert den direkten Zugang zum Meer. Das Hotel stellt, so zitiert Greenpeace den Cabildo Insular de Lanzarote, »aus juristischer Sicht eine der größten Verfehlungen illegaler Bauten« auf der Insel dar.

Im Jahr 2007 wurde diese Verfehlung auch aktenkundig und es gab Vorbereitungen zur Enteignung. Der zuständige korrupte Bürgermeister wurde rechtskräftig verurteilt. Der Hotelbetrieb geht jedoch bis heute ungestört weiter.

Die Wut über diese Bauten wird noch größer, wenn man erfährt, dass manche Bauherren dafür großzügige Gelder aus der Kasse der EU erhielten. Seit Jahren beschäftigt sich die Sondereinheit der EU für organisierte Kriminalität mit dem Fall – ergebnislos.

Das unkontrollierte Wachstum in den touristischen Arealen ist nicht nur aus umweltpolitischer Sicht gefähr-

Blick vom alten Hafen in Playa Blanca auf die Uferpromenade

lich. Denn der totale Raubbau kann auch dazu führen, dass sich die Urlauber zukünftig neue und unverbaute Sonnenziele suchen. Wie empfindlich solche Einbrüche für die vom Tourismus abhängige Insel sind, hat sich in früheren Jahren bereits angedeutet.

Doch wie könnte die Lösung aussehen, auf einer Insel, die zu 98 % vom Tourismus abhängig ist? Abreißen der illegalen Bauten? Das kostet den Steuerzahler nicht nur ungeheure Summen: Der Naturzustand der Areale lässt sich durch derartige Maßnamen auch nicht wieder herstellen. Darüber hinaus würden sicher Arbeitsplätze im Tourismus verloren gehen und die Reiseveranstalter zurückhaltender buchen. Denn wer mag schon neben einer Abrissbirne nächtigen? Veränderungen an den bestehenden Bauten vornehmen? Eine ebenso kostspielige Aufgabe. Es so belassen? Das könnte Nachahmer finden, die vor weiteren illegalen Bauten nicht zurückschrecken. Einfache Lösungen kann es bei diesen Projekten nicht geben. Bislang hat man sich fürs Nichtstun entschieden.

Strandpromenade

Wie in Puerto del Carmen, Arrecife oder Costa Teguise hat auch in Playa Blanca die Küstenpromenade in den letzten Jahren eine enorme Aufwertung und Verschönerung erfahren. In Playa Blanca beginnt sie schon am Leuchtturm **Faro de Pechiguera** 3, führt über den alten Fracht- und den neuen Sporthafen bis hin zum Hotel Papagayo Arena, das an dieser Stelle leider den Zugang zum Meer versperrt.

Neben den zahlreichen Bars und Restaurants und jeder Menge Souvenirshops im alten Ortskern und den neuen Geschäften im **Jachthafen Marina Rubicón** 1 eröffnet diese Küstenmeile einen wunderbaren Blick aufs Meer (bis zur Nachbarinsel Fuerteventura) oder in entgegengesetzter Richtung auf die Papageienstrände.

Playa Blanca

3 La Cocina de Colacho
4 Casa Pedro
5 Los Hervideros
6 San José
7 Restaurante Típico Español
8 Restaurante Cervantes
9 Casa Brígida

Einkaufen

1 Boulevard Yaiza
2 Deutscher Supermarkt
3 Calle Limones
4 Fund Grube
5 Centro Comercial Punta Limones/Wochenmarkt

Aktiv

1 Papagayo Bike
2 Ausflugsboote
3 Cala Blanca
4 Rubicón Diving Center

Sehenswert

1 Marina Rubicón
2 Castillo de las Coloradas
3 Faro de Pechiguera

Übernachten

1 Hespería Playa Dorada
2 Lanzarote Princess
3 Casas del Sol
4 Bahía Blanca Rock
5 Flamingo Beach Resort
6 Las Coloradas
7 Finca Maciot
8 Valparaíso

Essen & Trinken

1 La Chalanita
2 Bodegón Las Tapas

Abends & Nachts

1 Fun Pub
2 4 Lunas
3 La Cantina
4 Café del Mar

Im alten Fährhafen von Playa Blanca liegen heute nur noch wenige Fischerboote. Sie werden mehr und mehr von Jachten abgelöst, die auf ihren Touren durch die Inselwelt der Kanaren hier vor Anker gehen. Besondere Bedeutung hat der Hafen aber für den Fährverkehr zur Nachbarinsel Fuerteventura. Mehrmals täglich durchqueren die Schiffe mit Autos beladen die 15 km lange Meerenge **La Bocaina.**

In westlicher Richtung schließt sich an den Hafen ein großes Einkaufszentrum an. Weiter entlang der Uferpromenade erreicht man den neuen Teil Playa Blancas, der bereits mit vielen Hotel- und Apartmentanlagen ausgebaut ist. Etwas von der Küste zurückgesetzt, erhebt sich die 194 m hohe **Montaña Roja** aus der flachen Rubicón-Ebene. Unterhalb liegt die älteste Siedlung der Südküste, die **Urbanización Montaña Baja.**

Im südwestlichen Zipfel der Insel, der **Punta Pechiguera,** befindet sich der Leuchtturm **Faro de Pechiguera** 3. Von hier aus kann man zu Fuß entlang der Costa del Rubicón oder mit dem Auto zur **Urbanización Atlan-**

te del Sol gelangen. Die Küste bietet trotz ihrer zerklüfteten Form einige abgelegene Badebuchten.

Der neue Sporthafen Marina Rubicón 1

Das neu erbaute Viertel am Ende von Playa Blanca ist zur Meerseite hin hübsch anzusehen: ein Jachthafen umgeben von einem Dorf mit weiß getünchten einstöckigen Häusern, Cafés und Restaurants, Bars und Boutiquen. Die Bauten sind wie bei einem mittelalterlichen Ortskern nicht linear und streng geometrisch ausgerichtet, sondern scheinen eher dorthin gewürfelt. Hölzerne Stege verbinden das Häuserensemble und die Geschäfte, mittendrin befindet sich ein Pool. Auch das Hafenwasser ist beeindruckend sauber und klar, Fische tummeln sich darin. Hier zu flanieren, zu speisen, zu schauen macht gute Laune.

In der ›zweiten Reihe‹ verliert die Marina etwas von ihrem noblen Flair. Supermärkte, Spielhallen, Billigangebote – das möchte nicht so ganz ins ansonsten eher mondäne Hafenbild passen. Dazwischen stieß man bis vor wenigen Jahren auf die Vorgeschichte des Hafens: in die Jahre gekommene Fischerhäuschen, von denen der Putz bröckelte, davor ein verwittertes Boot mit der Aufschrift: »Um hier bleiben zu können, haben sie mich zum Tode verurteilt.« Eine Gruppe von Leuten, die ehemaligen Bewohner von Berrugo, hielt diese Häuser besetzt. Sie fühlten sich um ihre Heimat und ihren Strand Berrugo betrogen, der neue Hafen ist kein Ersatz für sie. »Sí luchamos podemos perder. Sí no lo hacemos estamos perdidos. ¡Pretenden borrar la historia!«, so lautete das damalige Motto. »Wenn wir kämpfen, können wir verlieren. Wenn wir nicht kämpfen, sind wir verloren. Sie versuchen, die Geschichte auszulöschen!«

Wer sich über die Baugeschichte von Berrugo, aber auch über die Lanzarotes und der anderen Kanarischen Inseln informieren möchte, findet auf YouTube unter »Lanzarote la isla estrellada« einen ca. 50-minütigen Dokumentarfilm zum Thema (nur spanisch).

Castillo de las Coloradas 2

Der Turm ist nur unregelmäßig geöffnet

Eine historische Sehenswürdigkeit Playa Blancas liegt auf der Landspitze **Punta de Águila,** östlich des Stadtkerns. Das **Castillo de las Coloradas** wurde 1742 als Wachturm gebaut und nach wenigen Jahren von Piraten zerstört. 1749 ließ König Carlos III. diesen wieder aufbauen. Die geschlossene Außenmauer weist Schießscharten auf, oben ragt ein Glockenturm empor, von dem aus Alarm geschlagen wurde, sobald sich Piraten der Insel näherten. Von der Plattform des Rundbaus hat man einen weiten Blick über die Südküste Lanzarotes und über die kleine Insel Los Lobos in der Meerenge von La Bocaina bis nach Fuerteventura.

Übernachten

Großzügig – **Hespería Playa Dorada** 1: www.hesperia.com/hotels/hesperia-playa-dorada, DZ 60–90 €. Direkt am Meer mit schönem Sandstrand davor, eigener Swimmingpool mit Kinderbecken, grüne Anlage, Qualitätshotel.

Viele Sportmöglichkeiten – **Lanzarote Princess** 2: Urbanización Calle Papagayo, 75–130 €, nur über Veranstalter buchbar. Zimmer mit viel Komfort, grüner Innenhof, Tennis, Squash, Animation.

Direkt am Hafen – **Casas del Sol** 3: Tel. 01257 27 74 75, www.casasdelsol.com. Apartmentanlage in der Altstadt mit gutem Preis-Leistungs-Verhältnis.

Für Familien geeignet – **Bahía Blanca Rock** 4: Calle Janubio 1, Tel. 928 51 70 37, www.h10.es, 50–120 €. Große Anlage mit 200 Apartments, Schwimmbecken und Family Club.

Strandnah und familienfreundlich – **Flamingo Beach Resort** 5: Av. Canarias s/n, Tel. 928 51 73 00, www.nordotel.com, ab 45 €. Apartmentanlage mit dem Label Family Club Xtra, mit Animationsprogrammen für Kinder und Jugendliche.

Ruhig und sonnig – **Ferienhaus Las Coloradas** 6: 3 km von Playa Blanca entfernt, buchbar über www.tourist-online.de, für max. 4 Pers., ca. 600 € pro Woche. Reihenhaus in erster Linie, erhöhte Lage, mit Pool.

Individuell und idyllisch – **Finca Maciot** 7: ca. 5 km vom Zentrum Playa Blancas entfernt, nahe Nationalpark Timanfaya, www.ferien-auf-den-kanaren.de, für max. 3 Pers., ca. 750 € pro Woche. Farbenfrohes, sehr geschmackvolles Ferienhaus im separaten Gästetrakt der Finca, zwei Terrassen. Die Berghanglage in ca. 200 m Höhe bietet einen weiten Blick von oben, ideal als Ausgangspunkt für Wanderungen.

Ruhige Lage – **Valparaíso** 8: Suecia 1, Tel. 928 51 70 93, valparaiso-ace@navegalio.com, ab 36 €. Ältere Anlage mit 98 Bungalows, am Hang, ruhig; man ist auf das Auto angewiesen.

Essen & Trinken

In Playa Blanca befinden sich die meisten Restaurants an der Uferpromenade. Viele bieten Sitzmöglichkeiten an der Promenade selbst, andere verfügen über eine eigene Terrasse.

Versteckt – **Restaurante La Chalanita** 1: Av. Marítima 73, Tel. 928 51 70 22, tgl. 12–15, 18–22 Uhr, ab ca. 15 €. Seit ein paar Jahren führen Jóse und Román dieses kleine Restaurant im 1. Stock mit einem schönen Blick auf den Hafen, der Vino de la Casa stammt aus La Rueda, der Fisch ist fangfrisch und das Ambiente auch für Einheimische attraktiv.

Zum Muschelessen – **Bodegón Las Tapas** 2: Paseo Marítimo de Playa Blanca 5, tgl. 12–14.20, 17–22.30 Uhr, 20–25 €. Einladend einfache Holztische und -bänke mit Blick auf den alten Fischerhafen, leckere Jakobsmuscheln.

Modernes Ambiente – **La Cocina de Colacho** 3: Calle Velázquez 15, www.lacocinadecolacho.com, Tel. 928 51 96 91, Mo–Mi 18.30–23 Uhr, ca. 40 €. Der Bau ist auffällig anders und harmoniert dennoch dank der Materialien mit der Inselarchitektur und Umgebung; kleine, z. T. separate Essnischen. Hier kocht der Chef, z. B. Salat mit Krabben, karamellisierten Ziegenkäse mit Honigessig aus Las Palmas oder Barsch mit Spargel.

Traditionell – **Casa Pedro** 4: Av. Marítima 17, Tel. 928 51 79 65, tgl. 12–15, 18–23 Uhr, 20–25 €. Spezialität sind Fischplatten mit Meeresfrüchten. Nur in der Nebensaison zu empfehlen.

Junges Publikum – **Los Hervideros** 5: C. El Marisco 9, von der Av. Papagayo etwas zurückgesetzt, Mo–Sa 18–23 Uhr, ca. 20–25 €. Gutbürgerliche Küche.

Mein Tipp

Mit Liebe zubereitet – Casa Brígida 9

Für zwei Gäste vier Kellner, dabei hätte auch der eine, gut gelaunte gereicht; geschmackvoll eingerichtetes Lokal, direkt am Wasser, fantasievolle und mit feinen Kräutern zubereitete Speisen. Lecker, empfehlens- und preiswert (Marina Rubicón, im neuen Hafen von Playa Blanca, Tel. 928 51 96 91, tgl. www.restaurantecasabrigida.com, 10–16.30, 20–22.30 Uhr, ab 20 €).

La Casa Roja

Lieblingsort

Marina Rubicón 1
Der neue Hafen in Playa Blanca ist gelungen. Direkt neben den großen und kleinen Jachten aus aller Welt haben sich noble Geschäfte, Restaurants und Cafeterías etabliert. Das maritime Ensemble ist über Holzstege miteinander verbunden. Am schönsten (und teuersten) sitzt man im **Café del Mar** 4, das sich in Musik, Ausstattung und Ambiente an das Original in Ibiza anlehnt – ein schöner Platz für einen Carajillo (Kaffee mit Cognac) und ein Spielchen auf dem Brett (s. auch S. 256).

Für den kleinen Hunger – **San José 6**: gegenüber der Kirche gelegen, tgl. 12–22 Uhr, ca. 15 €. Besonders wegen der Tapas geschätzt.
Spanische Küche – **Restaurante Típico Español 7**: Av. Papagayo 27, tgl. 12–15, 18–22 Uhr, ca. 15 €. Tapas, Fisch, Fleisch und Paella.
International – **Restaurante Cervantes 8**: Av. Papagayo 37, tgl. 12–14.30, 17–23 Uhr, ca. 15 €. Neben internationaler Küche gibt es auch Fisch und Paella.
Marina Rubicón – **Casa Brígida 9**: s. S. 257

Einkaufen

Viele Supermärkte, Parfüm- und Andenkengeschäfte befinden sich an der Av. Papagayo und in der Calle Limones.
Alles auf einen Blick – **Boulevard Yaiza 1**: Av. Papagayo, www.princesayaiza.com, tgl. 9–21 Uhr. Nobel und teuer präsentiert sich dieses neue Shoppingcenter, das zur Anlage Princesa Yaiza gehört, aber nicht nur für Hausgäste seine Pforten öffnet: Bekannte Marken wie Puma, Diesel und Magma treffen auf Label, die bislang eher in Spanien ›en moda‹ sind, darunter Imperfecta und Desigual, eine junge, bunte Mode, die an und in einem Kleidungsstück die unterschiedlichsten Stoffmuster kombiniert.
Alles aus Deutschland – **Deutscher Supermarkt 2**: Calle Correillo 41, zwischen der Apotheke und der Bank La Caixa, Mo–Fr 10–20, Sa 10–15 Uhr. Wer Lust auf Schwarzbrot, fränkische Wurstspezialitäten oder Spreewaldgurken hat, freut sich über diesen Laden.
Mini-Shopping-Meile – Die Parallelstraße zur Av. Marítima heißt **Calle Limones 3** und ist nur knapp über 500 m lang. Hier konzentrieren sich Supermärkte sowie alte und neue Geschäfte. Neben den üblichen Souvenirs kann man hier Tabak, Alkohol und Parfüm günstig kaufen. Es lohnt sich, die Preise zu vergleichen, da sie je nach Ladenkette, z. B. bei Düften, stark voneinander abweichen können. Aber auch günstige Sportmarkenschuhe, Markenmode und die auf der Insel typischen Indigo-Modelle werden hier angeboten. Letztere sind legere und luftige Kleider, meist aus Baumwolle und in intensiven Farben gefertigt.
Allerlei – **Fund Grube 4**: Av. Marítima 133, zu Beginn des neuen Jachthafens, tgl. 10–23 Uhr. Das Sortiment umfasst Lederwaren (Schuhe, Geldbörsen), Schmuck, Accessoires, Sonnenbrillen, Koffer, Parfüms und einiges andere mehr. Auch hier lässt sich (Preisvergleich) das ein oder andere Stück günstiger erwerben als bei uns, wobei die angebotenen Modelle nicht immer mit den uns bekannten übereinstimmen. Wer in Playa Blanca nicht die richtige Größe gefunden hat: Die Fund Grube gibt es auch in Puerto del Carmen an der Av. de las Playas.
Nobles Flair – **Marina Rubicón 1**: Im neuen Hafen haben sich neben Cafeterías und Restaurants schicke Läden angesiedelt: Designer(sonnen)brillen, Mode, Schmuck, Parfüm und vielerlei Nippes können hier erstanden werden.
Mittwoch ist Markttag – **Centro Comercial Punta Limones 5**: in der Nähe des Hafens, 10–16 Uhr. Einkaufszentrum mit Restaurants, Banken, Autovermietungen u. Ä. **Markt im Jachthafen Marina Rubicón 1**: Mi und Sa 9–14 Uhr.

Aktiv

Fahrradverleih – **Papagayo Bike 1**: Calle el Faro, Tel. 606 10 97 65, www.papagayobike.com, gegenüber vom Hotel Natura Palace, ab 8 €/Tag. Das Angebot reicht von Mountainbikes über Tandems bis zum Kindersitz und Helm.

Bootsausflüge – **Hafen von Playa Blanca** 2: Wer die Südküste Lanzarotes erkunden möchte, findet im Hafen von Playa Blanca mehrere Möglichkeiten. **Mara Errota**: mit einem zweimastigen Holzschoner entlang der Südküste, inkl. Piratenspiele für Kinder, mit Mittagessen, Badeaufenthalt an den Papageienstränden, Abfahrt um 10 Uhr, Rückkehr um ca. 15.30 Uhr; **Atoxa**: Küstenexkursionen mit einem Motorboot, beide Tel. 928 51 76 33. Segelboot **César II.**: Törns nach Fuerteventura, Los Lobos, Papageienstrände, Av. Juan Carlos I Nr. 10, Tel. 928 81 36 08.

In, auf und unter dem Wasser – Auf www.portal-de-canarias.com finden Sie verschiedene Angebote rund um das Thema **Wassersport,** vom Hochseefischen über Tauchen, Segeln bis Jetski. Preisbeispiel für einen Bootsausflug von ca. 4,5 Std.: 55 € für Erwachsene, 33 € für Kinder, darin enthalten Essen und Getränke.

Tauchen – **Cala Blanca** 3: Das Tauchzentrum befindet sich im Einkaufszentrum El Papagayo, 50 m von der Playa Dorada entfernt, www.calablancasub.com, 2-stündiger Kurs für Einsteiger 60 €, 2-tägiger Kurs inkl. 2 Tauchgängen 200 €. Auch Tauchlizenzen können erworben werden. **Rubicón Diving** 4: im neuen Sporthafen, Local 77B, Tel. 9 28 34 93 46, www.rubicondiving.com, Schnuppertauchgang 65 €, 2 Tauchgänge mit Leihausrüstung 90 €, zahlreiche verschiedene Tauchpakete und -kurse im Angebot, auch Tauchlizenzen.

Abends & Nachts

Viele Lokale an der Uferpromenade und im neuen Jachthafen bieten abends und nachts diverse Cocktails an. Namen und Konzepte der Kneipen und Bars wechseln mitunter schnell. Es empfiehlt sich, die Promenade entlangzuschlendern und dann seine Wahl zu treffen. Darüber hinaus versuchen die Hotels mit einem eigenen Abendprogramm die Gäste in den eigenen Anlagen zu halten.

Für ein bisschen Nightlife sorgen die meist englischen oder irischen Pubs im **Centro Comercial Punta Limones** 5. Wer die Nacht zum Tag machen und vor allem tanzen will, wird das in Playa Blanca jedoch kaum schaffen. Dafür muss man mit dem Auto oder Bus nach Puerto del Carmen fahren.

Livemusik – **Fun Pub** 1: Av. Marítima 19, tgl. ca. 19–24 Uhr. Cocktailbar; abends spielen Bands.

Gepflegte Drinks – **4 Lunas** 2: im Hotel Princesa Yaiza, Di–Sa 20–3 Uhr. Cocktail- und Jazzbar, zur Happy Hour ein beliebter Treffpunkt.

Gemischtes Publikum – **La Cantina** 3: Calle El Correillo 60, nur zwei Straßen über der Av. Marítima, tgl. 12–22 Uhr. Heimelige Tapas-Bar, die auch Einheimische zum Feierabend auf ein Bier besuchen.

Ibiza-Import – **Café del Mar** 4: im neuen Jachthafen, Av. Marítima s/n, tgl. 11–ca. 22/24 Uhr. Man gibt sich Mühe, dem Original auf Ibiza nahezukommen, der Sonnenuntergang hilft dabei. Die DJs legen hier – anders als auf Ibiza – gerne Techno und New Age auf. Lokal und Terrasse sind großzügig angelegt, die Sessel gut zum Relaxen. Doch Name und Platz haben ihren Preis. Auch die anderen Cafés und Bars im Jachthafen bieten Drinks, gute Sitzplätze, Musik und genau den gleichen schönen Sonnenuntergang sowie günstigere Getränke …

Infos

Öffentliche Verkehrsmittel

Busse: Die Bushaltestelle befindet sich im Dorf, Richtung Tankstelle rechts;

Abfahrt nach Puerto del Carmen und Richtung Arrecife Mo–Fr 6.50, 9.10, 12.40, 15.10, 18.40 und 21.10, Sa 8.10, 12.10, 14.40 und 19.40, So 9.10, 14.40 und 19.40 Uhr. Rückfahrt nach Playa Blanca Mo–Fr 6, 8, 11.30, 14, 17.30 und 20.15, Sa 7, 11, 13.30 und 18.30, So 8, 13.30, 18.30 Uhr.

Fährverbindungen

Überfahrt nach Fuerteventura: Vom Hafen in Playa Blanca legen die Fähren nach Fuerteventura ab. Fährschiffe der Gesellschaften Fred Olsen und Naviera Armas fahren stündlich (zu Stoßzeiten auch häufiger) im Wechsel. Erste Hinfahrt nach Fuerteventura ca. 7 Uhr, letzte Rückfahrt ca. 20 Uhr. Es gibt inzwischen auch eine Expressfähre (20 Min.), die jedoch teurer ist; die Fahrzeit mit den anderen Fähren dauert ca. 40 Min.

Adressen

Post: Calle de Corralejo, gegenüber Cinebank, Mo–Fr 8.30–14.30, Sa 9.30 bis 13 Uhr.
Banken: Mehrere Banken befinden sich auf der Av. Papagayo sowie im Einkaufszentrum Punta Limones in der gleichnamigen Straße.
Internet: Wer im Hotel oder Apartment keinen Internetzugang hat, findet im Centro Comercial los Limones sowie im Centro Comercial Papagayos Internetcafés mit günstigen Tarifen.

Playas del Papagayo ! ▶ B 10

Die Südostspitze Lanzarotes ist heute nur noch unter der malerischen Bezeichnung Papageienstrände bekannt. Viele halten die Sandstrände in den windgeschützten Buchten – aufgrund ihres klaren Wassers kann man hier herrlich schnorcheln – für die schönsten der Insel. Des Öfteren versuchten Bodenspekulanten, das Hinterland zu bebauen. Doch getreu dem Motto »La costa es de todos« (»Die Küste gehört allen«) wurden solche Bemühungen bislang glücklicherweise vereitelt, wenngleich sich manche illegale Hotelanlagen immer weiter in das Naturschutzgebiet zu fräsen scheinen.

Die einzelnen Strände, die sich hinter dem Sammelbegriff Playas del Papagayo verbergen, sind Playa Mu-

Ungetrübte Naturidylle – das bieten die Papageienstrände hoffentlich auch in Zukunft

jeres, Playa de las Ahogaderas, Playa del Pozo, Playa de la Cera und Playa del Papagayo. An die Punta de Papagayo schließen sich noch zwei weitere Badebuchten an: die Playa Caleta del Congrio sowie die Playa de Puerto de Muelas. Inzwischen hat sich auch ein Campingplatz angesiedelt. Einige Mauerreste in der Nähe der Punta de Papagayo erinnern an das gleichnamige Dorf, das hier einst existierte. Ganz in der Nähe ist man vor wenigen Jahren bei Ausgrabungen auf die Überreste der Festung Rubicón gestoßen, die von Jean de Béthencourt 1402 errichtet worden war, um von hier aus die Nachbarinseln zu erobern.

Wanderung zu den Playas del Papagayo

Es gibt mehrere Möglichkeiten, die Papageienstrände zu erreichen. Die umweltfreundlichste und schönste ist der gut dreistündige Fußweg von

Wanderung zu den Playas del Papagayo

Playa Blanca aus. Es handelt sich um eine leichte Tour, die zunächst ab dem alten Faro de Pechiguera im Osten an der Küstenpromenade entlangführt (ca. 12 km). Am Hotel Papagayo Arena ist das Ende der Promenade erreicht und es scheint nicht mehr weiterzugehen. Doch nach einer kurzen Kraxelei erreicht man das Dach des Hochplateaus. Wer den Weg durch Playa Blanca abkürzen und gleich mit der Kraxelei beginnen will, fährt die Av. de Papagayos entlang bis zu den öffentlichen Parkplätzen des Hotels Dream Gran Castillo. Von dort geht es in Richtung Strand bis zum Ende der Hotelanlage Papagayo Arena. Die Beschreibung für diese abgekürzte Tour beginnt mit dem Absatz »Am Ostrand der Playa ... « (s. S. 265).

Markierungen: Die Orientierung ist leicht. Zwar gibt es auf der Strecke über das Hochplateau viele Wege, die jedoch alle zu den Stränden führen. Außerdem ist die Laufrichtung dank der guten Sicht immer eindeutig.

Ausrüstung und Einkehr: Gutes Schuhwerk ist sinnvoll, obgleich manche die Tour auch in Badelatschen unternehmen. Einkehr in Playa Blanca, im neuen Hafen oder in der Cafetería bei den Papageienstränden. Allerdings herrscht dort im Sommer Hochbetrieb. Daher ist es ratsam, genügend Wasser und Proviant für ein Picknick am Strand mitzunehmen.

Die Wanderung

Die lange Strecke beginnt am Leuchtturm **Faro de Pechiguera** (Playa Blanca); dort gibt es auch genügend Parkplätze. Wer von außerhalb mit dem Bus anreist, startet im alten Hafen und hat ca. 50 Min. Fußweg weniger. Man überquert den Parkplatz in Richtung der Küstenpromenade und steigt einige Stufen zu ihr auf.

Vorbei an Shops, Cafeterías und Restaurants gelangt man zur künstlich angelegten **Playa Dorada,** die hauptsächlich von den Gästen des Hotels Princess Yaiza frequentiert wird. Das schöne Areal rund um das Hotel und das Gebäude selbst sollten nicht darüber wegtäuschen, dass hier gegen die Bauvorschriften verstoßen und höher gebaut wurde, als es allgemein auf der Insel erlaubt ist. Einige Hundert Meter weiter treffen wir auf die Reste einiger Windmühlen. Hier wurde früher Salz abgebaut. Wenig später erreichen wir den Infokiosk des neuen Sporthafens **Marina Rubicón.**

Wir durchqueren den Sporthafen und sehen oberhalb der Marina Rubicón das außergewöhnlich gestaltete Hotel Gran Melía Volcán. Am Restaurant Casa Roja vorbei halten wir uns in Richtung des Hotels und erreichen oben angekommen nach einigen Metern das **Castillo de las Coloradas.** Dahinter geht es zur **Playa de las Coloradas,** die leider gänzlich vom Hotel Papagayo Arena eingenommen wird und den weiteren Durchgang zu den Stränden erschwert. Das Hotel dürfte offiziellen Angaben zufolge gar nicht hier stehen, da es sich in das Naturschutzgebiet der Ajaches erstreckt und den Zugang zum Meer einschränkt.

Hier beginnt auch die kürzere Variante der Wanderung: **Am Ostrand der Playa** scheint kein Durchkommen. Lassen Sie sich dadurch nicht abschrecken. Der Felsblock ist leicht zu erklimmen. Nach ca. 7 Min. Aufstieg ist das Plateau erreicht und belohnt mit einem herrlichen Blick auf die weite, nahezu vegetationslose Hochebene **Los Ajaches** und zurück auf Playa Blanca. Von hier aus kann jeder selbst wählen, ob es der kürzeste Weg zum Strand sein soll oder doch einer der vielen anderen Pfade, die diese Hügellandschaft durchziehen und immer wieder neue Perspektiven eröffnen. Nach weiteren 45–60 Min. Fußweg sind dann die drei Strände erreicht.

Der mittlere Strand wird gerne von FKK-Anhängern aufgesucht; der am weitesten von Playa Blanca entfernte hat den kürzesten Weg zur Cafetería. Die drei Strände liegen so nah beieinander, dass man sie ohne großen Aufwand zunächst alle besichtigen kann, bevor man sich an diesem Tag für einen entscheidet.

Zurück geht es auf demselben Weg wie hin. Auch hier steht jedem offen, welchen der vielen Pfade er bis zum Hotel Papagayo Arena wählen möchte. Der Abstieg am Felsen am Hotel ist jedenfalls auf allen vieren am sichersten.

Infos

Verkehrsmittel zu den Stränden

Mit dem Auto: Der Weg ist am Ortseingang von Playa Blanca ausgeschildert. Am Beginn der staubigen Piste wird man um ca. 4 € erleichtert und kann dann einen beschwerlichen und staubigen Pfad durch trockene Geröllwüste in Kauf nehmen.

Die Strände sind Teil des **Monumento Natural de los Ajaches** – doch allein die Ernennung zum schützenswerten Gebiet vermag den Ansturm der Besucher natürlich nicht aufzuhalten. In der Hochsaison macht sich das bemerkbar und so geht an turbulenten Tagen einiges vom ursprünglichen Reiz und der Unberührtheit verloren. Das herrlich blaue Wasser und die weißen Strände, eingebettet in die hügelige Landschaft der Ajaches, lohnen dennoch einen Besuch.

Mit dem Boot: Wer sich etwas Besonderes gönnen möchte, kann mit einem der vielen Ausflugsschiffe zu den Stränden fahren, ist dann jedoch in ein Komplett-Arrangement eingebunden, das vom Veranstalter vorgegeben wird. Alternativ kann man sich ein Boot mit Kapitän zu den Playas del Papagayo mieten. Boote starten in den frühen Mittagsstunden vom alten Hafen in Playa Blanca und haben etwa 1 Std. Anfahrt. Viele Gäste schwärmen in höchsten Tönen von der Bootstour und dem neuen Blickwinkel auf die Feuerinsel und die Südküste.

Das Beste auf einen Blick

La Graciosa

Highlight!

Caleta de Sebo: Neben Ebbe und Flut bestimmt die Ankunft der Fähre das Leben in diesem ehemaligen Piratenversteck. Der ansonsten wunderbar verschlafene Ort wird dann geschäftig und umtriebig. S. 269

Auf Entdeckungstour

Ausflug zur Playa de las Conchas: Mit der Fähre nach Caleta de Sebo und von dort zu Fuß, mit dem Fahrrad oder dem Jeep zu einem der schönsten Strände der Insel. S. 274

Kultur & Sehenswertes

Flora und Fauna: Bei Wanderungen auf La Graciosa lässt sich die heimische Flora und Fauna aus nächster Nähe betrachten. Nicht nur Botaniker dürften daran ihre helle Freude haben. S. 273

Zu Fuß unterwegs

Im Süden von La Graciosa: Leichte Rundwanderung von Caleta de Sebo zum Montaña Amarilla mit einem kurzen gerölligen Abstieg zu einem der schönen Sandstrände an der Südseite der Insel. S. 278

Genießen & Atmosphäre

Die **Hin- und Rückfahrt mit dem Boot** nach La Graciosa ist schon fast den Ausflug wert, da sich hier völlig neue Perspektiven auf die Insel eröffnen. S. 268

Abends & Nachts

Discoteca Bar Las Arenas: Hier wird die Nacht zum Tag gemacht. Wer lange genug durchhält, braucht kein Zimmer und fährt nach einem üppigen Frühstück mit der ersten Fähre nach Órzola (Lanzarote) zurück. S. 273

Die Anmutige

Blickt man vom Mirador del Río hinab, so wird der Name der Insel nördlich von Lanzarote nicht augenscheinlich. La Graciosa, die Anmutige, taufte man die flache Scheibe mit ihren vier Erhebungen. Aber anmutig ist es nicht unbedingt, das karge Eiland. Und dennoch hat gerade das seinen besonderen Reiz.

Nur 1 bis 2 km trennen La Graciosa von Lanzarote. Eine halbe Stunde braucht die Fähre, die von Órzola zunächst einen Schlenker macht, bis sie in Caleta de Sebo einläuft. Besonders vor der Nordspitze Lanzarotes wird das Schiff gewaltig auf den Wellen geschaukelt. Früher überquerten die Gracioseros in kleinen Booten auf dem kürzeren Weg die Meerenge, um nach Lanzarote zu gelangen; auch wenn die See zu stürmisch war, um den Hafen in Órzola anzulaufen, bot dies bis vor wenigen Jahren noch eine Alternative. Allerdings stand am Ende

Infobox

Reisekarte: ▶ F/G 3/4

Informationen zur Insel

Fläche: ca. 29 km²
Höchste Erhebung: Las Agujas (266 m)
Hauptorte: Caleta de Sebo und Pedro Barba
Einwohner: ca. 700
Autos: 250–300

Überfahrt

Zwei Linien bedienen die Strecke: www.lineasromero.com und www.biosferaexpress.com. Sie starten tgl. um 7 Uhr von Caleta de Sebo bzw. um 8 Uhr von Órzola und fahren bis auf eine Pause am frühen Nachmittag meist im Halbstundentakt. Die letzte Fähre von La Graciosa zurück nach Lanzarote geht im Winter um 17.30 und im Sommer um 19 Uhr, von Lanzarote aus können die Inselbewohner noch bis 18.30 bzw. 20 Uhr heimkehren. Wer es aufregender haben will, kann den Speed River der Lineas Romero (Tel. 902 40 16 66) nach La Graciosa bestellen. Sämtliches Baumaterial, Lkw, größere Warenlieferungen, Mobiliar etc. werden mit privaten Transportbooten hinübergebracht. Die Fähren sind nur für den Transport von Personen vorgesehen, auch wenn sie mal einen Kühlschrank oder eine kleine Warenlieferung mitnehmen.

Arzt

Im kleinen Gesundheitszentrum Centro de Salud in der Calle Nueva España gibt es das ganze Jahr über medizinische Betreuung.

Internet

Eine kostenlose WLAN-Zone bieten die Bars Los Mateos und Rosas Net/La Bocatería in der Calle Noray.

Nationalparkverwaltung/Camping

Büro der Nationalparkverwaltung OAPN (Organismo Autónomo de los Parques Nacionales): Calle La Proa, Tel. 928 84 20 73, unregelmäßig geöffnet.
Campinggenehmigung: www.reservasparquesnacionales.es

der Überfahrt stets ein beschwerlicher Aufstieg auf 400 m Höhe.

La Graciosa ist die einzige bewohnte Insel des Quintetts, das sie zusammen mit den Eilanden Montaña Clara, Alegranza, Roque del Este und Roque del Oeste bildet. Aufgrund der isolierten Lage und des Fehlens von Grundwasser blieb die Insel auch nach der Eroberung der Kanaren zunächst weiterhin unbewohnt. Damit war sie ein optimales Versteck für Piraten, die von hier aus die Schiffe auf der Route von Europa nach Südamerika überfielen.

Die Besiedlung der Insel setzte 1876 ein. Damals erhielt Ramón Silva Ferro das Pachtrecht über La Graciosa und zugleich die Fischereilizenz für die umliegenden Gewässer. Der neue Besitzer gewann für eine Einrichtung, in der der Fisch konserviert werden sollte, Arbeiter aus den ärmsten Dörfern Lanzarotes, so aus Haría, Arrieta, Órzola, Yé, Maguez, und diese siedelten sich auf der Insel an. In den darauffolgenden 50 Jahren entstanden die beiden Ortschaften Caleta de Sebo und Pedro Barba.

Durch den Tod von Ramón Silva Ferro im Jahre 1884 kam sein (erst halb fertiges) Projekt zum Erliegen. Dennoch blieben die Übersiedler – aus Mangel an alternativen Verdienstmöglichkeiten auf Lanzarote – auf dem Eiland. Sie versuchten, sich mit Fischfang und dem Handel von weiteren Meeresprodukten wie Schnecken und Salz, der hauptsächlich von ihren Frauen betrieben wurde, über Wasser zu halten. Bis heute leben einige Bewohner von der Fischerei, und bis heute sind viele von ihnen miteinander verwandt. Inzwischen hat sich jedoch auch hier der Tourismus als sichere Einnahmequelle entpuppt. Die Gästezahlen auf La Graciosa steigen seit Jahren kontinuierlich. Und viele, die einmal da waren, kommen wieder und wieder.

Caleta de Sebo ! ▶ G 4

Die Ankunft der Boote von Órzola bestimmt den Rhythmus des ansonsten verschlafenen Dorfes. Dann herrscht vorübergehend ein geschäftiges Hin und Her: Einheimische warten auf bestellte Waren, Jeeptaxis bieten ihre Fahrdienste an, Gastwirte halten Ausschau nach Kundschaft, während die bereits ›etablierten‹ Inselgäste neugierig und skeptisch die Neuankömmlinge beobachten – sind das Tagesausflügler oder werden sie länger bleiben?

Wer ausspannen und abschalten möchte, liegt in Caleta de Sebo oder dem zweiten (unbewohnten) Dorf der Insel, Pedro Barba, auf jeden Fall richtig. Gleichzeitig ist – zumindest in Caleta – genügend Infrastruktur vorhanden: Es gibt Pensionen und Apartments oder man quartiert sich auf dem Campingplatz an der Playa del Salado ein (für ihn muss man sich zuvor eine Genehmigung beschaffen, s. Infobox S. 268). Für das leibliche Wohl sorgen mehrere Supermärkte; außerdem gibt es ein Haushaltswarengeschäft, einen Bäcker, einen Metzger, einen Fischladen, einen Obst- und Gemüseladen, einen Aloe-Verkaufsshop sowie ein Dutzend Restaurants, Bars und Cafeterías. Zu Risiken und Nebenwirkungen können Sie den hiesigen Arzt oder Apotheker fragen. Auch die Post geht täglich ab – sie unterhält in Caleta eine eigene Geschäftsstelle. Die ABCler können hier die Schulbank bis zur -mittleren Reife drücken. Danach müssen die Jugendlichen auf die große Schwesterinsel in ein Internat.

Selbst für Nachtschwärmer ist zumindest an den Wochenenden in Caleta gesorgt. Dann wird in der Discoteca Bar Las Arenas beim Tanz mächtig Sand aufgewirbelt. Der Rest der Woche bleibt der Erholung vorbehalten: viel Schlaf, viel Sonne, viel Meer!

Nur ein schmaler Durchgang erlaubt den Zutritt zum Hafen von Caleta de Sebo. Innerhalb der Hafenmauern dümpeln zahlreiche Fischerboote, aber auch viele Segelschiffe vor sich hin. Die knapp 600 Insulaner wohnen nahezu alle im Hauptort Caleta de Sebo, und nur zwei Leute (die nicht von der Insel stammen) haben sich in Pedro Barba niedergelassen. Das kleine, abgelegene Dorf besteht seit vielen Jahren lediglich aus einer Ansammlung privater Ferienhäuser ohne jegliche Infrastruktur (eine Wasserleitung wurde 2014 verlegt).

Einer Ausweitung touristischer Bestrebungen wurde bisher ein Riegel vorgeschoben. Fehlende Süßwasservorräte und die Ernennung der Insel zum Naturpark, der 1986 von König Juan Carlos selbst eingeweiht wurde, haben dies verhindert. So geht es auf der Insel recht beschaulich zu: Die Bewohner errichten ihre Häuser – ebenso wie auf Lanzarote – weiter im traditionellen Stil, kalken die Wände der Flachbauten weiß und umrahmen die grün oder auch blau gestrichenen Türen mit Kacheln. Eine minimale touristische Infrastruktur (Apartamentos und Pensionen, ein knappes Dutzend Bars und Restaurants, zahlreiche Fahrradverleihe und einige Jeeptaxen, ein Tauchzentrum) stört die Harmonie und Ruhe ebenso wenig wie die täglichen Ankünfte des Fährboots. Nur zur Hochsaison, zum Jahreswechsel, an Ostern und im Sommer, vor allem aber während der Fiesta del Carmen

Das Bild von Fischern, die am Vormittag ihren frischen Fang an Land bringen, ist auf der kleinen Insel La Graciosa noch lebendig

am 16. Juli und auch zur Travesía im Herbst (s. S. 273) scheint La Graciosa aus den Fugen zu geraten.

Am Ortseingang in der Nähe des Hafens informieren Vigilantes des OAPN (Aufseher der Nationalparkverwaltung) über die Besonderheiten des Archipiélago de Chinijo, wie die Inselgruppe um La Graciosa auch heißt. Sie verbinden damit die Bitte, die karge Naturschönheit zu wahren, d. h. keinen Müll liegen zu lassen, nichts zu verändern oder mitzunehmen. Auch das Engagement des World Wildlife Fund (WWF) während der Sommermonate, Gäste und Einheimische zu informieren und sich dem Erhalt bedrohter Tier- und Pflanzenarten zu widmen, ist vorbildlich und trifft hoffentlich auf offene Ohren.

Übernachten

Die aufgeführten Unterkünfte befinden sich in Caleta de Sebo. »Apartamentos y Casas« sind u. a. auch über beide Fährunternehmen zu buchen: Lineas Romero, Tel. 928 84 20 55; Lineas Biósfera, Tel. 619 05 54 86. Auch Eva Maldener ist bei der Suche nach einer Bleibe behilflich (s. S. 279). Im Internet finden sich einzelne Angebote, viele Unterkünfte werden von den hiesigen Familien direkt vermietet, da sie die Vermarktung übers Internet noch scheuen.

Familiär und günstig – **Pensión Enriqueta:** Calle Mar de Barlovento 6, www.graciosaonline.com, Tel. 928 84 20 51, 25 €/Tag. 12 einfache Zimmer mit Bad, Gemeinschaftsbalkon. **Pensión Girasol:** Calle Margarona 4, Tel. 928 84 21 18, www.graciosaonline.com, 25–30 €/Tag. 8 renovierte, sehr einfache und helle Zweibettzimmer mit Bad, 3 von ihnen zum Hafen hinaus mit kleinen Balkonen.

Etwas gehobener – **Pension Varadero:** direkt an der Schiffsanlegestelle, Tel. 928 84 21 75, 40 €/Tag. 5 Suiten, alle mit eigenem Balkon.

Deutschsprachige Verwaltung – **Apartments von Luis Cabrera:** Tel. 928 84 20 21, 618 48 77 35, www.apartamentos-lagraciosa.com, 2 Pers. ab 37 €/Tag.

Größte Apartmentanlage – **Evita Beach Resort:** direkt am Uferweg/Hafen, Tel. 928 84 21 85, www.evitabeach.net, saisonabhängige Preise: 1 Zimmer 60–85 €, 2 Zimmer 80–115 €, 3 Zimmer 90–130 €, Suiten 90–250 €. Gepflegte (hellhörige) Anlage mit 14 1- bis 3-Zimmer-Apartments und 3 Suiten. Wenige Fußminuten vom Hafen, direkt am Ufer, mit WLAN und Rezeption.

Camping – **Bahía del Salado:** westlich von Caleta de Sebo. Genehmigung erforderlich (s. Infobox S. 268), Aufenthaltsdauer auf 7 Tage begrenzt.

Essen & Trinken

In Caleta de Sebo kann man in allen Restaurants recht gut und auch günstig essen gehen. Das Angebot gleicht sich meist und besteht aus einfacher kanarischer Küche. Frischer Fisch und Meeresfrüchte stehen überall auf der Speisekarte, doch auch Vegetarier müssen nicht hungrig ins Bett gehen. Gehobener und kreativer wird im **Enriqueta** und im **El Marinero** (s. u.) gekocht.

Tapas gibt es auch in kleineren Lokalitäten wie dem **Saladero** (an der Hafenpromenade) oder dem **El Veril** (am Dorfstrand), Schnellimbissler gehen in die **Hamburgesería Los Mateos** oder nebenan zur **Bocatería Rosas Net.** Die Küchen schließen übrigens häufig erst gegen 22/23 Uhr.

Schnell oder gemütlich? – **Restaurante Girasol:** Calle La Popa 2, Tel. 928 84 21 92, Sommer tgl. 9–24, Winter bis 23 Uhr (Küche), Vorspeisen ca. 3–9 €, Hauptgericht 7–15 €, Menü ab 7,50 €. Hier sitzt man geschützt und wird schnell und überaus freundlich bedient, egal ob man nur ein Getränk oder ein ganzes Menü haben möchte. Barrierefreie Ausstattung.

Orientalische Note – **Restaurante El Marinero:** Calle García Escamez 14, Tel. 928 84 20 70 oder 659 88 61 38, Di–So 12–16 und 19–22.30 Uhr, Vorspeisen 3–9 €, Hauptgerichte 8–20 €. Hier kann man sich nach dem opulenten Mahl draußen auf der Terrasse (wenig idyllisch direkt an der Hauptstraße) eine sogenannte Cachimba oder Shisha, also eine Wasserpfeife mit einem speziellen Tabak, reichen lassen.

Feiner Fisch – **Bar La Caletilla:** Casa Chano, Av. Virgen del Mar 131, Tel. 928 84 20 68, tgl. 8–16, 18–ca. 23 Uhr (Küche), Hauptgericht 10–15 €. Östlich vom Hafen, aber nicht direkt am Meer. Im Inneren stehen eine Handvoll Tische, die Wände sind mit Azulejos ausgekleidet. Der Stil ist rau, aber herzlich, der Fisch vom Feinsten. Das wissen vor allem die Besucher der anderen Inseln zu schätzen, die gerne hier einkehren.

Aktiv

Mit dem Fahrrad – Pkw und Jeeps kann man weder nach La Graciosa mitnehmen noch sie dort mieten, sodass man sich am besten zu Fuß oder per Mountainbike bewegt. Von sieben Verleihern sind fünf direkt am Hafen (außer El Veril und Los Mateos). Es empfiehlt sich, die Bikes vorher zu inspizieren (bei Pannen holen die Verleiher einen aber auch ab und sorgen für Ersatz); Preis für 1 Tag ca. 8 €. Die Pisten sind holperig, unbedingt den Flyer des OAPN besorgen, der am Infokiosk ausliegt oder auf den Fähren verteilt wird. Er informiert sehr gut darüber, auf welchen Wegen Fahrräder zugelassen sind. Leider geben nicht alle Verleiher dazu eine korrekte Auskunft.

Mit dem Taxi – **Jeepsafari:** Taxis von neun Anbietern, mit denen man sowohl auf Rundfahrt gehen kann oder sich auch nur mal zu einem Strand bringen/abholen lassen kann. Tel. stehen auf den Taxis, einziger Taxistand ist nahe dem Hafen: Wenn man ankommt, rechts zwischen Trockendock und Restaurant Varadero. Die Preise sind einheitlich: (Gepäck-)Transport im Dorf: 5 €, Inselrundfahrt (ca. 1,5 Std., bis zu 4 Pers.) 50 €, Transfer zu den Stränden (bis zu 4 Pers.) hin 15–20 €, hin und zurück 20–25 €. Bei mehr als 4 Pers. wird ein Aufschlag erhoben. Mein Tipp für Spanischunkundige: Sigi, ein Bayer, der seit 1996 hier lebt und nebenher auch viel zeigen/erklären kann: Tel. 630 43 31 10 (alle anderen sprechen nur Spanisch oder ein wenig Englisch).

Über und unter Wasser – **Centro de Buceo:** direkt am Hafen, Tel. 902 40 16 66, www.lineasromero.com. Tauchen, schnorcheln, fischen, Bootsausflüge und Wassertaxi. **El Veril:** Av. Virgen del Mar 93, Tel. 622 05 12 67. Direkt am Dorfstrand, verleiht außer Bikes auch Kanus und Stand-up-Paddles.

Wassertaxi – Ein **Speedboot der Linea Romero** kann auf Anfrage als Wassertaxi genutzt werden, s. Infobox S. 268.

Surfen – Surfer kommen auf La Graciosa voll auf ihre Kosten. Profis zieht es zum **Bajo del Corral** an der Westküste, weniger Geübte finden an der Lanzarote zugewandten Seite verschiedene Spots (Bocas de la Pardela kurz vor der Playa la Cocina; Las Piconas zwischen der Lagunita und der Playa Francesa; Caleta de abajo, ca. 10 Min. zu Fuß östlich von Caleta de Sebo; Pedro Barba). Ein Surfbrettverleih im südlichen Bereich des Uferwegs ist derzeit im Aufbau.

Wandern – Leichte **Rundwanderung** mit kurzem, gerölligem Abstieg über die Montaña Amarilla zu einem schön gelegenen Badestrand. Zurück geht es an der Südseite der Insel über weitere Sandstrände, s. S. 278.

Abends & Nachts

Bis zum Morgengrauen – **Discoteca Bar Las Arenas:** Calle Margarona 11, am Wochenende 22–5 Uhr. Die Bezeichnung »Bar« ist ein wenig irreführend, denn freitags und samstags treffen sich hier Einheimische wie Touristen, um zu trinken und zu tanzen, bis die Sonne wieder aufgeht.

Infos und Termine

Infos

Siehe Infobox S. 268

Termine

Travesía: Ende Sept./Anfang Okt., Veranstalter: Cabildo Lanzarote, Tel. 928 81 01 00, www.lanzarotedeportes.com, Teilnehmer: max. 700, Zeitlimit: 1 Std., nachdem der Erste das Ziel erreicht hat; Anmeldung im Frühjahr, bis die Plätze weg sind, danach Warteliste. Ein Höhepunkt in jedem Jahr ist die Travesía, deren Teilnehmer von Lanzarote nach Graciosa um die Wette schwimmen und dabei eine Strecke von 2600 m über den sogenannten Río überwinden müssen, manchmal gegen heftige Strömung. Mitmachen kann jeder, ob Profi oder Amateur, ob alt, jung oder mit Behinderung, der sich dies zutraut. Vor dem großen Start machen alle Schwimmer die obligatorischen Aufwärmübungen mit – schon dieses Spektakel am Hafen von Caleta de Sebo findet genügend Publikum. Danach geht's auf die Fähre, mit der die Teilnehmer zum Strand am Fuß der Riscos gebracht werden. Menschen mit Behinderungen werden je nach Bedarf auch in kleineren Booten zum Startpunkt geleitet und mit besonderer Aufmerksamkeit begleitet. Dann geht es los: Fast alle kraulen und die Menschenmenge sieht wie ein großer Fischschwarm aus – ein toller Anblick.

Flora und Fauna

La Graciosa steht unter Naturschutz: 98 % der Fläche gehören zum Verbund der Nationalparks Organismo Autónomo de Parques Nacionales, kurz OAPN, und somit dem Staat. Die Insel ist relativ flach. Zu den höchsten Erhebungen zählen Las Agujas Grandes (266 m) und Las Agujas Chicas (257 m). Im Inselinnern erhebt sich die Montaña del Mojón mit 188 m Höhe und einem etwa 70 m tiefen Krater, im Norden die Montaña Bermeja mit 157 m.

Die geringen Höhenunterschiede bedeuten wenig Niederschläge, da die Regenwolken nicht an Bergen hängen bleiben können und ▷ S. 276

Auf Entdeckungstour: Ausflug zur Playa de las Conchas

Für diesen Ausflug – ob zu Fuß, mit dem Rad oder mit dem offenen Jeep – zum weißsandigen Bilderbuchstrand Playa de las Conchas sollte man die erste Fähre um 10 Uhr von Órzola wählen.

Reisekarte: ▶ F/G 3

Ausgangspunkt: Caleta de Sebo

Dauer: Insgesamt 2 Std. reine Gehzeit

Ausrüstung: Keine Verpflegungsmöglichkeit unterwegs, deshalb ausreichend Wasser mitnehmen.

Geführte Touren: Eva Maldener bietet Wandertouren über die Insel an, s. Tipp S. 279.

Per pedes, per Fahrrad oder mit dem Jeep?

Der Weg auf meist breiten Sandpisten ist nicht sehr abwechslungsreich. Dafür lässt die breite Piste kein Verlaufen zu und man wird mit einem sehr schönen und (meist) angenehm leeren Strand belohnt. Wer noch mehr Bewegungsdrang verspürt und gerne weiterwandern möchte, kann den strandnah gelegenen Berg, die Montaña Bermeja, erklimmen (ca. 1 Std. hin und zurück). Für den Hinweg von Caleta zum Strand und wieder zurück sollte man insgesamt mit ca. 2 Std. reiner Wanderzeit rechnen.

Im Hafen von Caleta de Sebo stehen Jeeps bereit, die Besucher einmal rund um die Insel oder auch ›nur‹ zu den Stränden fahren (ca. 25–30 €). Außerdem gibt es verschiedene Fahrradverleiher in Caleta. Allerdings ist das Fahren auf den staubigen Sandpisten auch mit Mountainbikes etwas mühselig und daher eher Geübten zu empfehlen (ab 10 € pro Tag).

Ausgangspunkt

Vom Hafen aus halten wir uns (den Rücken dem Meer zugewandt) links und folgen dem Strom der anderen Ankömmlinge. Zunächst vorbei an einigen Cafeterías und Bars sowie an einer Pastelería, aus der verführerischer Duft strömt, führt nach wenigen Metern rechts ein Weg zur Pensión Girasol, der schließlich in eine staubige Piste mündet. Dahinter weist die Straßenpiste in langen Kurven teilweise geradeaus bzw. halbrechts. Wir halten uns an die rechte breite Fahrspur. Es geht leicht bergauf.

Ab und zu donnern – je nach Temperament der Fahrer mehr oder weniger rücksichtsvoll – ein paar Jeeps vorbei und wirbeln Staub auf. Währenddessen treten einige tapfere Mountainbiker zäh in die Pedale; im Sand ist kein leichtes Fortkommen auf Rädern ohne Antrieb.

Einige Hundert Meter weiter säumen links und rechts zwei eingezäunte Grünflächen mit Pflanzen- und Gemüsebeeten den Weg. Nach gut 1 Std. Fußmarsch sieht man links einen teilweise grün bewachsenen Küstensaum. Bleiben Sie hier noch ca. 300 m auf der ausgewiesenen Piste. Nach 300 m weisen rechts verschiedene weißsandige Tretpfade darauf hin, dass die Playa de las Conchas erreicht ist.

Es kann je nach Jahreszeit leicht passieren, dass innerhalb weniger Stunden drei oder vier Wetterwechsel zu verzeichnen sind. Auf Nieselregen folgt schönste Sonne, dann bewölkter Himmel und eine steife Brise. Danach beginnt alles wieder von vorn. Der stetige Wind und die gleichbleibend hohen Temperaturen lassen jedoch all diese Wetterstadien – ob auf der Strecke selbst oder am Strand – lässig überstehen.

An dem etwa 500 m langen, feinen weißen Sandstrand lädt das türkisfarbene Wasser zum Baden ein. Aber: Hier weht (nahezu) das ganze Jahr über die rote Flagge und das bedeutet, dass das Baden wegen der starken Strömung verboten ist. Einige Wagemutige stürzen sich dennoch in die Fluten. Andere lassen sich am Meeressaum von den angespülten Wellen kühlen.

Wer am gleichen Tag wieder mit dem Schiff nach Lanzarote übersetzen möchte, sollte sich zuvor nochmals nach den Fährzeiten erkundigen. Der Rückweg ist zu Fuß in einer Stunde zu bewältigen.

weiterziehen. In den trockenen Sommermonaten zeigt sich ›die Anmutige‹ entsprechend karg, einer Wüste gleich. Sobald es länger regnet, fängt Graciosa jedoch an zu blühen und bringt u. a. endemische Pflanzen hervor.

So stößt man wie auf allen Kanarischen Inseln auf zahlreiche Wolfsmilchgewächse – der zarten Strandwolfsmilch z. B. gefällt es an den Küsten. Weit verbreitet ist daneben Aulaga (Dornlattich) und Barilla (Kristallmittagsblume), die früher zur Herstellung von Seife diente. Zu den typischen Pflanzen zählt außerdem der Sandfänger Traganum Moquinii, der bei der Dünenbildung eine wichtige Rolle spielt.

Die Fauna an Land ist überschaubar, dafür muss man sich hier in keiner Weise vor Skorpionen oder Schlangen ängstigen. Es gibt sie schlichtweg nicht. Häufig huschen dafür Eidechsen und kleine Geckos über den warmen Boden, selten hoppelt einem dagegen ein Kaninchen über den Weg. Vielseitiger zeigt sich die Vogelwelt. Abgesehen von den Zugvögeln, die hier Station machen, können sich Ornithologen u. a. an Turm- und Eleonorenfalken, Sturmtauchern, Raubwürgern, Wiedehopfen und sogar an den seltenen Kragentrappen erfreuen.

Wer Muscheln und Schnecken(häuser) liebt, wird an den Stränden fündig: Entenmuscheln, Strandschnecken, Napfschnecken und auch größere Gehäuse wie die der Rotmundleistenschnecke sind dort zu entdecken.

Die Strände der Insel

Besonderes Juwel der Insel sind die Strände. Von Caleta aus in südlicher Richtung kommt man zum Hausstrand

der Bewohner, der 1800 m langen **Playa Salado.** Noch etwas südlicher liegt die attraktive **Playa Francesa,** die bisweilen jedoch von Ausflugsbooten heimgesucht wird, und an der Südspitze vor der beeindruckenden Kulisse der Montaña Amarilla die kleine **Playa de la Cocina.**

Auch der etwa einstündige Rückweg nach Caleta de Sebo am Meeressaum entlang hat seinen eigenen Reiz. Folgt man der Küste von Caleta de Sebo aus ostwärts in Richtung Pedro Barba, gelangt man nach einer halben Stunde zur versteckten **Playa del Barranco de Los Conejos,** und wer von dort aus auf dem Klippenpfad bis Pedro Barba weiterkraxelt, kann sich dort am idyllischen Strand erfrischen. An allen genannten Stränden an der nach Lanzarote hin ausgerichteten

Wandern auf der Sandpiste mit der Montaña Amarilla im Blick

Seite lässt es sich gefahrlos baden – was auf der Insel nicht selbstverständlich ist. So befindet sich der berühmteste Strand an der gefährlichen Nordwestseite: die **Playa de las Conchas** (s. Entdeckungstour S. 274). Ihre Farbenpracht und die absolute Einsamkeit machen diesen weißsandigen Strand zur schönsten Playa von La Graciosa, schöner noch als die Strände auf Lanzarote. Leider macht die tückische See das Baden hier zu einem lebensgefährlichen Vergnügen, weshalb es ganzjährig verboten ist. Diese Warnung sollte man unbedingt ernst nehmen! Ebenfalls nicht zum Baden geeignet sind die **Playa Ámbar,** auch Playa Lambra genannt, an der windigen Ostseite, sowie der kleine Strand an der **Baja del Ganado** an der Westseite der Insel.

Korallenkolonie bei Montaña Clara

In etwa 70 m Tiefe und westlich von der unbewohnten Insel Montaña Clara entdeckten Taucher einen meeresbiologischen Schatz: Es soll sich um die weltweit größte Kolonie der Art Gerardia Savaglia handeln, auch als Schwarze Koralle bekannt. Montaña Clara am nördlichsten Zipfel der Kanaren gehört wie La Graciosa, Alegranza, Roque del Este und Roque del Oeste zum Archipiélago de Chinijo. Die Taucher waren mehr als erstaunt, hier auf einen vermutlich hundertjährigen Korallenschatz zu stoßen. Dies, so die Meeresbiologen, sei auch der Tatsache zu verdanken, dass die Gewässer besonders rein und nicht vom Schiffsverkehr belastet sind. Die komplette Inselgruppe wurde zusammen mit dem Gebirgsmassiv Risco de Famara 1986 zum Naturpark »Archipiélago Chinijo« erklärt; die umgebenden Gewässer bilden seit 1996 mit 70 000 ha das größte Meeresschutzgebiet Europas. Die Meeresflora und -fauna konnte sich daher weitgehend ungestört entwickeln.

Rundwanderung im Süden der Insel

Strecke: Es sind etwa 11 km (2,5 bis 3 Std.) zu laufen bei einem Höhenunterschied von ca. 80 m in schattenlosem Gelände. Die leichte Rundwanderung beginnt mit einem kurzen (ca. 5 Min.) steilen, gerölligen Abstieg. Dann geht es zur felsigen wilden Westküste, über eine kleine Hochebene zur Montaña Amarilla und zurück entlang der sandigen Südseite mit ihren Badestränden.

Ausrüstung: Griffige Schuhe sind nützlich, Wasser, Sonnenschutz, Badesachen nicht vergessen.

Die Wanderung

Wir verlassen Caleta de Sebo in nördlicher Richtung (Calle La Popa) und wählen an der Infotafel am Ortsausgang die kleinere Piste, die links abzweigt und an der **Montaña del Mojón** vorbei Richtung Westen (30 Min.) führt. Nach wenigen Metern passiert man einige kleinere Gebäude, es sind Ställe für Tiere, deren Haltung im Dorf nicht erlaubt ist – ein trauriger Anblick. Die Piste geht dahinter weiter, sie ist mit Holzpflöcken markiert. Leicht aufsteigend sieht man linker Hand in etwas Distanz den Friedhof und den Helikopterplatz. Neben dem Weg fallen vor allem Myriaden heller Schneckenhäuser sowie kleinere hohle, ovale und sandfarbene Gebilde auf: *antóforos*, alte Bienennester. Beide sind Landfossilien. Auf der Kuppe angelangt, bietet sich ein weiter Blick

Wanderung im Süden von La Graciosa

zur Westseite: Linker Hand erstreckt sich eine von unzähligen kleinen, halb bewachsenen Dünen gesprenkelte sanfthügelige Landschaft, während vor der Küste eine ausgedehnte vegetationslose Lehmfläche zu sehen ist. Dahinter liegt einer der besten Surfspots von Lanzarote, El Corral genannt. Nichts für Anfänger! Könner und schaulustige Wanderer kommen hier bei günstigen Wetterbedingungen voll auf ihre Kosten. Geologisch interessant sind die vielen ins Gestein eingebackenen marinen Fossilienreste. Zudem lassen sich große leuchtendrote Taschenkrebse beobachten oder deren verlassene Panzer, alte Muscheln, Seeschnecken und Sternseepockengehäuse finden.

Es gibt keinen markierten Weg, um von der Westküste landeinwärts zur **Montaña Amarilla** zu gelangen (3/4 Std., Abb. s. S. 277), und der vorhandene Trampelpfad ist nicht immer gut sichtbar. Deshalb der Küstenstraße vom Surfspot aus ein kurzes Stück Richtung Süden folgen, bis von links spitzwinkelig ein alter Fahrweg darauf stößt. In diesen abbiegen, der Trampelpfad zweigt dann nach ca. 30 m rechts ab; die Stelle ist – allerdings eher unauffällig – mit Steinen markiert. Nach dem kurzen Aufstieg zur Hochebene auf die Montaña Amarilla zuhalten. Hierbei darauf achten, dass man nicht in die Barrancos rechts und links gerät. Der Blick unterwegs ist fantastisch: auf der einen Seite die Westküste mit der Isla Montaña Clara und Alegranza, auf der anderen die Südküste und Lanzarote.

Bei der **Montaña Amarilla** dann links den Weg zur **Playa de la Cocina** absteigen (10 Min.). Ein Abzweig auf halber Strecke führt zur **Playa Francesa.** Der Blick auf Bucht und Berg ist spektakulär und es wird augenscheinlich, woher der Name ›gelber Berg‹ kommt. Das poröse gelborangefarbene Gestein resultiert aus einem hydromagmatischen Eruptionsvorgang, bei dem Magma im Erdinneren Kontakt mit Wasser hat. Dies ergibt, ähnlich wie bei einer Sektflasche, die man schüttelt, ein explosives, mit zahlreichen Luftbläschen durchsetztes Gemisch, das sich nach Austritt unter Ozoneinfluss gelborange verfärbt.

Ein Weg parallel zur Küste führt an mehreren schönen Sandstränden vorbei zurück ins Dorf. Wer die Wanderung um die Voll- oder Neumondszeit herum unternimmt, kommt bei Flut in den Genuss der Lagunita, einer flachen Ebene zwischen der Playa Francesa und der Bahía del Salado, die sich mit Meerwasser füllt und in einen großen Binnensee verwandelt. Der Rückweg ist in gut einer Stunde gemütlich zu bewältigen.

Mein Tipp

Wandern unter fachkundiger Leitung

Die aus Deutschland stammende Eva Maldener lebt seit 1998 auf La Graciosa und führt ihre Touren auf Anfrage mit viel Sachkenntnis und Liebe. La Graciosa ist ›ihre‹ Insel und sie kann Interessierten viel Wissenswertes über die Geschichte des Eilands, zu Flora und Fauna berichten. Mit Zurückhaltung beantwortet sie auch neugierige Fragen zu ihrer eigenen Geschichte und dazu, wann und warum sie sich gerade diese Insel ausgesucht hat. Eine häufig gestellte Frage sei hier beantwortet: Die Jugendlichen der Insel leben gerne hier und suchen nicht das Weite, kaum dass sie die Möglichkeit dazu sehen. Sie gehen selten, weil sie wollen, sondern eher, weil die Insel nicht für alle Arbeit bietet. **Guía Medioambiental:** Tel. 928 84 21 05, mobil 649 06 70 29, evamaldener@gmx.net.

Sprachführer Spanisch (Kanarisch)

Kanarisches Spanisch

Selbst wer etwas Spanisch kann, wird seine Mühe haben, die Kanarier zu verstehen, denn sie sprechen ›atlantisches Spanisch‹, d. h., statt des kastilischen Stakkato einen weich-melodischen Singsang. Während im Kastilischen, dem reinen Spanisch, das ›c‹ (vor e und i) und das ›z‹ wie das englische ›th‹ ausgesprochen werden, heißt es bei den Kanariern wie bei den Lateinamerikanern einfach nur ›s‹. Konsonanten zwischen Vokalen und am Ende des Wortes werden prinzipiell weggelassen: So klingt todos (alle) wie ›to-o‹, Las Palmas wird zu ›La Palma‹ verkürzt.

Ausspracheregeln

c	vor a, o, u wie k, z. B. casa; vor e, i wie s
ch	wie tsch, z. B. chico
g	vor e, i wie deutsches ch in Dach, z. B. gente
h	wird nicht gesprochen
j	wie deutsches ch, z. B. jefe
ll	wie deutsches j, z. B. llamo
ñ	wie gn bei Champagner, z. B. niña
qu	wie k, z. B. porque
y	am Wortende wie i, z. B. hay; sonst wie deutsches j, z. B. yo
z	wie s

Begrüßung/Verabschiedung

Guten Tag	Buenos días,
(nachmittags:)	Buenas tardes
Hallo	Hola
Ich bin aus	Soy de
Deutschland,	Alemania,
Österreich,	Austria,
Schweiz	Suiza
Auf Wiedersehen	Adiós
Bis bald	Hasta luego

Allgemeines

Danke (sehr)	(Muchas) gracias
Entschuldigung	Perdón
ja/nein	si/no
zu klein/ zu groß	demasiado pequeño/grande
Gefällt mir nicht	No me gusta
mehr/weniger	más/menos

Unterkunft

Doppelzimmer	habitación doble
Einzelzimmer	habitación individual
mit Dusche/Bad	con ducha/baño/
Balkon	balcón
Halbpension/	media pensión/
Vollpension	pensión completa
Frühstück,	desayuno,
Mittagessen	almuerzo
Abendessen	cena
Es gibt kein/	No hay/
Ich habe kein	No tengo …
Handtuch	toalla
Wasser	agua
Toilettenpapier	papel higiénico

Im Restaurant

Die Speisekarte bitte	La carta, por favor
Was empfehlen Sie?	¿Qué recomienda?
Weinkarte	lista de vinos
Eine halbe Flasche	media botella
von …	de …
Ein Glas …	un vaso de …
Öl, Pfeffer, Salz	aceite, pimienta, sal
Die Rechnung bitte	La cuenta, por favor

Unterwegs

Tankstelle	gasolinera
Benzin/Super	gasolina/super
Voll, bitte	Lleno, por favor
Abschleppdienst	grúa
Werkstatt	taller de reparaciones
Bus	guagua
Haltestelle	parada
Ankunft	llegada
Abfahrt	salida
Postamt	correos
Bahnhof/Flughafen	estación/aeropuerto
Auskunft	información

Im Krankheitsfall

Magenschmerzen	dolores de estómago
Durchfall	diarrea
Notfall	emergencia
Krankenhaus	hospital, clínica
Sprechstunde	horas de consulta

Wochentage

Sonntag	domingo
Montag	lunes
Dienstag	martes
Mittwoch	miércoles
Donnerstag	jueves
Freitag	viernes
Samstag	sábado

Zeit

Um wie viel Uhr?	¿A qué hora ...?
heute	hoy
morgen	mañana
gestern	ayer
morgens	por la mañana
mittags	al mediodía
nachmittags	por la tarde
diese Woche	esta semana

Zahlen

0	cero	17	diecisiete
1	uno	18	dieciocho
2	dos	19	diecinueve
3	tres	20	veinte
4	cuatro	21	veintiuno
5	cinco	30	treinta
6	seis	31	treinta y uno
7	siete	40	cuarenta
8	ocho	50	cincuenta
9	nueve	60	sesenta
10	diez	70	setenta
11	once	80	ochenta
12	doce	90	noventa
13	trece	100	cien
14	catorce	200	doscientos/as,
15	quince	500	quinientos/as
16	dieciséis	1000	mil

Die wichtigsten Sätze

Allgemeines

Ich spreche kein Spanisch.	No hablo español.
Sprechen Sie Deutsch, Englisch?	¿Habla alemán, inglés?
Ich heiße ...	Me llamo ...
Wie heißt du/	¿Cómo te llamas?
Wie heißen Sie?	¿Cómo se llama?
Wie geht's?	¿Qué tal? ¿Cómo estás?
Danke, gut.	Muy bién, gracias.
Wie viel Uhr ist es?	¿Qué hora es?

Unterwegs

Wo ist ...?	¿Dónde está ...?
Wie komme ich nach ...?	¿Por dónde se va a ...?
Wie lange brauche ich bis ...?	¿Cuánto tiempo necesito a ...?
Wann kommt ...?	¿Cuándo llega ...?

Notfall

Ich brauche einen Arzt	Necesito un médico.
Mir tut es hier weh.	Me duele aquí.
Ich bin Diabetiker.	Soy diabético.

Übernachten

Haben Sie ein Zimmer frei?	¿Tiene una habitación libre?
Wie teuer ist es?	¿Qué precio tiene?
Haben Sie ein ruhigeres Zimmer?	¿Tiene una habitación más tranquila?

Einkaufen

Was kostet ...?	¿Cuánto cuesta ...?
Haben Sie ...?	¿Tiene usted ...?
Kann ich das (an)probieren?	¿Puedo probar (melo)?
Kann ich ... umtauschen?	¿Puedo cambiar ...?

Kulinarisches Lexikon

Frühstück (desayuno)

churros con chocolate	Fettgebäck mit Trinkschokolade
embutidos	Wurstwaren
fiambres	Aufschnitt
huevo	Ei
huevo frito	Spiegelei
huevo revuelto	Rührei
jamón	Schinken
leche	Milch
mantequilla	Butter
miel	Honig
pan	Brot
panecillo	Brötchen, Semmel
queso tierno (fresco)	Frischkäse
queso duro (curado)	Hartkäse
rebanada	Schnitte, Scheibe
tortilla	Omelett mit Kartoffeln

Getränke (bebidas)

café solo	Espresso
café cortado	Espresso mit Milch
café con leche	Milchkaffee
caña	Bier vom Fass
cerveza	Bier
guindilla	Sauerkirschlikör auf Rumbasis
hielo	Eis in Getränken
vino blanco	Weißwein
vino rosado	Roséwein
vino tinto	Rotwein
vino seco	trockener Wein
vino de mesa	Tischwein
zumo	frisch gepresster Saft

Suppen (caldos)

cocido	gekocht, Eintopf
consomé	Kraftbrühe
escaldón	Gofio-Gemüse-brühe
gazpacho	kalte Gemüsesuppe
potaje	Gemüseeintopf
puchero	Gemüseeintopf mit Fleisch

Beilagen (guarniciones)

arroz	Reis
gofio	Speise aus geröstetem Getreide
papas arrugadas	›Runzelkartoffeln‹
papas fritas	Pommes frites
pastas	Nudeln

Gewürze (especias)

aceite de oliva	Olivenöl
azúcar	Zucker
mostaza	Senf
pimienta	Pfeffer
sal, salado	Salz, salzig
vinagre	Essig

Gemüse (legumbres)

ajo	Knoblauch
alcachofa	Artischocke
batata	Süßkartoffel
berenjena	Aubergine
garbanzo	Kichererbse
guisante	Erbse
hierbas	Kräuter
hongos/setas	Pilze
judías verdes	grüne Bohnen
lechuga	grüner Salat
papa	Kartoffel
pepino	Gurke
perejil	Petersilie
pimiento	Paprika
zanahorias	Karotten

Fleisch (carne)

albóndigas	Fleischbällchen
asado	Braten, gebraten
aves	Geflügel
bistec	Beefsteak
cabra, cabrito	Ziege, Zicklein
carajaca	Leber in Pfeffersoße
chuleta	Kotelett
cochinillo	Spanferkel
conejo	Kaninchen
cordero	Lamm
escalope	Schnitzel

estofado	Schmorbraten
gallina	Huhn
guisado	Schmorfleisch
lomo	Lende
pato	Ente
picadillo	Gehacktes
pollo	junges Huhn
parrillada	vom Grill, Grillplatte
salchichas	kleine Bratwürste
solomillo	Filet
de cerdo	vom Schwein
de res/de vaca	vom Rind
de ternera	vom Kalb

Zubereitungen

ahumado	geräuchert
a la plancha	auf heißer Metallplatte gegart
bien hecho	durchgebraten
blando	mild, weich
con mojo picón (rojo)	mit scharfer Soße
con mojo verde	mit Kräutersoße
empanado	paniert
frito	gebacken, gebraten
maduro	reif
manteca de cerdo	Schweineschmalz
medio hecho	halb durchgebraten
nata	Sahne, Rahm
sabroso	saftig, schmackhaft
salsa	Soße
tierno	zart, weich

Fisch und Meeresfrüchte (pescado y frutas del mar)

almeja	Venusmuschel
atún	Thunfisch
bacalao	Kabeljau
bogavante	Hummer
bonito	kleine Thunfischart
caballa	Makrele
calamares (en su tinta)	Tintenfische (in der eigenen Tinte)
camarones	kleine Krabben
cangrejo	Krebs
cigala	kleine Languste
dorada	Goldbrasse
gambas	Garnelen
langostinos	große Garnelen
lenguado	Seezunge
mariscos	Meeresfrüchte
mejillones	Miesmuscheln
merluza	Seehecht
mero	Zackenbarsch
pez espada	Schwertfisch
pulpo	Oktopus, Krake
rape	Seeteufel
raya	Rochen
salmón	Lachs
sancocho	gesalzener Fisch mit Kartoffeln
vieja	Papageienfisch
zarzuela	Fisch und Meeresfrüchte in Soße

Obst und Desserts (fruta y postres)

aguacate	Avocado
almendra	Mandel
bienmesabe	Mandel-Honig-Creme
bizcocho	süßes Gebäck
flan	Karamellpudding
frangollo	Maispudding
fresas	Erdbeeren
helado	Speiseeis
higos	Feigen
limón	Zitrone
macedonia de frutas	Obstsalat
manzana	Apfel
melocotón	Pfirsich
naranja	Orange
pasteles	Kuchen, Gebäck
piña	Ananas
plátano	Banane
pomelo	Pampelmuse
sandía	Wassermelone
tarta	Torte
turrón	Mandelgebäck
uva	Weintraube

Hinweis: Autorin und Verlag haben alle Informationen mit größtmöglicher Sorgfalt geprüft. Gleichwohl erfolgen alle Angaben ohne Gewähr. Bitte schreiben Sie uns! Über Ihre Rückmeldung und Ihre Verbesserungsvorschläge freuen wir uns: **DuMont Reiseverlag,** Postfach 3151, 73751 Ostfildern, info@dumontreise.de, www.dumontreise.de

Danksagung: Mein großer Dank gilt Eva Maldener, die mir als Co-Autorin beim Kapitel La Graciosa zur Seite stand. Ebenfalls danken möchte ich der Lektorin Anne Winterling, die kompetent und mit viel Geduld diese aufwendige Aktualisierung mit mir gemeistert hat. Vielen Dank auch an Dr. med. Andreas Giger aus Bern, der mir wertvolle Hinweise für die Aktualisierung geliefert und die hübsche Zeichnung auf S. 11 beigesteuert hat.

Die Autorin: Verónica Reisenegger, geboren in Santiago de Chile, studierte Germanistik und Romanistik an verschiedenen Universitäten in Deutschland und Spanien. Nach dem Studium arbeitete sie kurzfristig als Reiseleiterin, um sich dann doch verstärkt ihrer zweiten Leidenschaft zu widmen – dem Schreiben, Produzieren und Vertreiben von Büchern. Lanzarote ist für sie die elementarste Insel des kanarischen Archipels: Feuer, Wasser, Luft und Erde machen den besonderen Reiz der ›schwarzen Perle‹ Lanzarote aus.

Abbildungsnachweis

Bilderberg/Avenue Images, Hamburg: S. 19 (Peterschroeder)

DuMont Bildarchiv, Ostfildern: S. 26, 64/65, 72/73, 78, 118 (2x), 124, 132, 137, 143, 146 re., 161, 166 (2x), 174, 183, 210, 235 li., 238, 242/243 (Lumma); 52, 61, 146 li., 154/155, 197 li., 219 (Zaglitsch)

Andreas Giger, Bern: S. 11

Björn Göttlicher, Bamberg: S. 12 o. li., 12 u. li., 13 u. re., 42/43, 56, 96/97, 140, 150/151, 186, 196 li., 199, 222/223, 224/225, 228/229, 234 re., 252/253, 262/263, 266 li., 270/271

Huber-Images, Garmisch-Partenkirchen: S. 10 (Lubenow); 88 li., 91 (Rellini); 30 (Ripani); 7, 28, 88 re., 98/99, 191 (R. Schmid)

laif, Köln: S. 240 (Amme); 55 (Caputo); 9 (Eid); 86/87, 169, 196 re., 208, 214/215, 234 li., 237 (hemis.fr, Dozier); 16/17, 63 (hemis.fr, Frilet); 76/77 (Modrow); 167 li., 192/193 (Standl); 185 (Sudres)

Look, München: S. 147 li., 162/163, 232/233 (age fotostock); 164 (Dressler); 50, 82/83 (Richter)

Mauritius Images, Mittenwald: S. 267 li., 276/277 (age); 102 (Alamy); 248 (Cubolmages); Umschlagklappe vorn (Dumrath); Titelbild (Fancy); 89 li., 116/117 (Flüeler); 80 (imagebroker, Flüeler); 119 li., 121 (imagebroker, Gumm); 266 re., 274 (imagebroker, Siepmann); 180/181 (Laue); 130/131 (Merten); 32 (SuperStock)

Axel Nowak, München: S. 6, 12 u. re., 12 o. re., 13 o. li., 13 o. re., 13 u. li., 108/109, 114/115, 138/139, 194/195, 258/259, 288

picture alliance, Frankfurt a. M.: S. 68 (picture library, Evans)

White Star, Hamburg: S. 110 (imagebroker, Gumm); 156 (Steinert)

Kartografie

DuMont Reisekartografie, Fürstenfeldbruck

Umschlagfotos

Titelbild: Blick vom Mirador del Río

Umschlagklappe vorn: Promenade in Puerto del Carmen

3., vollständig überarbeitete Auflage 2015

Redaktion/Lektorat: Inga Menkhoff, Anne Winterling
Grafisches Konzept: Groschwitz/Blachnierek, Hamburg
Printed in China

FSC www.fsc.org
MIX
Papier aus verantwortungsvollen Quellen
FSC® C020056